後晉 劉 昫 等撰

舊唐書

第八册

卷六七至卷八四（傳）

中華書局

舊唐書卷六十七

列傳第十七

李靖 客師 令問 彥芳 李勣 孫敬業

李靖本名藥師，雍州三原人也。祖崇義，後魏殷州刺史、永康公。父詮，隋趙郡守。靖姿貌瓌偉，少有文武材略，每謂所親曰：「大丈夫若遇主逢時，必當立功立事，以取富貴。」其舅韓擒虎號爲名將，每與論兵，未嘗不稱善，撫之曰：「可與論孫、吳之術者，惟斯人矣。」初仕隋爲長安縣功曹，後歷駕部員外郞。左僕射楊素、吏部尚書牛弘皆善之。素嘗拊其牀謂靖曰：「卿終當坐此。」

大業末，累除馬邑郡丞。會高祖擊突厥於塞外，靖察高祖，知有四方之志，因自鎖上變，將詣江都，至長安，道塞不通而止。高祖克京城，執靖將斬之，靖大呼曰：「公起義兵，本爲天下除暴亂，不欲就大事，而以私怨斬壯士乎！」高祖壯其言，太宗又固請，遂捨之。

太宗尋召入幕府。

武德二年，從討王世充，以功授開府。時蕭銑據荊州，遣靖安輯之。輕騎至金州，遇蠻賊數萬，屯聚山谷，廬江王瑗討之，數爲所敗。靖與瑗設謀擊之，多所克獲。既至硤州，阻蕭銑，久不得進。高祖怒其遲留，陰敕硤州都督許紹斬之。紹惜其才，爲之請命，於是獲免。會開州蠻首冉肇則反，率衆寇夔州，趙郡王孝恭與戰，不利。靖率兵八百，襲破其營，後又要險設伏，臨陣斬肇則，俘獲五千餘人。高祖甚悅，謂公卿曰：「朕聞使功不如使過，李靖果展其效。」因降璽書勞曰：「卿竭誠盡力，功效特彰。遠覽至誠，極以嘉賞，勿憂富貴也。」又手敕靖曰：「既往不咎，舊事吾久忘之矣。」

四年，靖又陳十策以圖蕭銑。高祖從之，授靖行軍總管，兼攝孝恭行軍長史。高祖以孝恭未更戎旅，三軍之任，一以委靖。其年八月，集兵於夔州。銑以時屬秋潦，江水泛漲，三峽路險，必謂靖不能進，遂休兵不設備。九月，靖乃率師而進，將下峽，諸將皆請停兵以待水退，靖曰：「兵貴神速，機不可失。今兵始集，銑尚未知，若乘水漲之勢，倏忽至城下，所謂疾雷不及掩耳，此兵家上策。縱彼知我，倉卒徵兵，無以應敵，此必成擒也。」孝恭從之，進兵至夷陵。銑將文士弘率精兵數萬屯清江，孝恭欲擊之，靖曰：「士弘，銑之健將，士卒驍勇，今新失荊門，盡兵出戰，此是救敗之師，恐不可當也。宜且泊南岸，勿與爭鋒，待其氣衰，然後奮擊，破之必矣。」孝恭不從，留靖守營，率師與賊合戰。孝恭果敗，奔於南岸。賊委舟大掠〔一〕，人皆負重。靖見其軍亂，縱兵擊破之，獲其舟艦四百餘艘，斬首及溺死將萬人。

孝恭遣靖率輕兵五千爲先鋒，至江陵，屯營於城下。士弘既敗，銑甚懼，始徵兵於江南，果不能至。孝恭以大軍繼進，靖又破其驍將楊君茂、鄭文秀，俘甲卒四千餘人，更勒兵圍銑城。明日，銑遣使請降，靖卽入據其城，號令嚴肅，軍無私焉。時諸將咸請孝恭云：「銑之將帥與官軍拒戰死者，罪狀既重，請籍沒其家，以賞將士。」靖曰：「王者之師，義存弔伐。百姓既受驅逼，拒戰豈其所願。且犬吠非其主，無容同叛逆之科，此蒯通所以免大戮於漢祖也。今新定荆、郢，宜弘寬大，以慰遠近之心，降而籍之，恐非救焚拯溺之義。但恐自此已南城鎭，各堅守不下，非計之善。」於是遂止。江、漢之域，聞之莫不爭下。以功授上柱國，封永康縣公，賜物二千五百段。詔命檢校荆州刺史，承制拜授。乃度嶺至桂州，遣人分道招撫，其大首領馮盎、李光度、甯眞長等皆遣子弟來謁，靖承制授其官爵。凡所懷輯九十六州，戶六十餘萬。優詔勞勉，授嶺南道撫慰大使，檢校桂州總管。

六年〔二〕，輔公祏於丹陽反，詔孝恭爲元帥、靖爲副以討之，李勣、任瓌、張鎭州、黃君漢等七總管並受節度。師次舒州，公祏遣將馮惠亮率舟師三萬屯當塗，陳正通、徐紹宗領步騎二萬屯青林山，仍於梁山連鐵鎖以斷江路，築却月城，延袤十餘里，與惠亮爲犄角之勢。孝恭集諸將會議，皆云：「惠亮、正通並握強兵，爲不戰之計，城柵既固，卒不可攻。請直指丹陽，掩其巢穴，丹陽既破，惠亮自降。」孝恭欲從其議。靖曰：「公祏精銳，雖在水陸二軍，然其自統之兵，亦皆勁勇。惠亮等城柵尚不可攻，公祏既保石頭，豈應易拔？若我師至丹陽，留停旬月，進則公祏未平，退則惠亮爲患，此便腹背受敵，恐非萬全之計。惠亮、正通皆是百戰餘賊，必不憚於野戰，止爲公祏立計，令其持重，但欲不戰以老我師。今若攻其城柵，乃是出其不意，滅賊之機，唯在此舉。」孝恭然之。靖乃率黃君漢等先擊惠亮，苦戰破之，殺傷及溺死者萬餘人，惠亮奔走。靖率輕兵先至丹陽，公祏大懼。先遣僞將左遊仙領兵守會稽以爲形援，公祏擁兵東走，以趨遊仙，至吳郡，與惠亮、正通並相次擒獲，江南悉平。於是置東南道行臺，拜靖行臺兵部尚書，賜物千段、奴婢百口、馬百匹。其年，行臺廢，又檢校揚州大都督府長史。丹陽連罹兵寇，百姓凋弊，靖鎮撫之，吳、楚以安。

八年，突厥寇太原，以靖爲行軍總管，統江淮兵一萬，與張瑾屯太谷。時諸軍不利，靖衆獨全。尋檢校安州大都督。高祖每云：「李靖是蕭銑、輔公祏膏肓，古之名將韓、白、衞、霍，豈能及也！」九年，突厥莫賀咄設寇邊，徵靖爲靈州道行軍總管。頡利可汗入涇陽，靖率兵倍道趨豳州，邀賊歸路，既而與虜和親而罷。

太宗嗣位，拜刑部尚書，并錄前後功，賜實封四百戶。貞觀二年，以本官兼檢校中書令。三年，轉兵部尚書。突厥諸部離叛，朝廷將圖進取，以靖爲代州道行軍總管，率驍騎三千，自馬邑出其不意，直趨惡陽嶺以逼之。頡利可汗不虞於靖〔三〕，見官軍奄至，於是大懼，相謂曰：「唐兵若不傾國而來，靖豈敢孤軍而至。」一日數驚。靖候知之，潛令間諜離其心腹，其所親康蘇密來降。四年，靖進擊定襄，破之，獲隋齊王暕之子楊正道及煬帝蕭后，送于京師，可汗僅以身遁。以功進封代國公，賜物六百段及名馬、寶器焉。太宗嘗謂曰：「昔李陵提步卒五千，不免身降匈奴，尚得書名竹帛。卿以三千輕騎深入虜庭，克復定襄，威振北狄，古今所未有，足報往年渭水之役。」

自破定襄後，頡利可汗大懼，退保鐵山，遣使入朝謝罪，請舉國內附。又以靖爲定襄道行軍總管，往迎頡利。頡利雖外請朝謁，而潛懷猶豫。其年二月，太宗遣鴻臚卿唐儉、將軍安修仁慰諭，靖揣知其意，謂將軍張公謹曰：「詔使到彼，虜必自寬。遂選精騎一萬，齎二十日糧，引兵自白道襲之。」公謹曰：「詔許其降，行人在彼，未宜討擊。」靖曰：「此兵機也，時不可失，韓信所以破齊也。如唐儉等輩，何足可惜。」督軍疾進，師至陰山，遇其斥候千餘帳，皆俘以隨軍。頡利見使者大悅，不虞官兵至也。靖軍將逼其牙帳十五里，虜始覺。頡利畏威先走，部衆因而潰散。靖斬萬餘級，俘男女十餘萬，殺其妻隋義成公主。頡利乘千里馬將走投吐谷渾，西道行軍總管張寶相擒之以獻。俄而突利可汗來奔，遂復定襄、常安之地，斥土界自陰山北至於大漠。

太宗初聞靖破頡利，大悅，謂侍臣曰：「朕聞主憂臣辱，主辱臣死。往者國家草創，太上皇以百姓之故，稱臣於突厥，朕未嘗不痛心疾首，志滅匈奴，坐不安席，食不甘味。今者暫動偏師，無往不捷，單于款塞，恥其雪乎！」於是大赦天下，酺五日。御史大夫温彥博害其功，譖靖軍無綱紀，致令虜中奇寶，散於亂兵之手。太宗大加責讓，靖頓首謝。久之，太宗謂曰：「隋將史萬歲破達頭可汗，有功不賞，以罪致戮。朕則不然，當赦公之罪，錄公之勳。」詔加左光祿大夫，賜絹千匹，眞食邑通前五百戶。未幾，太宗謂靖曰：「前有人讒公，今朕意已悟，公勿以爲懷。」賜絹二千匹，拜尙書右僕射。靖性沉厚，每與時宰參議，恂恂然似不能言。

八年，詔爲畿內道大使，伺察風俗。尋以足疾上表乞骸骨，言甚懇至。太宗遣中書侍郎岑文本謂曰：「朕觀自古已來，身居富貴，能知止足者甚少。不問愚智，莫能自知，才雖不堪，強欲居職，縱有疾病，猶自勉強。公能識達大體，深足可嘉，朕今非直成公雅志，欲以公爲一代楷模。」乃下優詔，加授特進，聽在第攝養，賜物千段、尙乘馬兩匹，祿賜、國官府佐並依舊給，患若小瘳，每三兩日至門下、中書平章政事。九年正月，賜靖靈壽杖，助足疾也。

未幾，吐谷渾寇邊，太宗顧謂侍臣曰：「得李靖爲帥，豈非善也！」靖乃見房玄齡曰：「靖雖年老，固堪一行。」太宗大悅，即以靖爲西海道行軍大總管，統兵部尙書侯君集、刑部尙書任城王道宗、涼州都督李大亮、右衞將軍李道彥、利州刺史高甑生等五總管征之〔四〕。九年，軍次伏俟城，吐谷渾燒去野草，以餧我師，退保大非川。諸將咸言春草未生，馬已羸瘦，不可赴敵。唯靖決計而進，深入敵境，遂踰積石山。前後戰數十合，殺傷甚衆，大破其國。吐谷渾之衆遂殺其可汗來降，靖又立大寧王慕容順而還。初，利州刺史高甑生爲鹽澤道總管，以後軍期，靖薄責之，甑生因有憾於靖。及是，與廣州都督府長史唐奉義告靖謀反。太宗命法官按其事，甑生等竟以誣罔得罪。靖乃闔門自守，杜絕賓客，雖親戚不得妄進。

十一年，改封衞國公，授濮州刺史，仍令代襲，例竟不行。十四年，靖妻卒，有詔墳塋制度依漢衞、霍故事，築闕象突厥內鐵山、吐谷渾內積石山形，以旌殊績。十七年，詔圖畫靖及趙郡王孝恭等二十四人於凌煙閣。十八年，帝幸其第問疾，仍賜絹五百匹，進位衞國公、開府儀同三司。太宗將伐遼東，召靖入閣，賜坐御前，謂曰：「公南平吳會，北淸沙漠，西定慕容，唯東有高麗未服，公意如何？」對曰：「臣往者憑藉天威，薄展微効，今殘年朽骨，唯擬此行。陛下若不棄，老臣病期瘳矣。」太宗愍其羸老，不許。二十三年，薨于家，年七十九。册贈司徒、并州都督，給班劍四十人、羽葆鼓吹，陪葬昭陵，謚曰景武。

子德謇嗣，官至將作少匠。

靖弟客師，貞觀中，官至右武衞將軍，以戰功累封丹陽郡公。永徽初，以年老致仕。性好馳獵，四時從禽，無暫止息。有別業在昆明池南，自京城之外，西際澧水，鳥獸皆識之，每出則鳥鵲隨逐而噪，野人謂之「鳥賊」。總章中卒，年九十餘。

客師孫令問，玄宗在藩時與令問欵狎，及卽位，以協贊功累遷至殿中少監。先天中，預誅竇懷貞等功，封宋國公，實封五百戶。令問固辭實封，詔不許。開元中，轉殿中監、左散騎常侍，知尚食事。令問雖特承恩寵，未嘗干預時政，深爲物論所稱。然厚於自奉，食饌豐侈，廣畜芻豢，躬臨宰殺。時方奉佛，其篤信之士或譏之，令問曰：「此物畜生，與果菜何異，胡爲強生分別，不亦遠於道乎？」略不以恩眄自恃，閑適郊野，從禽自娛。十五年，涼州都督王君㚟奏迴紇部落叛，令問坐與連姻，左授撫州別駕，尋卒。

大和中，令問孫彥芳任鳳翔府司錄參軍，詣闕進高祖、太宗所賜衞國公靖官告、敕書、手詔等十餘卷，內四卷太宗文皇帝筆迹，文宗寶惜不能釋手。其佩筆尙堪書，金裝木匣，製作精巧。帝並留禁中，令書工模寫本還之，賜芳絹二百匹、衣服、靴、笏以酬之。

李勣，曹州離狐人也。隋末，徙居滑州之衞南。本姓徐氏，名世勣，永徽中，以犯太宗諱，單名勣焉。家多僮僕，積粟數千鍾，與其父蓋皆好惠施，拯濟貧乏，不問親疏。

大業末，韋城人翟讓聚衆爲盜，勣往從之，時年十七，謂讓曰：「今此土地是公及勣鄉壤，人多相識，不宜自相侵掠。且宋、鄭兩郡，地管御河，商旅往還，船乘不絕，就彼邀截，足以自相資助。」讓然之，於是劫公私船取物，兵衆大振。隋遣齊郡通守張須陁率師二萬討之，勣與頻戰，竟斬須陁於陣。

初，李密亡命在雍丘，浚儀人王伯當匿於野，伯當共勣說翟讓奉密爲主。隋令王世充討密，勣以奇計敗世充於洛水之上，密拜勣爲東海郡公。時河南、山東大水，死者將半，隋帝令飢人就食黎陽，開倉賑給。時政教已紊，倉司不時賑給，死者日數萬人。勣言於密曰：「天下大亂，本是爲飢，今若得黎陽一倉，大事濟矣。」密乃遣勣領麾下五千人自原武濟河掩襲，即日克之，開倉恣食，一旬之間，勝兵二十萬餘。經歲餘，宇文化及於江都弒逆，擁兵北上，直指東郡。時越王侗即位於東京，赦密之罪，拜爲太尉，封魏國公，授勣右武候大將軍，命討化及。密遣勣守倉城，勣於城外掘深溝以固守；化及設攻具，四面攻倉，阻塹不得至城下，勣於塹中爲地道出兵擊之，大敗而去。

武德二年，密爲王世充所破，擁衆歸朝。其舊境東至于海，南至于江，西至汝州，北至魏郡，勣並據之，未有所屬，謂長史郭孝恪曰：「魏公既歸大唐，今此人衆土地，魏公所有也。吾若上表獻之，卽是利主之敗，自爲己功，以邀富貴，吾所恥也。今宜具錄州縣名數及軍人戶口，總啓魏公，聽公自獻，此則魏公之功也。」乃遣使啓密。使人初至，高祖聞其無表，惟有啓與密，甚怪之。使者以勣意聞奏，高祖大喜曰：「徐世勣感德推功，實純臣也。」詔授黎陽總管、上柱國、萊國公。尋加右武候大將軍，改封曹國公，賜姓李氏，賜良田五十頃，甲第一區。封其父蓋爲濟陰王，蓋固辭王爵，乃封舒國公，授散騎常侍、陵州刺史。令勣總統河南、山東之兵以拒王世充。及李密反叛伏誅，高祖以勣舊經事密，遣使報其反狀。勣表請收葬，詔許之。勣服衰絰，與舊僚吏將士葬密於黎山之南，墳高七仞，釋服而散，朝野義之。

尋而竇建德擒化及於魏縣，復進軍攻勣，力屈降之。建德收其父，從軍爲質，令勣復守黎陽。三年，自拔歸京師。四年，從太宗伐王世充於東都，累戰大捷。又東略地至武牢，僞鄭州司兵沈悅請翻武牢，勣夜潛兵應接，克之，擒其僞刺史荆王行本。又從太宗平竇建德，降王世充，振旅而還。論功行賞，太宗爲上將，勣爲下將，與太宗俱服金甲，乘戎輅，告捷于太廟。其父自洺州與裴矩入朝，高祖見之大喜，復其官爵。勣又從太宗破劉黑闥、徐圓朗，累遷左監門大將軍。圓朗重據兗州反，授勣河南大總管以討之，尋獲圓朗，斬首以獻，兗州平。

七年，詔與趙郡王孝恭討輔公祏，孝恭領舟師巡江而下，勣領步卒一萬渡淮，拔其壽陽，至硤石。公祏之將陳正通率兵十萬屯於梁山，又遣其大將馮惠亮帥水軍十萬，鎖連大艦以斷江路，仍於江西結壘，分守水陸，以禦王師。勣攻其壘，尋克之。惠亮單艓而遁。勣乘勝逼，正通大潰，以十餘騎奔於丹陽。公祏棄城夜遁，勣縱騎追斬之於武康，江南悉定。

八年，突厥寇并州，命勣爲行軍總管，擊之於太谷，走之。太宗卽位，拜并州都督，賜實封九百戶。貞觀三年，爲通漢道行軍總管〔五〕，至雲中，與突厥頡利可汗兵會，大戰於白道。突厥敗，屯營於磧口，遣使請和。詔鴻臚卿唐儉往赦之。勣時與定襄道大總管李靖軍會，相與議曰：「頡利雖敗，人衆尙多，若走渡磧，保於九姓，道遙阻深，追則難及。今詔使唐儉至彼，其必弛備，我等隨後襲之，此不戰而平賊矣。」靖扼腕喜曰：「公之此言，乃韓信滅田橫之策也。」於是定計。靖將兵逼夜而發，勣勒兵繼進。靖軍既至，賊營大潰，頡利與萬餘人欲走渡磧。勣屯軍於磧口，頡利至，不得渡磧，其大酋長率其部落並降於勣，虜五萬餘口而還。

時高宗爲晉王，遙領并州大都督，授勣光祿大夫，行并州大都督府長史。父憂解，尋起復舊職。十一年，改封英國公，代襲蘄州刺史，時並不就國，復以本官遙領太子左衞率。勣在并州凡十六年，令行禁止，號爲稱職。太宗謂侍臣曰：「隋煬帝不能精選賢良，安撫邊境，惟解築長城以備突厥，情識之惑，一至於此。朕今委任李世勣於并州，遂使突厥畏威遁走，塞垣安靜，豈不勝遠築長城耶？」

十五年，徵拜兵部尚書，未赴京，會薛延陁遣其子大度設帥騎八萬南侵李思摩部落。命勣爲朔州行軍總管，率輕騎三千追及延陁於青山，擊大破之，斬其名王一人，俘獲首領，虜五萬餘計，以功封一子爲縣公。勣時遇暴疾，驗方云鬚灰可以療之，太宗乃自翦鬚，爲其和藥。勣頓首見血，泣以懇謝，帝曰：「吾爲社稷計耳，不煩深謝。」

十七年，高宗爲皇太子，轉勣太子詹事兼左衞率，加位特進，同中書門下三品。太宗謂曰：「我兒新登儲貳，卿舊長史，今以宮事相委，故有此授。雖屈階資，可勿怪也。」太宗又嘗閒宴，顧勣曰：「朕將屬以幼孤，思之無越卿者。公往不遺於李密，今豈負於朕哉！」勣雪涕致辭，因噬指流血。俄而沉醉，乃解御服覆之，其見委信如此。

十八年，太宗將親征高麗，授勣遼東道行軍大總管，攻破蓋牟、遼東、白崖等數城，又從太宗摧殄駐蹕陣，以功封一子爲郡公。二十年，延陁部落擾亂，詔勣將二百騎便發突厥兵討擊。至烏德鞬山，大戰，破之。其大首領梯眞達官率衆來降，其可汗咄摩支南竄於荒谷，遣通事舍人蕭嗣業招慰部領，送於京師，磧北悉定。

二十二年，轉太常卿，仍同中書門下三品；旬日，復除太子詹事。二十三年，太宗寢疾，謂高宗曰：「汝於李勣無恩，我今將責出之。我死後，汝當授以僕射，卽荷汝恩，必致其死力。」乃出爲疊州都督。高宗卽位，其月，召拜洛州刺史，尋加開府儀同三司，令同中書門下，參掌機密。是歲，册拜尚書左僕射。永徽元年，抗表求解僕射，仍令以開府儀同三司依舊知政事。四年，册拜司空。初，貞觀中，太宗以勳庸特著，嘗圖其形於凌煙閣，至是，帝又命寫形焉，仍親爲之序。顯慶三年，從幸東都，在路遇疾，帝親臨問。麟德初，東封泰山，詔勣爲封禪大使，乃從駕。次滑州，其姊早寡，居勣舊閭，皇后親自臨問，賜以衣服，仍封爲東平郡君。勣又墜馬傷足，上親降問，以所乘賜之。

乾封元年，高麗莫離支男生爲其弟男建所逐〔六〕，保於國內城，遣子獻誠詣闕乞師。總章元年，命勣爲遼東道行軍總管，率兵二萬略地至鴨綠水。賊遣其弟來拒戰，勣縱兵擊敗之，追奔二百里，至於平壤城。男建閉門不敢出，賊中諸城駭懼，多拔人衆遁走，降款者相繼。勣又引兵圍平壤，遼東道副大總管劉仁軌、郝處俊、將軍薛仁貴並會於平壤，掎角圍之。經月餘，克其城，虜其王高藏及男建、男產，裂其諸城，並爲州縣，振旅而旋。令勣便道以高藏及男建獻於昭陵，禮畢，備軍容入京城，獻太廟。

二年，加太子太師，增食實封通前一千一百戶。其年寢疾，詔以勣弟晉州刺史弼爲司衞正卿，使得視疾。尋薨，年七十六。帝爲之舉哀，輟朝七日，贈太尉、揚州大都督，謚曰貞武，給東園秘器，陪葬昭陵，令司平太常伯楊昉攝同文正卿監護。及葬日，帝幸未央古城，登樓臨送，望柳車慟哭，并爲設祭。皇太子亦從駕臨送，哀慟悲感左右。詔百官送至故城西北，所築墳一準衞、霍故事，象陰山、鐵山及烏德鞬山，以旌破突厥、薛延陁之功。光宅元年，詔勣配享高宗廟庭。

勣前後戰勝所得金帛，皆散之於將士。初得黎陽倉，就食者數十萬人〔七〕。魏徵、高季輔、杜正倫、郭孝恪皆客遊其所，一見於衆人中，即加禮敬，引之臥內，談謔忘倦。及平武牢，獲僞鄭州長史戴冑，知其行能，尋釋放，竟推薦，咸至顯達，當時稱其有知人之鑒。又，初平王世充，獲其故人單雄信，依例處死，勣表稱其武藝絕倫，若收之於合死之中，必大感恩，堪爲國家盡命，請以官爵贖之。高祖不許。臨將就戮，勣對之號慟，割股肉以啖之，曰：「生死永訣，此肉同歸於土矣。」仍收養其子。每行軍用師，頗任籌算，臨敵應變，動合事機。

與人圖計，識其臧否，聞其片善，扼腕而從，事捷之日，多推功於下，以是人皆爲用，所向多克捷。洎勣之死，聞者莫不悽愴。

與弟弼特存友愛，閨門之內，肅若嚴君。自遇疾，高宗及皇太子送藥，卽取服之；家中召醫巫，皆不許入門。子弟固以藥進，勣謂曰：「我山東一田夫耳，攀附明主，濫居富貴，位極三台，年將八十，豈非命乎？修短必是有期，寧容浪就醫人求活！」竟拒而不進。忽謂弼曰：「我似得小差，可置酒以申宴樂。」於是堂上奏女妓，簷下列子孫。宴罷，謂弼曰：「我自量必死，欲與汝一別耳。恐汝悲哭，誑言似差可，未須啼泣，聽我約束。我見房玄齡、杜如晦、高季輔辛苦作得門戶，亦望垂裕後昆，並遭癡兒破家蕩盡。我有如許豚犬，將以付汝，汝可防察，有操行不倫、交遊非類，急卽打殺，然後奏知。又見人多埋金玉，亦不須爾。惟以布裝露車，載我棺柩，棺中斂以常服，惟加朝服一副，死倘有知，望著此奉見先帝。明器惟作馬五六匹，下帳用幔皁爲頂，白紗爲裙，其中著十箇木人，示依古禮芻靈之義，此外一物不用。姬媪已下，有兒女而願住自養者聽之，餘並放出。事畢，汝卽移入我堂，撫恤小弱。違我言者，同於戮屍。」此後略不復語，弼等遵行遺言。

勣少弟感，幼有志操。李密之敗也，陷於王世充，世充逼令以書召勣，感曰：「家兄立身，不虧名節，今已事主，君臣分定，決不以感造次改圖。」卒不肯，世充怒，遂害焉，時年十五。

勣長子震，顯慶初官至梓州刺史，先勣卒。

勣孫敬業。高宗崩，則天太后臨朝，既而廢帝爲廬陵王，立相王爲皇帝，而政由天后，諸武皆當權任，人情憤怨。時給事中唐之奇貶授括蒼令，長安主簿駱賓王貶授臨海丞，詹事司直杜求仁黜黟縣丞，敬業坐事左授柳州司馬，其弟盩厔令敬猷亦坐累左遷，俱在揚州。敬業用前盩厔尉魏思温謀，據揚州。嗣聖元年七月，敬業遣其黨監察御史薛璋先求使江都，又令雍州人韋超詣璋告變，云「揚州長史陳敬之與唐之奇謀逆」，璋乃收敬之繫獄。居數日，敬業矯制殺敬之，自稱揚州司馬，詐言「高州首領馮子猷叛逆，奉密詔募兵進討」。是日開府庫，令士曹參軍李宗臣解繫囚及丁役、工匠，得數百人，皆授之以甲。錄事參軍孫處行拒命，敬業斬之以徇。遂據揚州，鳩聚民衆，以匡復廬陵爲辭。乃開三府：一曰匡復府，二曰英公府，三曰揚州大都督府。敬業自稱匡復府上將，領揚州大都督，以杜求仁、唐之奇、駱賓王爲府屬，餘皆僞署職位。旬日之間，勝兵有十餘萬。仍移檄諸郡縣曰：

僞臨朝武氏者，人非温順，地實寒微。昔充太宗下陳，嘗以更衣入侍，洎乎晚節，穢亂春宮，密隱先帝之私，陰圖後庭之嬖。入門見嫉，蛾眉不肯讓人；掩袖工讒，狐媚偏能惑主。踐元后於翬翟，陷吾君於聚麀。加以虺蜴爲心，豺狼成性，近狎邪僻，殘害忠良，殺姊屠兄，弑君鴆母。人神之所同嫉，天地之所不容。猶復包藏禍心，窺竊神器。君之愛子，幽之於別宮；賊之宗盟，委之以重任。嗚呼！霍子孟之不作，朱虛侯之已亡。鷰啄皇孫，知漢祚之將盡；龍漦帝后，識夏廷之遽衰。敬業，皇唐舊臣，公侯冢胤，奉先君之成業，荷本朝之舊恩。宋微子之興悲，良有以也；袁君山之流涕，豈徒然哉！是用氣憤風雲，志安社稷，因天下之失望，順宇內之推心，爰舉義旗，誓清妖孽。南連百越，北盡三河，鐵騎成羣，玉軸相接。海陵紅粟，倉儲之積靡窮；江浦黃旗，匡復之功何遠。班聲動而北風起，劍氣衝而南斗平。喑嗚則山嶽崩頹，叱咤則風雲變色。以此制敵，何敵不摧？以此圖功，何功不克？

公等或家傳漢爵，或地協周親，或膺重寄於爪牙，或受顧命於宣室。言猶在耳，忠豈忘心？一抔之土未乾，六尺之孤何託？倘能轉禍爲福，送往事居，共立勤王之師，無廢舊君之命，凡諸爵賞，同裂山河〔六〕。請看今日之域中，竟是誰家之天下！則天命左玉鈐衛大將軍李孝逸將兵三十萬討之，追削敬業祖、父官爵，剖墳斲棺，復本姓徐氏。

初，敬業兵集，圖其所向，薛璋曰：「金陵王氣猶在，大江設險，可以自固。且取常、潤等州，以爲霸基，然後治兵北渡。」魏思温曰：「兵貴神速，但宜早渡淮而北，招合山東豪傑，乘其未集，直取東都，據關決戰，此上策也。」敬業不從。十月，率衆渡江，攻拔潤州，殺刺史李思文。先是，太子賢爲天后所廢，死於巴州，敬業乃求狀貌似賢者，置於城中，奉之爲主，云賢本不死。孝逸軍渡淮，至楚州，敬業之衆狼狽還江都，屯兵高郵以拒之。頻戰大敗，孝逸乘勝追躡。敬業奔至揚州，與唐之奇、杜求仁等乘小舸，將入海投高麗。追兵及，皆捕獲之。初，敬業傳檄至京師，則天讀之微哂，至「一抔之土未乾」，遽問侍臣曰：「此語誰爲之？」或對曰：「駱賓王之辭也。」則天曰：「宰相之過，安失此人？」

中宗返正，詔曰：「故司空勣，往因敬業，毁廢墳塋。朕追想元勳，永懷佐命。昔竇憲干紀，無累安豐之祠；霍禹亂常，猶全博陸之祀。罪不相及，國之通典。宜特垂恩禮，令所司速爲起墳，所有官爵，並宜追復。」勣諸子孫坐敬業誅殺，靡有遺胤，偶脫禍者，皆竄迹胡越。貞元十七年，吐蕃陷麟州，驅掠民畜而去。至鹽州西横槽烽，蕃將號徐舍人者，環集漢俘於呼延州，謂僧延素曰：「師勿甚懼，予本漢人，司空、英國公五代孫也〔九〕。屬武太后斲喪王室，吾祖建義不果，子孫流落絶域，今三代矣。雖代居職任，掌握兵要，然思本之心，無忘於國。但族屬已多，無由自拔耳。此地蕃漢交境，放師還鄉。」數千百人，解縛而遣之。

史臣曰：近代稱爲名將者，英、衞二公，誠煙閣之最。英公振彭、黥之迹，自拔草莽，常能以義藩身，與物無忤，遂得功名始終。賢哉垂命之誠！敬業不蹈貽謀，至於覆族，悲夫！衞公將家子，綽有渭陽之風。臨戎出師，凜然威斷。位重能避，功成益謙。銘之鼎鍾，何慚耿、鄧。美哉！

贊曰：功以懋賞，震主則危。辭祿避位，除猜破疑。功定華夷，志懷忠義。白首平戎，賢哉英、衞。

校勘記

〔一〕賊委舟大掠　「委」字各本原無，據通典卷一五八、册府卷三六五補。

〔二〕六年　「六年」上各本原有「十」字，據本書卷一高祖紀、通鑑卷一九〇刪。

〔三〕頡利可汗不虞於靖　「頡利」，各本原作「突利」，據本卷下文及通鑑卷一九三改。

〔四〕統兵部尚書侯君集刑部尚書任城王道宗……五總管征之　「侯君集刑部尚書」，各本原無，又「五總管」，各本原作「三總管」，據通典卷一五五、御覽卷二八九、新書卷九三李靖傳、通鑑卷一九四補正。

〔五〕爲通漢道行軍總管　「通漢道」，各本原作「通漠道」，本書卷二太宗紀、卷一九四上突厥傳、冊府卷三五七、通鑑卷一九三均作「通漢道」，岑仲勉突厥集史認爲應作「通漢道」（因通漢鎮得名），據改。

〔六〕男生　各本原作「男產」，與後文「虜其王高藏及男建、男產」有矛盾，據本書卷一九九上高麗傳、冊府卷九八六、通鑑卷二〇一改。

〔七〕就食者數十萬人　「食」字各本原作「倉」，據冊府卷八四三改。

〔八〕同裂山河　英華卷六四六、唐文粹卷三〇上此句下尙有「若其眷戀窮城，徘徊歧路，坐昧先幾之兆，必貽後至之誅」四句。

〔九〕予本漢人司空英國公五代孫也　「人司空英國公」，各本原無，據本書卷一九六下吐蕃傳、唐會要卷九七補；惟唐會要無「國」字。

舊唐書卷六十八

列傳第十八

尉遲敬德　秦叔寶　程知節　段志玄　張公謹 子大素　大安

尉遲敬德，朔州善陽人。大業末，從軍於高陽，討捕羣賊，以武勇稱，累授朝散大夫。劉武周起，以爲偏將，與宋金剛南侵，陷晉、澮二州。敬德深入至夏縣，應接呂崇茂，襲破永安王孝基，執獨孤懷恩、唐儉等。武德三年，太宗討武周於柏壁，武周令敬德與宋金剛來拒王師於介休。金剛戰敗，奔於突厥，敬德收其餘衆，城守介休。太宗遣任城王道宗、宇文士及往諭之，敬德與尋相舉城來降。太宗大悅，賜以曲宴，引爲右一府統軍，從擊王世充於東都。

既而尋相與武周下降將皆叛，諸將疑敬德必叛，囚於軍中。行臺左僕射屈突通、尙書殷開山咸言：「敬德初歸國家，情志未附。此人勇健非常，縶之又久，旣被猜貳，怨望必生。

留之恐貽後悔，請即殺之。」太宗曰：「寡人所見，有異於此。敬德若懷翻背之計，豈在尋相之後耶？」遽命釋之，引入臥內，賜以金寶，謂曰：「丈夫以意氣相期，勿以小疑介意。寡人終不聽讒言以害忠良，公宜體之。必應欲去，今以此物相資，表一時共事之情也。」是日，因從獵於榆窠，遇王世充領步騎數萬來戰。世充驍將單雄信領騎直趣太宗，敬德躍馬大呼，橫刺雄信墜馬。賊徒稍卻，敬德翼太宗以出賊圍，更率騎兵與世充交戰，數合，其衆大潰，擒僞將陳智略，獲排矟兵六千人。太宗謂敬德曰：「比衆人證公必叛，天誘我意，獨保明之，福善有徵，何相報之速也。」特賜金銀一篋，此後恩眄日隆。

敬德善解避矟，每單騎入賊陣，賊矟攢刺，終不能傷，又能奪取賊矟，還以刺之。是日，出入重圍，往返無礙。齊王元吉亦善馬矟，聞而輕之，欲親自試，命去矟刃以竿相刺。敬德曰：「縱使加刃，終不能傷，請勿除之，敬德矟謹當卻刃。」元吉竟不能中。太宗問曰：「奪矟、避矟，何者難易？」對曰：「奪矟難。」乃命敬德奪元吉矟。元吉執矟躍馬，志在刺之，敬德俄頃三奪其矟。元吉素驍勇，雖相歎異，甚以爲恥。

及竇建德營於板渚，太宗將挑戰，先伏李勣、程知節、秦叔寶等兵。太宗持弓矢，敬德執矟，造建德壘下大呼致師。賊衆大驚擾，出兵數千騎，太宗逡巡漸卻，前後射殺數人，敬德所殺亦十數人，遂引賊以入伏內。於是與勣等奮擊，大破之。王世充兄子僞代王琬使於建德軍中，乘隋煬帝所御驄馬，鎧甲甚鮮，迥出軍前以誇衆。太宗曰：「彼之所乘，眞良馬也。」敬德請往取之，乃與高甑生、梁建方三騎直入賊軍，擒琬，引其馬以歸，賊衆無敢當者。又從討劉黑闥於臨洺，黑闥軍來襲李世勣，太宗勒兵掩賊後以救之。既而黑闥衆至，其軍四合，敬德率壯士犯圍而入，大破賊陣，太宗與江夏王道宗乘之以出。又從破徐圓朗。累有戰功，授秦王府左二副護軍。

隱太子、巢剌王元吉將謀害太宗，密致書以招敬德曰：「願迂長者之眷，敦布衣之交，幸副所望也。」仍贈以金銀器物一車。敬德辭曰：「敬德起自幽賤，逢遇隋亡，天下土崩，竄身無所，久淪逆地，罪不容誅。實荷秦王惠以生命，今又隸名藩邸，唯當以身報恩。於殿下無功，不敢謬當重賜。若私許殿下，便是二心，徇利忘忠，殿下亦何所用？」建成怒，是後遂絕。敬德尋以啓聞，太宗曰：「公之素心，鬱如山嶽，積金至斗，知公情不可移。送來但取，寧須慮也。若不然，恐公身不安。且知彼陰計，足爲良策。」元吉等深忌敬德，令壯士往刺之。敬德知其計，乃重門洞開，安臥不動，賊頻至其庭，終不敢入。元吉乃譖敬德於高祖，下詔獄訊驗，將殺之，太宗固諫得釋。

會突厥侵擾烏城，建成舉元吉爲將，密謀請太宗同送於昆明池，將加屠害。敬德聞其謀，與長孫無忌遽啓太宗曰：「大王若不速正之，則恐被其所害，社稷危矣。」太宗歎曰：「今二宮離阻骨肉，滅棄君親，危亡之機，共所知委。寡人雖深被猜忌，禍在須臾，然同氣之情，終所未忍。欲待其先起，然後以義討之，公意以爲何如？」敬德曰：「人情畏死，衆人以死奉王，此天授也。若天與不取，反受其咎。雖存仁愛之小情，忘社稷之大計，禍至而不恐，將亡而自安，失人臣臨難不避之節，乏先賢大義滅親之事，非所聞也。以臣愚誠，請先誅之。王若不從敬德言，請奔逃亡命，不能交手受戮。且因敗成功，明賢之高見；轉禍爲福，智士之先機。敬德今若逃亡，無忌亦欲同去。」太宗猶豫未決，無忌曰：「王今不從敬德之言，必知敬德等非王所有。事今敗矣，其若之何？」太宗曰：「寡人所言，未可全棄，公更圖之。」敬德曰：「王今處事有疑，非智；臨難不決，非勇。王縱不從敬德言，請自決計，其如家國何？其如身命何？且在外勇士八百餘人，今悉入宮，控弦被甲，事勢已就，王何得辭！」敬德又與侯君集日夜進勸，然後計定。

時房玄齡、杜如晦皆被高祖斥出秦府，不得復入。太宗令長孫無忌密召之，玄齡等報曰：「有敕不許更事王，今若私謁，必至誅滅，不敢奉命。」太宗大怒，謂敬德曰：「玄齡、如晦豈背我耶？」取所佩刀授敬德曰：「公且往，觀其無來心，可並斬其首持來也。」敬德又與無忌喻曰：「王已決計剋日平賊，公宜卽入籌之。我等四人不宜羣行在道。」於是玄齡、如晦著道士服，隨無忌入，敬德別道亦至。

六月四日，建成既死，敬德領七十騎躡踵繼至，元吉走馬東奔，左右射之墜馬。太宗所乘馬又逸於林下，橫被所繣，墜不能興。元吉遽來奪弓，垂欲相扼，敬德躍馬叱之，於是步走欲歸武德殿，敬德奔逐射殺之。其宮府諸將薛萬徹、謝叔方、馮立等率兵大至，屯於玄武門，殺屯營將軍。敬德持建成、元吉首以示之，宮府兵遂散。是時，高祖泛舟於海池。太宗命敬德侍衛高祖。敬德擐甲持矛，直至高祖所。高祖大驚，問曰：「今日作亂是誰？卿來此何也？」對曰：「秦王以太子、齊王作亂，舉兵誅之，恐陛下驚動，遣臣來宿衞。」高祖意乃安。南衙、北門兵馬及二宮左右猶相拒戰，敬德奏請降手敕，令諸軍兵並受秦王處分，於是內外遂定。高祖勞敬德曰：「卿於國有安社稷之功。」賜珍物甚衆。太宗升春宮，授太子左衞率。時議者以建成等左右百餘人，並合從坐籍沒，唯敬德執不聽，曰：「爲罪者二凶，今已誅訖，若更及支黨，非取安之策。」由是獲免。及論功，敬德與長孫無忌爲第一，各賜絹萬匹，齊王府財幣器物，封其全邸，盡賜敬德。

貞觀元年，拜右武候大將軍，賜爵吳國公，與長孫無忌、房玄齡、杜如晦四人並食實封千三百戶。會突厥來入寇，授涇州道行軍總管以擊之。賊至涇陽，敬德輕騎與之挑戰，殺其名將，賊遂敗。敬德好訐直，負其功，每見無忌、玄齡、如晦等短長，必面折廷辯，由是與執政不平。三年，出爲襄州都督。八年，累遷同州刺史。嘗侍宴慶善宮，時有班在其上者，敬德怒曰：「汝有何功，合坐我上？」任城王道宗次其下，因解喻之。敬德勃然，拳毆道宗目，幾至眇。太宗不懌而罷，謂敬德曰：「朕覽漢史，見高祖功臣獲全者少，意常尤之。及居大位以來，常欲保全功臣，令子孫無絕。然卿居官輒犯憲法，方知韓、彭夷戮，非漢祖之愆。國家大事，唯賞與罰，非分之恩，不可數行，勉自修飭，無貽後悔也。」十一年，封建功臣爲代襲刺史，册拜敬德宣州刺史，改封鄂國公，後歷鄜、夏二州都督。十七年，抗表乞骸骨，授開府儀同三司，令朝朔望。尋與長孫無忌等二十四人圖形於凌煙閣。

及太宗將征高麗，敬德奏言：「車駕若自往遼左，皇太子又在定州，東西二京，府庫所在，雖有鎮守，終是空虛。遼東路遙，恐有玄感之變。且邊隅小國，不足親勞萬乘，伏請委之良將，自可應時摧滅。」太宗不納，令以本官行太常卿，爲左一馬軍總管，從破高麗於駐蹕山。軍還，依舊致仕。

敬德末年篤信仙方，飛鍊金石，服食雲母粉，穿築池臺，崇飾羅綺，嘗奏清商樂以自奉養，不與外人交通，凡十六年。顯慶三年，高宗以敬德功，追贈其父爲幽州都督。其年薨，年七十四。高宗爲之舉哀，廢朝三日，令京官五品以上及朝集使赴宅哭，册贈司徒、并州都督，謚曰忠武，賜東園祕器，陪葬於昭陵。

子寶琳嗣，官至衞尉卿。

秦叔寶名瓊，齊州歷城人。大業中，爲隋將來護兒帳內。叔寶喪母，護兒遣使弔之，軍吏怪曰：「士卒死亡及遭喪者多矣，將軍未嘗降問，獨弔叔寶何也？」答曰：「此人勇悍，加有志節，必當自取富貴，豈得以卑賤處之。」

隋末羣盜起，從通守張須陁擊賊帥盧明月於下邳。賊衆十餘萬，須陁所統纔萬人，力勢不敵，去賊六七里立柵，相持十餘日，糧盡將退，謂諸將士曰：「賊見兵卻，必輕來追我。其衆既出，營內卽虛，若以千人襲營，可有大利。此誠危險，誰能去者？」人皆莫對，唯叔寶與羅士信請行。於是須陁委柵遁，使二人分領千兵伏於蘆葦間。既而明月果悉兵追之，叔寶與士信馳至其柵，柵門閉不得入，二人超升其樓，拔賊旗幟，各殺數人，營中大亂。叔寶、士信又斬關以納外兵，因縱火焚其三十餘柵，煙焰漲天。明月奔還，須陁又迴軍奮擊，大破賊衆。明月以數百騎遁去，餘皆虜之。由是勇氣聞於遠近。

又擊孫宣雅於海曲，先登破之。以前後累勳授建節尉。從須陁進擊李密於滎陽，軍敗，須陁死之，叔寶以餘衆附裴仁基。會仁基以武牢降於李密，密得叔寶大喜，以爲帳內驃騎，待之甚厚。密與化及大戰於黎陽童山，爲流矢所中，墮馬悶絕。左右奔散，追兵且至，唯叔寶獨捍衞之，密遂獲免。叔寶又收兵與之力戰，化及乃退。後密敗，又爲王世充所得，署龍驤大將軍。叔寶薄世充之多詐，因其出抗官軍，至於九曲，與程齩金、吳黑闥、牛進達等數十騎西馳百許步，下馬拜世充曰：「雖蒙殊禮，不能仰事，請從此辭。」世充不敢逼，於是來降。高祖令事秦府，太宗素聞其勇，厚加禮遇。從鎭長春宮，拜馬軍總管。又從征於美良川，破尉遲敬德，功最居多。高祖遣使賜以金瓶，勞之曰：「卿不顧妻子，遠來投我，又立功效。朕肉可爲卿用者，當割以賜卿，況子女玉帛乎？卿當勉之。」尋授秦王右三統軍。又從破宋金剛於介休。錄前後勳，賜黃金百斤、雜綵六千段，授上柱國。從討王世充，每爲前鋒。太宗將拒竇建德於武牢，叔寶以精騎數十先陷其陣。世充平，進封翼國公，賜黃金百斤、帛七千段。從平劉黑闥，賞物千段。

叔寶每從太宗征伐，敵中有驍將銳卒，炫燿人馬，出入來去者，太宗頗怒之，輒命叔寶往取。叔寶應命，躍馬負槍而進，必刺之萬衆之中，人馬辟易，太宗以是益重之，叔寶亦以此頗自矜尙。

六月四日，從誅建成、元吉。事寧，拜左武衞大將軍，食實封七百戶。其後每多疾病，因謂人曰：「吾少長戎馬，所經二百餘陣，屢中重瘡。計吾前後出血亦數斛矣，安得不病乎？」十二年卒，贈徐州都督，陪葬昭陵。太宗特令所司就其塋內立石人馬，以旌戰陣之功焉。

十三年，改封胡國公。十七年，與長孫無忌等圖形於凌煙閣。

程知節本名齩金，濟州東阿人也。少驍勇，善用馬矟。大業末，聚徒數百，共保鄉里，以備他盜。後依李密，署爲內軍驃騎。時密於軍中簡勇士尤異者八千人，隸四驃騎，分爲左右以自衞，號爲內軍。自云：「此八千人可當百萬。」知節既領其一，甚被恩遇。及王世充出城決戰，知節領內馬軍，與密同營在北邙山上，單雄信領外馬軍，營在偃師城北。世充來襲雄信營，密遣知節及裴行儼助之。行儼先馳赴敵，爲流矢所中，墜於地。知節救之，殺數人，世充軍披靡，乃抱行儼重騎而還。爲世充騎所逐，刺槊洞過，知節迴身捩折其槊，兼斬獲追者，於是與行儼俱免。

及密敗，世充得之，接遇甚厚。知節謂秦叔寶曰：「世充器度淺狹，而多妄語，好爲呪誓，乃巫師老嫗耳，豈是撥亂主乎？」及世充拒王師於九曲，知節領兵在其陣，與秦叔寶等馬上揖世充曰：「荷公接待，極欲報恩。公性猜貳，傍多扇惑，非僕託身之所，今謹奉辭。」於是躍馬與左右數十人歸國，世充懼，不敢追之。

授秦王府左三統軍。破宋金剛，擒竇建德，降王世充，並領左一馬軍總管。每陣先登，以功封宿國公。武德七年，建成忌之，搆之於高祖，除康州刺史。知節白太宗曰：「大王手臂今並翦除，身必不久。知節以死不去，願速自全。」六月四日，從太宗討建成、元吉。事定，拜太子右衞率，遷右武衞大將軍，賜實封七百戶。貞觀中，歷瀘州都督、左領軍大將軍。與長孫無忌等代襲刺史，改封盧國公，授普州刺史。十七年，累轉左屯衞大將軍，檢校北門屯兵，加鎭軍大將軍。永徽六年，遷左衞大將軍。顯慶二年，授葱山道行軍大總管以討賀魯。師次怛篤城，有胡人數千家開門出降，知節屠城而去，賀魯遂卽遠遁。軍還，坐免官。未幾，授岐州刺史，表請乞骸骨，許之。麟德二年卒，贈驃騎大將軍、益州大都督，陪葬昭陵。

子處默，襲爵盧國公。

處亮，以功臣子尙太宗女淸河長公主，授駙馬都尉、左衞中郎將。

少子處弼，官至右金吾將軍。

處弼子伯獻，開元中，左金吾大將軍。

段志玄，齊州臨淄人也。父偃師，隋末爲太原郡司法書佐，從高祖起義，官至郢州刺史。志玄從父在太原，甚爲太宗所接待。義兵起，志玄募得千餘人，授右領大都督府軍頭。從平霍邑，下絳郡，攻永豐倉，皆爲先鋒，歷遷左光祿大夫。從劉文靜拒屈突通於潼關，文靜爲通將桑顯和所襲，軍營已潰，志玄率二十騎赴擊，殺數十人而還，爲流矢中足，慮衆心動，忍而不言，更入賊陣者再三。顯和軍亂，大軍因此復振，擊大破之。及屈突通之遁，志玄與諸將追而擒之，以功授樂遊府驃騎將軍

後從討王世充，深入陷陣，馬倒，爲賊所擒。兩騎夾持其髻，將渡洛水，志玄踊身而奮，二人俱墮馬，馳歸，追者數百騎，不敢逼。及破竇建德，平東都，功又居多，遷秦王府右二護軍，賞物二千段。

隱太子建成、巢刺王元吉競以金帛誘之，志玄拒而不納，密以白太宗，竟與尉遲敬德等同誅建成、元吉。太宗卽位，累遷左驍衞大將軍，封樊國公，食實封九百戶。文德皇后之葬也，志玄與宇文士及分統士馬出肅章門。太宗夜使宮官至二將軍所，士及開營內使者，志玄閉門不納，曰：「軍門不可夜開。」使者曰：「此有手敕。」志玄曰：「夜中不辯眞僞。」竟停使者至曉。太宗聞而歎曰：「此眞將軍也，周亞夫無以加焉。」

十一年，定世封之制，授金州刺史，改封褒國公。十二年，拜右衞大將軍。十四年，加鎭軍大將軍。十六年，寢疾，太宗親自臨視，涕泣而別，顧謂曰：「當與卿子五品。」志玄頓首

固請迴授母弟志感，太宗遂授志感左衞郎將。及卒，上爲發哀，哭之甚慟，贈輔國將軍、揚州都督，陪葬昭陵，謚曰忠壯。十七年正月，詔圖形於凌煙閣。

子瓚，襲爵褒國公，武太后時官至左屯衞大將軍。

子懷簡，襲爵，開元中，官至太子詹事。

張公謹字弘愼，魏州繁水人也。初爲王世充洧州長史。武德元年，與王世充所署洧州刺史崔樞以州城歸國，授鄒州別駕，累除右武候長史。初未知名，李勣驟薦於太宗，尉遲敬德亦言之，乃引入幕府。

時太宗爲隱太子建成、巢王元吉所忌，因召公謹，問以自安之策，對甚合旨，漸見親遇。及太宗將討建成、元吉，遣卜者灼龜占之，公謹自外來見，遽投於地而進曰：「凡卜筮者，將以決嫌疑，定猶豫，今既事在不疑，何卜之有？縱卜之不吉，勢不可已。願大王思之。」太宗深然其言。六月四日，公謹與長孫無忌等九人伏於玄武門以俟變。及斬建成、元吉，其黨來攻玄武門，兵鋒甚盛。公謹有勇力，獨閉關以拒之。以功累授左武候將軍，封定遠郡公，賜實封一千戶。

貞觀元年，拜代州都督，上表請置屯田以省轉運，又前後言時政得失十餘事，並見納用。後遣李靖經略突厥，以公謹爲副，公謹因言突厥可取之狀，曰：「頡利縱欲肆情，窮凶極暴，誅害良善，昵近小人，此主昏於上，其可取一也。又其別部同羅、僕骨、迴紇、延陁之類，並自立君長，將圖反噬，此則衆叛於下，其可取二也。突利被疑〔一〕，輕騎自免；拓設出討，匹馬不歸；欲谷喪師，立足無地；此則兵挫將敗，其可取三也。塞北霜早，糧餱乏絕，其可取四也。頡利疏其突厥，親委諸胡，胡人翻覆，是其常性，大軍一臨，內必生變，其可取五也。華人入北，其類實多，比聞自相嘯聚，保據山險，師出塞垣，自然有應，其可取六也。」太宗深納之。破定襄，敗頡利，璽書慰勞，進封鄒國公。

轉襄州都督，甚有惠政。卒官，年三十九。太宗聞而嗟悼，出次發哀，有司奏言：「準陰陽書，日子在辰，不可哭泣，又爲流俗所忌。」太宗曰：「君臣之義，同於父子，情發於衷，安避辰日。」遂哭之。贈左驍衞大將軍，謚曰襄。十三年，追思舊功，改封郯國公。十七年，圖形於凌煙閣。永徽中，又贈荊州都督。

長子大象嗣，官至戶部侍郎。

次子大素、大安，並知名。大素，龍朔中歷位東臺舍人，兼修國史，卒於懷州長史，撰後魏書一百卷、隋書三十卷。

大安，上元中歷太子庶子、同中書門下三品。時章懷太子在春宮，令大安與太子洗馬劉訥言等注范曄後漢書。宮廢，左授普州刺史。光宅中，卒於横州司馬。大安子涚，開元中爲國子祭酒。

史臣曰：敬德奪矟陷陣，鼓勇王師，卻賂報恩，竭忠霸主。然而奮拳負氣，非自全之道，文皇告誡之言，可爲功臣藥石。叔寶善用馬矟，拔賊壘則以寡敵衆，可謂勇矣。知節志平國難，拜隼旟則致命輔君，可謂忠矣。而並曉世充之猜貳，識唐代之霸圖，可謂見幾君子矣。志玄中鏑不言，竟安師旅。公謹投龜定議，志助儲君。皆所謂猛將謀臣，知機識變。有唐之盛，斯實賴焉。

贊曰：太宗經綸，實賴虎臣。胡、鄂諸將，奮不顧身。圖形凌煙，配食嚴禋。光諸簡册，爲報君親。

校勘記

〔一〕突利　各本原作「突厥」，據新書卷八九張公謹傳、通鑑卷一九三改。

舊唐書卷六十九

列傳第十九

侯君集　張亮　薛萬徹 兄萬均　盛彥師　盧祖尚　劉世讓　劉蘭　李君羨等附

侯君集，豳州三水人也。性矯飾，好矜誇，玩弓矢而不能成其藝，乃以武勇自稱。太宗在藩，引入幕府，數從征伐，累除左虞候、車騎將軍，封全椒縣子。漸蒙恩遇，參預謀議。建成、元吉之誅也，君集之策居多。太宗卽位，遷左衞將軍，以功進封潞國公，賜邑千戶，尋拜右衞大將軍。

貞觀四年，遷兵部尚書，參議朝政。時將討吐谷渾伏允，命李靖爲西海道行軍大總管，以君集及任城王道宗並爲之副。九年三月，師次鄯州，君集言於靖曰：「大軍已至，賊虜尚未走險，宜簡精銳，長驅疾進，彼不我虞，必有大利。若此策不行，潛遁必遠，山障爲阻，討之實難。」靖然其計，乃簡精銳，輕齎深入。道宗追及伏允之衆於庫山，破之。伏允輕兵入磧，以避官軍。靖乃中分士馬爲兩道並入，靖與薛萬均、李大亮趣北路，使侯君集、道宗趣南路。歷破邏眞谷，踰漢哭山，經途二千餘里，行空虛之地，盛夏降霜，山多積雪，轉戰過星宿川，至於柏海，頻與虜遇，皆大克獲。北望積石山，觀河源之所出焉。乃旋師，與李靖會於大非川，平吐谷渾而還。

十一年，與長孫無忌等俱受世封，授君集陳州刺史，改封陳國公。明年，拜吏部尚書，進位光祿大夫。君集出自行伍，素無學術，及被任遇，方始讀書。典選舉，定考課，出爲將領，入參朝政，並有時譽。

高昌王麴文泰時遏絕西域商賈，太宗徵文泰入朝，而稱疾不至，詔以君集爲交河道行軍大總管討之。文泰聞王師將起，謂其國人曰：「唐國去此七千里，沙磧闊二千里，地無水草，冬風凍寒，夏風如焚。風之所吹，行人多死，常行百人不能得至，安能致大軍乎？若頓兵於吾城下，二十日食必盡，自然魚潰，乃接而虜之，何足憂也！」及軍至磧口，而文泰卒，其子智盛襲位。君集率兵至柳谷，候騎言文泰剋日將葬，國人咸集。諸將請襲之，君集曰：「不可，天子以高昌驕慢無禮，使吾恭行天罰，今襲人於墟墓之間，非問罪之師也。」於是鼓行而前，攻其田地。賊嬰城自守，君集諭之，不行。先是，大軍之發也，上召山東善爲攻城器械者，悉遣從軍。君集遂刊木塡隍，推撞車撞其睥睨，數丈頹穴，抛車石擊其城中，其所當者無不糜碎，或張氈被，用障抛石，城上守陴者不復得立。遂拔之，虜其男女七千餘口，仍進兵圍其都城。智盛窮蹙，致書於君集曰：「有罪於天子者，先王也。天罰所加，身已喪背。智盛襲位未幾，不知所以愆闕，冀尙書哀憐。」君集報曰：「若能悔禍，宜束手軍門。」智盛猶不出，因命士卒塡其隍塹，發抛車以攻之。又爲十丈高樓，俯視城內，有行人及飛石所中處，皆唱言之，人多入室避石。初，文泰與西突厥欲谷設約，有兵至，共爲表裏。及聞君集至，欲谷設懼而西走千餘里，智盛失援，計無所出，遂開門出降。君集分兵略地，遂平其國，俘智盛及其將吏，刻石紀功而還。

君集初破高昌，曾未奏請，輒配沒無罪人，又私取寶物。將士知之，亦競來盜竊，君集恐發其事，不敢制。及京師，有司請推其罪，詔下獄。中書侍郎岑文本以爲功臣大將不可輕加屈辱，上疏曰：

君集等或位居輔佐，或職惟爪牙，並蒙拔擢，受將帥之任，不能正身奉法以報陛下之恩，舉措肆情，罪負盈積，實宜繩之刑典，以肅朝倫。但高昌昏迷，人神共棄，在朝議者，以其地在遐荒，咸欲置之度外。唯陛下運獨見之明，授決勝之略，君集等奉行聖算，遂得指期平殄。若論事實，並是陛下之功，君集等有道路之勞，未足稱其勳力。而陛下天德弗宰，乃推功於將帥。露布初至，便降大恩，從征之人，皆霑滌蕩。及其凱旋，特蒙曲宴，又對萬國，加之重賞。內外文武，咸欣陛下賞不踰時。而不經旬日，並付大理，雖乃君集等自挂網羅，而在朝之人未知所犯，恐海內又疑陛下唯錄其過，似遺其功。臣以下才，謬參近職，既有所見，不敢默然。

臣聞古之人君，出師命將，克敵則獲重賞，不克則受嚴刑。是以當其有功也，雖貪殘淫縱，必蒙青紫之寵；當其有罪也，雖勤躬潔己，不免鈇鉞之誅。故周書曰：「記人之功，忘人之過，宜爲君者也。」昔漢貳師將軍李廣利捐五萬之師，糜億萬之費，經四年之勞，唯獲駿馬三十匹。雖斬宛王之首，而貪不愛卒，罪惡甚多。武帝爲萬里征伐，不錄其過，遂封廣利海西侯，食邑八千戶。又校尉陳湯矯詔興師，雖斬郅支單于，而湯素貪盜，所收康居財物，事多不法，爲司隸所繫。湯乃上疏曰：「與吏士共誅郅支，幸得擒滅。今司隸乃收繫案驗，是爲郅支報讎也。」元帝赦其罪，封湯關內侯，賜黃金百斤。又晉龍驤將軍王濬有平吳之功，而王渾等論濬違詔，不受節度，軍人得孫皓寶物，并燒皓宮及船。濬上表曰：「今年平吳，誠爲大慶，於臣之身，更爲咎累。」武帝赦而不推，拜輔國大將軍，封襄陽侯，賜絹萬匹。近隋新義郡公韓擒虎平陳之日，縱士卒暴亂叔寶宮內，文帝亦不問罪，雖不進爵，拜擒虎上柱國，賜物八千段。由斯觀之，將帥之臣，廉慎者寡，貪求者衆。是以黃石公軍勢曰：「使智，使勇，使貪，使愚。故智者樂立其功，勇者好行其志，貪者邀趨其利，愚者不計其死。」是知前聖莫不收人之長，棄人之短，良爲此也。

臣又聞夫天地之道，以覆載爲先；帝王之德，以含弘爲美。夫以區區漢武及歷代諸帝，猶能宥廣利等，況陛下天縱神武，振宏圖以定六合，豈獨正茲刑網，不行古人之事哉！伏惟聖懷，當自已有斟酌。臣今所以陳聞，非敢私君集等，庶以螢爝末光，增暉日月。倘陛下降雨露之澤，收雷電之威，錄其微勞，忘其大過，使君集重升朝列，復預驅馳，雖非淸貞之臣，猶是貪愚之將。斯則陛下聖德，雖屈法而德彌顯；君集等愆過，雖蒙宥而過更彰。足使立功之士，因茲而皆勸；負罪之將，由斯而改節矣。

疏奏，乃釋。

君集自以有功於西域，而以貪冒被囚，志殊怏怏。十七年，張亮以太子詹事出爲洛州都督，君集激怒亮曰：「何爲見排？」亮曰：「是公見排，更欲誰冤！」君集曰：「我平一國來，逢屋許大嗔，何能仰排！」因攘袂曰：「鬱鬱不可活，公能反乎？當與公反耳。」亮密以聞，太宗謂亮曰：「卿與君集俱是功臣。君集獨以語卿，無人聞見，若以屬吏，君集必言無此。兩人相證，事未可知。」遂寢其事，待君集如初。尋與諸功臣同畫像於凌煙閣。

時庶人承乾在東宮，恐有廢立，又知君集怨望，遂與通謀。君集子壻賀蘭楚石時爲東宮千牛，承乾令數引君集入內，問以自安之術。君集以承乾劣弱，意欲乘釁以圖之，遂贊承乾陰圖不軌，嘗舉手謂承乾曰：「此好手，當爲用之。」君集或慮謀洩，心不自安，每中夜蹶然而起，歎咤久之。其妻怪而謂之曰：「公，國之大臣，何爲乃爾？必當有故。若有不善之事，孤負國家，宜自歸罪，首領可全。」君集不能用。

及承乾事發，君集被收，楚石又詣闕告其事。太宗親臨問曰：「我不欲令刀筆吏辱公，故自鞫驗耳。」君集辭窮。太宗謂百僚曰：「往者家國未安，君集實展其力，不忍置之於法。我將乞其性命，公卿其許我乎？」羣臣爭進曰：「君集之罪，天地所不容，請誅之以明大法。」太宗謂君集曰：「與公長訣矣，而今而後，但見公遺像耳！」因歔欷下泣。遂斬於四達之衢，籍沒其家。君集臨刑，容色不改，謂監刑將軍曰：「君集豈反者乎，蹉跌至此！然嘗爲將，破滅二國，頗有微功。爲言於陛下，乞令一子以守祭祀。」由是特原其妻及一子，徙於嶺南。

張亮，鄭州滎陽人也。素寒賤，以農爲業，倜儻有大節，外敦厚而內懷詭詐，人莫之知。大業末，李密略地滎、汴，亮杖策從之，未被任用。屬軍中有謀反者，亮告之，密以爲至誠，署驃騎將軍，隸於徐勣。及勣以黎陽歸國，亮頗贊成其事，乃授鄭州刺史。會王世充陷鄭州，亮不得之官，孤軍無援，遂亡命於共城山澤。

後房玄齡、李勣以亮倜儻有智謀，薦之於太宗，引爲秦府車騎將軍。漸蒙顧遇，委以心膂。會建成、元吉將起難，太宗以洛州形勝之地，一朝有變，將出保之。遣亮之洛陽，統左右王保等千餘人，陰引山東豪傑以俟變，多出金帛，恣其所用。元吉告亮欲圖不軌，坐是屬吏，亮卒無所言，事釋，遣還洛陽。及建成死，授懷州總管，封長平郡公。

貞觀五年，歷遷御史大夫，轉光祿卿，進封鄅國公，賜實封五百戶。後歷豳、夏、鄜三州都督。七年，魏王泰爲相州都督而不之部，進亮金紫光祿大夫，行相州大都督長史。十一年，改封鄖國公。亮所莅之職，潛遣左右伺察善惡，發擿姦隱，動若有神，抑豪強而恤貧弱，故所在見稱。初，亮之在州也，棄其本妻，更娶李氏。李素有淫行，驕妬特甚，亮寵憚之。後至相州，有鄴縣小兒，以賣筆爲業，善歌舞，李見而悅之，遂與私通，假言亮先與其母野合所生，收爲亮子，名曰愼幾。亮前婦子愼微每以養愼幾致諫，亮不從。李尤好左道，所至巫覡盈門，又干預政事，由是亮之聲稱漸損。

十四年，入爲工部尙書。明年，遷太子詹事，出爲洛州都督。及侯君集誅，以亮先奏其將反，優詔褒美，遷刑部尙書，參預朝政。太宗將伐高麗，亮頻諫不納，因自請行。以亮爲滄海道行軍大總管，管率舟師。自東萊渡海，襲沙卑城，破之，俘男女數千口。進兵頓於建安城下，營壘未固，士卒多樵牧。賊衆奄至，軍中惶駭。亮素怯懦，無計策，但踞胡床，直視而無所言，將士見之，翻以亮爲有膽氣。其副總管張金樹等乃鳴鼓令士衆擊賊，破之。太宗知其無將帥材而不之責。

有方術人程公穎者，亮親信之。初在相州，陰召公穎，謂曰：「相州形勝之地，人言不出數年有王者起，公以爲何如？」公穎知其有異志，因言亮臥似龍形，必當大貴。又有公孫常者，頗擅文辭，自言有黄白之術，尤與亮善。亮謂曰：「吾嘗聞圖讖『有弓長之君當別都』，雖有此言，實不願聞之。」常又言亮名應圖籙，亮大悦。二十年，有陝人常德玄告其事，并言亮有義兒五百人。太宗遣法官按之，公穎及常證其罪。亮曰：「此二人畏死見誣耳。」又自陳佐命之舊，冀有寬貸。太宗謂侍臣曰：「亮有義兒五百，畜養此輩，將何爲也？正欲反耳。」命百僚議其獄，多言亮當誅，唯將作少匠李道裕言亮反形未具，明其無罪。太宗既盛怒，竟斬於市，籍沒其家。歲餘，刑部侍郎有闕，令執政者妙擇其人，累奏皆不可。太宗曰：「朕得其人也。往者李道裕議張亮云『反形未具』，此言當矣。雖不即從，至今追悔。」遂授道裕刑部侍郎。

薛萬徹，雍州咸陽人，自燉煌徙焉，隋左禦衞大將軍世雄子也。世雄，大業末卒於涿郡太守。萬徹少與兄萬均隨父在幽州〔一〕，俱以武略爲羅藝所親待。尋與藝歸附高祖，授萬均上柱國、永安郡公，萬徹車騎將軍、武安縣公。

會竇建德率衆十萬來寇范陽，藝逆拒之。萬均謂藝曰：「衆寡不敵，今若出鬭，百戰百敗，當以計取之。可令羸兵弱馬阻水背城爲陣以誘之，觀賊之勢，必渡水交兵。萬均請精騎百人伏於城側，待其半渡擊之，破賊必矣。」藝從其言。建德果引軍渡水，萬均邀擊，大破之。明年，建德率衆二十萬復攻幽州，賊已攀堞，萬均與萬徹率敢死士百人從地道而出，直掩賊背擊之，賊遂潰走。

及太宗平劉黑闥，引萬均爲右二護軍，恩顧甚至。隱太子建成又引萬徹置於左右。建成被誅，萬徹率宮兵戰於玄武門，鼓譟欲入秦府，將士大懼。及梟建成首示之，萬徹與數十騎亡於終南山。太宗累遣使諭意，萬徹釋仗而來，太宗以其忠於所事，不之罪也。

萬均，貞觀初歷遷殿中少監。柴紹之擊梁師都，以萬徹爲副。未至朔方數十里，突厥四面而至，官軍稍却。萬均與萬徹橫出擊之，斬其驍將，虜陣亂，因而乘之，殺傷被野。鼓行而進，遂圍師都。俄而師都見殺，城降，突厥不敢來援。萬徹後從李靖擊突厥頡利可汗於塞北，以功授統軍，進爵郡公。及靖將擊吐谷渾，請萬徹同行。及至賊境，與諸將各率百餘騎先行，卒與虜數千騎相遇。萬徹單騎馳擊之，虜無敢當者。還謂諸將曰：「賊易與耳！」躍馬復進，諸將隨之，斬數千級，人馬流血，勇冠三軍。又與萬均破吐谷渾天柱王於赤水源，獲其雜畜二十萬計，追至河源。

萬均此後官至左屯衞大將軍，累封潞國公而卒。萬徹尋丁母憂解職，俄起爲右衞將軍，出爲蒲州刺史。會薛延陁率迴紇、同羅之衆渡磧，南擊李思摩，萬徹副李勣援之。與虜相遇，率數百騎爲先鋒，擊其陣後，騎皆散，賊顧見，遂大潰。追奔數十里，斬首三千餘級，獲馬萬五千匹。以功別封一子爲縣侯。十八年，授左衞將軍，尙丹陽公主，拜駙馬都尉。尋遷右衞大將軍，轉杭州刺史，遷代州都督，復召拜右武衞大將軍。太宗從容謂從臣曰：「當今名將，唯李勣、道宗、萬徹三人而已。李勣、道宗不能大勝，亦不大敗；萬徹非大勝，卽大敗。」太宗嘗召司徒長孫無忌等十餘人宴於丹霄殿，各賜以貘皮，萬徹預焉。太宗意在賜萬徹，而謬呼萬均，因愴然曰：「萬均朕之勳舊，不幸早亡，不覺呼名，豈其魂靈欲朕之賜也。」因令取貘皮，呼萬均以同賜而焚之於前，侍坐者無不感歎。

二十二年，萬徹又爲靑丘道行軍大總管，率甲士三萬自萊州泛海伐高麗，入鴨綠水，百餘里至泊汋城，高麗震懼，多棄城而遁。泊汋城主所夫孫率步騎萬餘人拒戰，萬徹遣右衞將軍裴行方領步卒爲支軍繼進，萬徹及諸軍乘之，賊大潰。追奔百餘里，於陣斬所夫孫，進兵圍泊汋城。其城因山設險，阻鴨綠水以爲固，攻之未拔。高麗遣將高文率烏骨、安地諸城兵三萬餘人來援，分置兩陣。萬徹分軍以當之，鋒刃纔接而賊大潰。萬徹在軍，仗氣凌物，人或奏之。及謁見，太宗謂曰：「上書者論卿與諸將不協，朕錄功棄過，不罪卿也。」因取書焚之。尋爲副將、右衞將軍裴行方言其怨望，於是廷驗之，萬徹辭屈。英國公李勣進曰：「萬徹職乃將軍，親惟主壻，發言怨望，罪不容誅。」因除名徙邊，會赦得還。

永徽二年，授寧州刺史。入朝與房遺愛款昵，因謂遺愛曰：「今雖患脚，坐置京師，漢輩猶不敢動。」遺愛謂萬徹曰：「公若國家有變，我當與公立荆王元景爲主。」及謀洩，吏逮之，萬徹不之伏，遺愛證之，遂伏誅。臨刑大言曰：「薛萬徹大健兒，留爲國家效死力固好，豈得坐房遺愛殺之乎！」遂解衣謂監刑者疾斫。執刀者斬之不殊，萬徹叱之曰：「何不加力！」三斫乃絕。

萬徹長兄萬淑，亦有戰功。貞觀初，至營州都督，檢校東夷校尉，封梁郡公。

季弟萬備，有孝行，母終，廬於墓側。太宗降璽書弔慰，仍旌表其門。後官至左衞將軍。並先萬徹卒。

初，武德、貞觀之際，有盛彥師、盧祖尙、劉世讓、劉蘭、李君羨等，並有功名而不終其位。

盛彥師者，宋州虞城人。大業中，爲澄城長。義師至汾陰，率賓客千餘人濟河上謁，拜銀青光祿大夫、行軍總管，從平京城。俄與史萬寶鎭宜陽以拒東寇。

及李密之叛，將出山南，史萬寶懼密威名，不敢拒，謂彥師曰：「李密，驍賊也，又輔以王伯當，決策而叛，其下兵士思欲東歸，若非計出萬全，則不爲也。兵在死地，殆不可當。」彥師笑曰：「請以數千之衆邀之，必梟其首。」萬寶曰：「計將安出？」對曰：「軍法尙詐，不可爲公說之。」便領衆踰熊耳山南，傍道而止，令弓弩者夾路乘高，刀楯者伏於溪谷。令曰：「待賊半渡，一時齊發，弓弩據高縱射，刀楯卽亂出薄之。」或問之曰：「聞李密欲向洛州，而公入山，何也？」彥師曰：「密聲言往洛，實走襄城就張善相耳，必當出人不意。若賊入谷口，我自後追之，山路險隘，無所展力，一夫殿後，必不能制。今吾先得入谷，擒之必矣。」李密既度陝州，以爲餘不足慮，遂擁衆徐行，果踰山南渡。彥師擊之，密衆首尾斷絕，不得相救，遂斬李密，追擒伯當。以功封葛國公，拜武衞將軍，仍鎭熊州。

太宗討王世充，遣彥師與萬寶軍於伊闕，絕其山南之路。賊平，除宋州總管。初，彥師之入關也，王世充以其將陳寶遇爲宋州刺史，處其家不以禮，及此，彥師因事殺之。平生所惡數十家亦皆殺之。州中震駭，重足而立。

會徐圓朗反，彥師爲安撫大使，因戰，遂沒於賊。圓朗禮厚之，令彥師作書報其弟，令舉城降己。彥師爲書曰：「吾奉使無狀，被賊所擒，爲臣不忠，誓之以死。汝宜善侍老母，勿以吾爲念。」圓朗初色動，而彥師自若，圓朗乃笑曰：「盛將軍乃有壯節，不可殺也。」待之如舊。賊平，彥師竟以罪賜死。

盧祖尚者，字季良，光州樂安人也。父禧，隋虎賁郎將。累葉豪富，傾財散施，甚得人心。大業末，召募壯士，逐捕羣盜，時年甚少，而武力過人，又御衆嚴整，所向有功，羣盜畏憚，不敢入境。及宇文化及作亂，州人請祖尚爲刺史。祖尚時年十九，升壇歃血，以誓其衆，泣涕歔欷，悲不自勝，衆皆感激。

王世充立越王侗，祖尚遣使從之，侗授祖尚光州總管。及世充自立，遂舉州歸款，高祖嘉之，賜璽書勞勉，拜光州刺史，封弋陽郡公。武德六年，從趙郡王孝恭討輔公祏，爲前軍總管，攻其宣、歙二州，克之。進擊賊帥馮惠亮、陳正通，並破之。賊平，以功授蔣州刺史。又歷壽州都督、瀛州刺史，並有能名。

貞觀初，交州都督、遂安公壽以貪冒得罪，太宗思求良牧，朝臣咸言祖尚才兼文武，廉平正直。徵至京師，臨朝謂之曰：「交州大藩，去京甚遠，須賢牧撫之。前後都督皆不稱職，卿有安邊之略，爲我鎭之，勿以道遠爲辭也。」祖尙拜謝而出，旣而悔之，以舊疾爲辭。太宗遣杜如晦諭旨，祖尙固辭。又遣其妻兄周範往諭之曰：「匹夫相許，猶須存信。卿面許朕，豈得後方悔之？宜可早行，三年必自相召，卿勿推拒，朕不食言。」對曰：「嶺南瘴癘，皆日飲酒，臣不便酒，去無還理。」太宗大怒曰：「我使人不從，何以爲天下！」命斬之於朝，時年三十餘。尋悔之，使復其官廕。

劉世讓字元欽，雍州醴泉人也。仕隋徵仕郎。高祖入長安，世讓以漳川歸國，拜通議大夫。時唐弼餘黨寇扶風，世讓自請安輯，許之，俄得數千人。復爲安定道行軍總管，率兵以拒薛舉，戰敗，世讓及弟寶俱爲舉軍所獲。舉將至城下，令紿說城中曰：「大軍五道已趣長安，宜開門早降。」世讓僞許之，因告城中曰：「賊兵多少，極於此矣。宜善自固，以圖安全。」舉重其執節，竟不之害。太宗時屯兵高墌，世讓潛遣寶逃歸，言賊中虛實，高祖嘉之，賜其家帛千匹。及賊平，得歸，授彭州刺史。

尋領陝東道行軍總管，與永安王孝基擊呂崇茂於夏縣，諸軍敗績，世讓與唐儉俱爲賊所獲。獄中聞獨孤懷恩有逆謀，逃還以告高祖。時高祖方濟河，將幸懷恩之營，聞難驚曰：

「劉世讓之至，豈非天命哉！」因勞之曰：「卿往陷薛舉，遣弟潛效款誠，今復冒危告難，是皆憂國忘身也。」尋封弘農郡公，賜莊一區、錢百萬。

累轉并州總管，統兵屯於鴈門。突厥處羅可汗與高開道、苑君璋合衆攻之，甚急。鴻臚卿鄭元璹先使在蕃，可汗令元璹來說之，世讓厲聲曰：「大丈夫奈何爲夷狄作說客耶！」經月餘〔二〕，虜乃退。及元璹還，述世讓忠貞勇幹，高祖下制褒美之，錫以良馬。未幾，召拜廣州總管。將之任，高祖問以備邊之策，世讓答曰：「突厥南寇，徒以馬邑爲其中路耳。如臣所計，請於崞城置一智勇之將，多儲金帛，有來降者厚賞賜之，數出奇兵略其城下，芟踐禾稼，敗其生業。不出歲餘，彼當無食，馬邑不足圖也。」高祖曰：「非公無可任者〔三〕。」乃使馳驛往經略之。突厥懼其威名，乃縱反間，言世讓與可汗通謀，將爲亂。高祖不之察，遂誅世讓，籍沒其家。貞觀初，突厥來降者言世讓初無逆謀，始原其妻子。

劉蘭字文郁，青州北海人也。仕隋鄱陽郡書佐。頗涉經史，善言成敗。然性多兇狡，見隋末將亂，交通不逞。于時北海完富，蘭利其子女玉帛，與羣盜相應，破其本鄉城邑。武德中，淮安王神通爲山東道安撫大使，蘭率宗黨往歸之。以功累遷尚書員外郎。

貞觀初，梁師都尚據朔方，蘭上言攻取之計，太宗善之，命爲夏州都督府司馬。時梁師都以突厥之師頓於城下，蘭偃旗臥鼓，不與之爭鋒，賊徒宵遁，蘭追擊破之，遂進軍夏州。及師都平，以功遷豐州刺史，徵爲右領軍將軍。

十一年，幸洛陽，以蜀王愔爲夏州都督，愔不之藩，以蘭爲長史，總其府事。時突厥攜離，有郁射設阿史那摸末率其部落入居河南。蘭縱反間以離其部落，頡利果疑摸末，摸末懼，而頡利又遣兵追之，蘭率衆逆擊，敗之〔四〕。太宗以爲能，超拜豐州刺史，再轉夏州都督，封平原郡公。

貞觀末，以謀反腰斬。右驍衞大將軍丘行恭探其心肝而食之，太宗聞而召行恭讓之曰：「刑典自有常科，何至於此！必若食逆者心肝而爲忠孝，則劉蘭之心爲太子諸王所食，豈至卿邪？」行恭無以答。

李君羨者，洛州武安人也。初爲王世充驃騎，惡世充之爲人，乃與其黨叛而來歸，太宗引爲左右。從討劉武周及王世充等，每戰必單騎先鋒陷陣，前後賜以宮女、馬牛、黃金、雜綵，不可勝數。太宗卽位，累遷華州刺史，封武連郡公。

貞觀初，太白頻晝見，太史占曰：「女主昌。」又有謠言：「當有女武王者。」太宗惡之。時君羨爲左武衞將軍，在玄武門。太宗因武官內宴，作酒令，各言小名。君羨自稱小名「五娘子」，太宗愕然，因大笑曰：「何物女子，如此勇猛！」又以君羨封邑及屬縣皆有「武」字，深惡之。會御史奏君羨與妖人員道信潛相謀結，將爲不軌，遂下詔誅之。天授二年，其家屬詣闕稱冤，則天乃追復其官爵，以禮改葬。

史臣曰：侯君集摧凶克敵，效用居多，恃寵矜功，粗率無檢，棄前功而罹後患，貪愚之將明矣。張亮聽公穎之妖言，恃弓長之邪讖，義兒斯畜，惡跡遂彰，雖道裕云反狀未形，而詭詐之性，於斯驗矣。萬徹籌深行陣，勇冠戎夷，不能保其首領，以至誅戮。夫二三子，非愼始而保終也。

贊曰：君子立功，守以謙沖。小人得位，足爲身害。侯、張凶險，望窺聖代。雄若韓、彭，難逃葅醢。

校勘記

〔一〕隨父在幽州　「幽」字各本原作「豳」，新書卷九四薛萬均傳作「幽」。據上文父爲隋涿郡太守，隋涿郡即唐幽州，下文「以武略爲羅藝所親待」，羅藝於隋唐之際割據幽州，作「幽」是，據改。

〔二〕經月餘　「月」字各本原作「日」，據御覽卷四三六、冊府卷三七三改。
〔三〕高祖曰非公無可任者　「曰非公」三字各本原無，據冊府卷三六五、新書卷九四劉世讓傳補。
〔四〕突厥頡利可汗已於貞觀四年被俘，八年死於長安，此段所敍應爲貞觀初藺爲夏州都督府司馬時事，誤置於此。

舊唐書卷七十

列傳第二十

王珪 戴胄 兄子至德 岑文本 兄子長倩 長倩子羲 格輔元附

杜正倫

王珪字叔玠，太原祁人也。在魏爲烏丸氏，曾祖神念，自魏奔梁，復姓王氏。祖僧辯，梁太尉、尚書令。父顗，北齊樂陵太守。珪幼孤，性雅澹，少嗜慾，志量沈深，能安於貧賤，體道履正，交不苟合。季叔頍當時通儒，有人倫之鑒，嘗謂所親曰：「門戶所寄，唯在此兒耳。」開皇末，爲奉禮郎。及頍坐漢王諒反事被誅，珪當從坐，遂亡命於南山，積十餘歲。高祖入關，丞相府司錄李綱薦珪貞諒有器識，引爲世子府諮議參軍。及東宮建，除太子中舍人，尋轉中允，甚爲太子所禮。後以連其陰謀事，流于巂州。建成誅後，太宗素知其才，召拜諫議大夫。

貞觀元年，太宗嘗謂侍臣曰：「正主御邪臣，不能致理；正臣事邪主，亦不能致理。唯君臣相遇，有同魚水，則海內可安也。昔漢高祖，田舍翁耳，提三尺劍定天下，既而規模弘遠，慶流子孫者，此蓋任得賢臣所致也。朕雖不明，幸諸公數相匡救，冀憑嘉謀，致天下於太平耳。」珪對曰：「臣聞木從繩則正，后從諫則聖。故古者聖主，必有諍臣七人，言而不用，則相繼以死。陛下開聖慮，納芻蕘，臣處不諱之朝，實願罄其狂瞽。」太宗稱善，敕自今後中書門下及三品以上入閤，必遣諫官隨之。珪每推誠納忠，多所獻替，太宗顧待益厚，賜爵永寧縣男，遷黃門侍郎，兼太子右庶子。

二年，代高士廉爲侍中。太宗嘗閑居與珪宴語，時有美人侍側，本廬江王瑗之姬，瑗敗籍沒入宮，太宗指示之曰：「廬江不道，賊殺其夫而納其室。暴虐之甚，何有不亡者乎！」珪避席曰：「陛下以廬江取此婦人爲是耶，爲非耶？」太宗曰：「殺人而取其妻，卿乃問朕是非，何也？」對曰：「臣聞於管子曰：『齊桓公之郭，問其父老曰：「郭何故亡？」父老曰：「以其善善而惡惡也。」桓公曰：「若子之言，乃賢君也，何至於亡？」父老曰：「不然，郭君善善而不能用，惡惡而不能去，所以亡也。」』今此婦人尚在左右，竊以聖心爲是之，陛下若以爲非，此謂知惡而不去也。」太宗雖不出此美人，而甚重其言。

時太常少卿祖孝孫以教宮人聲樂不稱旨，爲太宗所讓。珪及温彥博諫曰：「孝孫妙解音律，非不用心，但恐陛下顧問不得其人，以惑陛下視聽。且孝孫雅士，陛下忽爲教女樂而怪之，臣恐天下怪愕。」太宗怒曰：「卿皆我之腹心，當進忠獻直，何乃附下罔上，反爲孝孫言也！」彥博拜謝，珪獨不拜曰：「臣本事前宮，罪已當死。陛下矜恕性命，不以不肖，置之樞近，責以忠直。今臣所言，豈是爲私？不意陛下忽以疑事誚臣，是陛下負臣，臣不負陛下。」帝默然而罷。翌日，帝謂房玄齡曰：「自古帝王，能納諫者固難矣。昔周武王尚不用伯夷、叔齊，宣王賢主，杜伯猶以無罪見殺。吾夙夜庶幾前聖，恨不能仰及古人。昨責彥博、王珪，朕甚悔之。公等勿以此而不進直言也。」

時房玄齡、李靖、温彥博、戴胄、魏徵與珪同知國政。後嘗侍宴，太宗謂珪曰：「卿識鑒清通，尤善談論，自房玄齡等，咸宜品藻，又可自量，孰與諸子賢？」對曰：「孜孜奉國，知無不爲，臣不如玄齡。才兼文武，出將入相，臣不如李靖。敷奏詳明，出納惟允，臣不如温彥博。處繁理劇，衆務必舉，臣不如戴胄。以諫諍爲心，恥君不及於堯、舜，臣不如魏徵。至如激濁揚清，嫉惡好善，臣於數子，亦有一日之長。」太宗深然其言，羣公亦各以爲盡己所懷，謂之確論。後進爵爲郡公。七年，坐漏泄禁中語，左遷同州刺史。明年，召拜禮部尚書。十一年，與諸儒正定五禮書成，賜帛三百段，封一子爲縣男。

是歲，兼魏王師。既而上問黃門侍郎韋挺曰：「王珪爲魏王泰師，與其相見，若爲禮節？」挺對曰：「見師之禮，拜答如禮。」王問珪以忠孝，珪答曰：「陛下，王之君也，事君思盡忠；陛下，王之父也，事父思盡孝。忠孝之道，可以立身，可以成名，當年可以享天祐，餘芳可以垂後葉。」王曰：「忠孝之道，已聞教矣，願聞所習。」珪答曰：「漢東平王蒼云：『爲善最樂。』」上謂侍臣曰：「古來帝子，生於宮闈，及其成人，無不驕逸，是以傾覆相踵，少能自濟。我今嚴教子弟，欲令皆得安全。王珪我久驅使，是所諳悉，以其意存忠孝，選爲子師。爾宜語泰：『汝之待珪，如事我也，可以無過。』」泰每爲之先拜，珪亦以師道自居，物議善之。時珪子敬直尚南平公主。禮有婦見舅姑之儀，自近代公主出降，此禮皆廢。珪曰：「今主上欽明，動循法制。吾受公主謁見，豈爲身榮，所以成國家之美耳。」遂與其妻就席而坐，令公主親執笲行盥饋之道，禮成而退。是後公主下降有舅姑者，皆備婦禮，自珪始也。

珪少時貧寒，人或遺之，初不辭謝；及貴，皆厚報之，雖其人已亡，必賑贍其妻子。事寡嫂盡禮，撫孤姪恩義極隆，宗姻困匱者，亦多所周卹。珪通貴漸久，而不營私廟，四時蒸嘗，猶祭於寢。坐爲法司所劾，太宗優容，弗之譴也，因爲立廟，以媿其心。珪既儉不中禮，時論以是少之。十三年，遇疾，敕公主就第省視，又遣民部尚書唐儉增損藥膳。尋卒，年六十九，太宗素服舉哀於別次，悼惜久之，詔魏王泰率百官親往臨哭，贈吏部尚書，謚曰懿。

長子崇基，襲爵，官至主爵郎中。

少子敬直，以尚主拜駙馬都尉，坐與太子承乾交結，徙于嶺外。

崇基孫旭，開元初，爲左司郎中，兼侍御史。時光祿少卿盧崇道犯罪配流嶺南，逃歸匿於東都，爲讎家所發。玄宗令旭究其獄，旭欲擅其威權，因捕繫崇道親黨數十人，皆極其楚毒，然後結成其罪，崇道及其三子並坐死，親友皆決杖流貶。時得罪多是知名之士，四海冤之。旭又與御史大夫李傑不協，遞相糾訐，傑竟坐左遷衢州刺史。旭既得志，擅行威福，由是朝廷畏而鄙之。俄以贓罪黜爲龍川尉，憤恚而死，甚爲時之所快。

戴冑字玄胤，相州安陽人也。性貞正，有幹局，明習律令，尤曉文簿。隋大業末，爲門下錄事，納言蘇威、黃門侍郎裴矩甚禮之。越王侗以爲給事郎。王世充將篡侗位，冑言於世充曰：「君臣之分，情均父子，理須同其休戚，勗以終始。明公以文武之才，當社稷之寄，與存與亡，在於今日。所願推誠王室，擬跡伊、周，使國有泰山之安，家傳代祿之盛，則率土之濱，莫不幸甚。」世充詭辭稱善，勞而遣之。世充後逼越王加其九錫，冑又抗言切諫，世充不納，由是出爲鄭州長史，令與兄子行本鎮武牢。太宗克武牢而得之，引爲秦府士曹參軍。及即位，除兵部郎中，封武昌縣男。

貞觀元年，遷大理少卿。時吏部尚書長孫無忌嘗被召，不解佩刀入東上閤。尚書右僕射封德彝議以監門校尉不覺，罪當死；無忌誤帶入，罰銅二十斤。上從之。胄駁曰：「校尉不覺與無忌帶入，同爲誤耳。臣子之於尊極，不得稱誤，準律云：『供御湯藥、飲食、舟船，誤不如法者〔二〕，皆死。』陛下若錄其功，非憲司所決；若當據法，罰銅未爲得衷。」太宗曰：「法者，非朕一人之法，乃天下之法也，何得以無忌國之親戚，便欲阿之？」更令定議。德彝執議如初，太宗將從其議，胄又曰：「校尉緣無忌以致罪，於法當輕。若論其誤，則爲情一也，而生死頓殊，敢以固請。」上嘉之，竟免校尉之死。

于時朝廷盛開選舉，或有詐僞資蔭者，帝令其自首，不首者罪至于死。俄有詐僞者事洩，胄據法斷流以奏之。帝曰：「朕下敕不首者死，今斷從流，是示天下以不信。卿欲賣獄乎？」胄曰：「陛下當卽殺之，非臣所及。既付所司，臣不敢虧法。」帝曰：「卿自守法，而令我失信邪？」胄曰：「法者，國家所以布大信於天下，言者，當時喜怒之所發耳。陛下發一朝之忿而許殺之，既知不可而置之於法，此乃忍小忿而存大信也。若順忿違信，臣竊爲陛下惜之。」帝曰：「法有所失，公能正之，朕何憂也。」胄前後犯顏執法多此類。所論刑獄，皆事無冤濫，隨方指擿，言如泉涌。

其年，轉尚書右丞，尋遷左丞。先是，每歲水旱，皆以正倉出給，無倉之處，就食他州，百姓多致饑乏。二年，胄上言：「水旱凶災，前聖之所不免。國無九年儲蓄，禮經之所明誡。今喪亂已後，戶口凋殘，每歲納租，未實倉廩。隨卽出給，纔供當年，若有凶災，將何賑卹？故隋開皇立制，天下之人，節級輸粟，名爲社倉，終文皇代，得無饑饉。及大業中年，國用不足，並取社倉之物以充官費，故至末塗，無以支給。今請自王公已下〔二〕，爰及衆庶，計所墾田稼穡頃畝，每至秋熟，準其見苗以理勸課〔三〕，盡令出粟。稻麥之鄉，亦同此稅，各納所在，立爲義倉。」太宗從其議。以其家貧，賚錢十萬。

時尙書左僕射蕭瑀免官，僕射封德彝又卒，太宗謂胄曰：「尙書省天下綱維，百司所稟，若一事有失，天下必有受其弊者。今以令、僕繫之於卿，當稱朕所望也。」胄性明敏，達於從政，處斷明速，議者以爲左右丞稱職，武德已來，一人而已。又領諫議大夫，令與魏徵更日供奉。

三年，進拜民部尙書，兼檢校太子左庶子。先是，右僕射杜如晦專掌選擧，臨終請以選事委胄，由是詔令兼攝吏部尙書，其民部、庶子、諫議並如故。胄雖有幹局，而無學術，居吏部，抑文雅而奬法吏，甚爲時論所譏。四年，罷吏部尙書，以本官參預朝政，尋進爵爲郡公。

五年，太宗將修復洛陽宮，胄上表諫曰：

陛下當百王之弊，屬暴隋之後，拯餘燼於塗炭，救遺黎於倒懸。遠至邇安，率土清謐，大功大德，豈臣之所稱贊。臣誠小人，才識非遠，唯知耳目之近，不達長久之策，敢竭區區之誠，論臣職司之事。比見關中、河外，盡置軍團，富室強丁，並從戎旅。重以九成作役，餘丁向盡，去京二千里內，先配司農將作。假有遺餘，勢何足紀？亂離甫爾，戶口單弱，一人就役，舉家便廢。入軍者督其戎仗，從役者責其糇糧，盡室經營，多不能濟。以臣愚慮，恐致怨嗟。七月已來，霖潦過度，河南、河北，厥田洿下，時豐歲稔，猶未可量。加以軍國所須，皆資府庫，絹布所出，歲過百萬。丁旣役盡，賦調不減，費用不止，帑藏其虛。且洛陽宮殿，足蔽風雨，數年功畢，亦謂非晚。若頓修營，恐傷勞擾。

太宗甚嘉之，因謂侍臣曰：「戴胄於我無骨肉之親，但以忠直勵行，情深體國，事有機要，無不以聞。所進官爵，以酬厥誠耳。」七年，卒，太宗爲之舉哀，廢朝三日，贈尚書右僕射，追封道國公，謚曰忠，詔虞世南爲撰碑文。又以胄宅宇弊陋，祭享無所，令有司特爲造廟。房玄齡、魏徵並美胄才用，俱與之親善，及胄卒後，嘗見其遊處之地，數爲之流涕。胄無子，以兄子至德爲後。

至德，乾封中累遷西臺侍郎、同東西臺三品。尋轉戶部尚書，依舊知政事。父子十數年間相繼爲尚書，預知國政，時以爲榮。咸亨中，高宗爲飛白書以賜侍臣，賜至德曰「泛洪源，俟舟楫」；賜郝處俊曰「飛九霄，假六翮」；賜李敬玄曰「資啓沃，罄丹誠」；又賜中書侍郎崔知悌曰「竭忠節，贊皇猷」，其辭皆有興比。

俄遷尚書右僕射。時劉仁軌爲左僕射，每遇申訴冤滯者，輒美言許之，而至德先據理難詰，未嘗與奪，若有理者，密爲奏之，終不顯己之斷決，由是時譽歸於仁軌。或以問至德，答曰：「夫慶賞刑罰，人主之權柄，凡爲人臣，豈得與人主爭權柄哉！」其愼密如此。後高宗知而深歎美之。儀鳳四年薨，輟朝三日，使百官以次赴宅哭之，贈開府儀同三司、幷州大都督，謚曰恭。

岑文本字景仁，南陽棘陽人。祖善方，仕蕭詧吏部尚書。父之象，隋末爲邯鄲令，嘗被人所訟，理不得申。文本性沈敏，有姿儀，博考經史，多所貫綜，美談論，善屬文。時年十四，詣司隸稱冤，辭情慨切，召對明辯，衆頗異之。試令作蓮花賦，下筆便成，屬意甚佳，合臺莫不歎賞。其父冤雪，由是知名。

其後，郡舉秀才，以時亂不應。蕭銑僭號於荊州，召署中書侍郎，專典文翰。及河間王孝恭定荊州，軍中將士咸欲大掠，文本進說孝恭曰：「自隋室無道，羣雄鼎沸，四海延頸以望眞主。今蕭氏君臣、江陵父老，決計歸降者，實望去危就安耳。王必欲縱兵虜掠，誠非鄙州來蘇之意，亦恐江、嶺以南，向化之心沮矣。」孝恭稱善，遂止之。署文本荊州別駕。孝恭進擊輔公祏，召典軍書，復署行臺考功郎中。

貞觀元年，除秘書郎，兼直中書省。遇太宗行藉田之禮，文本上藉田頌。及元日臨軒宴百僚，文本復上三元頌，其辭甚美。文本才名旣著，李靖復稱薦之，擢拜中書舍人，漸蒙親顧。初，武德中詔誥及軍國大事，文皆出於顏師古。至是，文本所草詔誥，或衆務繁湊，卽命書僮六七人隨口並寫，須臾悉成，亦殆盡其妙。時中書侍郎顏師古以譴免職，頃之，溫彥博奏曰：「師古諳練時事，長於文法，時無及者，冀蒙復用。」太宗曰：「我自擧一人，公勿憂也。」於是以文本爲中書侍郎，專典機密。又先與令狐德棻撰周史，其史論多出於文本。至十年史成，封江陵縣子。

十一年，從至洛陽宮，會穀、洛泛溢，文本上封事曰：

臣聞創撥亂之業，其功旣難；守已成之基，其道不易。故居安思危，所以定其業也；有始有卒，所以隆其基也。今雖億兆乂安，方隅寧謐，旣承喪亂之後，又接凋弊之餘，戶口減損尙多，田疇墾闢猶少。覆燾之恩著矣，而瘡痍未復；德教之風被矣，而資產屢空。是以古人譬之種樹，年祀綿遠，則枝葉扶疏；若種之日淺，根本未固，雖壅之以黑墳，暖之以春日，一人搖之，必致枯槁。今之百姓，頗類於此。常加含養，則日就滋息；暫有征役，則隨而凋耗。凋耗既甚，則人不聊生；人不聊生，則怨氣充塞；怨氣充塞，則離叛之心生矣。故帝舜曰：「可愛非君，可畏非人。」孔安國曰：「人以君爲命，故可愛；君失道，人叛之，故可畏。」仲尼曰：「君猶舟也，人猶水也，水所以載舟，亦所以覆舟。」是以古之哲王，雖休勿休，日愼一日者，良爲此也。

伏惟陛下覽古今之事，察安危之機，上以社稷爲重，下以億兆爲念。明選舉，愼賞罰，進賢才，退不肖。聞過卽改，從諫如流，爲善在於不疑，出令期於必信。頤神養性，省畋遊之娛；去奢從儉，減工役之費。務靜方內，而不求闢土；載櫜弓矢，而無忘武備。凡此數者，雖爲國之常道，陛下之所常行，臣之愚心，唯願陛下思之而不倦，行之而不怠。則至道之美，與三、五比隆；億載之祚，隨天地長久。雖使桑穀爲妖，龍蛇作孽，雉雊於鼎耳，石言於晉地，猶當轉禍爲福，變咎爲祥。況水雨之患，陰陽常理，豈可謂之天譴而繫聖心哉？

臣聞古人有言：「農夫勞而君子養焉，愚者言而智者擇焉。」輒陳狂瞽，伏待斧鉞。

是時魏王泰寵冠諸王，盛修第宅，文本以爲侈不可長，上疏盛陳節儉之義，言泰宜有抑損。太宗並嘉之，賜帛三百段。十七年，加銀青光祿大夫。

文本自以出自書生，每懷撝挹。平生故人，雖微賤必與之抗禮。居處卑陋，室無茵褥帷帳之飾。事母以孝聞，撫弟姪恩義甚篤。太宗每言其「弘厚忠謹，吾親之信之」。是時，新立晉王爲皇太子，名士多兼領宮官，太宗欲令文本兼攝。文本再拜曰：「臣以庸才，久踰涯分，守此一職，猶懼滿盈，豈宜更忝春坊，以速時謗。臣請一心以事陛下，不願更希東宮恩澤。」太宗乃止，仍令五日一參東宮，皇太子執賓友之禮，與之答拜，其見待如此。俄拜中書令，歸家有憂色，其母怪而問之，文本曰：「非勳非舊，濫荷寵榮，責重位高，所以憂懼。」親賓有來慶賀，輒曰：「今受弔，不受賀也。」又有勸其營產業者，文本歎曰：「南方一布衣，徒步入關，疇昔之望，不過秘書郎、一縣令耳。而無汗馬之勞，徒以文墨致位中書令，斯亦極矣。荷俸祿之重，爲懼已多，何得更言產業乎？」言者歎息而退。

文本既久在樞揆，當塗任事，賞錫稠疊，凡有財物出入，皆委季弟文昭，一無所問。文昭時任校書郎，多與時人遊款，太宗聞而不悅，嘗從容謂文本曰：「卿弟過多交結，恐累卿，朕將出之爲外官，如何？」文本泣曰：「臣弟少孤，老母特所鍾念，不欲信宿離于左右。若今外出，母必憂悴，儻無此弟，亦無老母也。」歔欷嗚咽，太宗愍其意而止。唯召見文昭，嚴加誡約，亦卒無愆過。

及將伐遼，凡所籌度，一皆委之。文本受委既深，神情頓竭，言辭舉措，頗異平常。太宗見而憂之，謂左右曰：「文本今與我同行，恐不與我同返。」及至幽州，遇暴疾，太宗親自臨視，撫之流涕。尋卒，年五十一。其夕，太宗聞嚴鼓之聲，曰：「文本殞逝，情深惻怛。今宵夜警，所不忍聞。」命停之。贈侍中、廣州都督，謚曰憲，賜東園秘器，陪葬昭陵。有集六十卷行於代。

文本兄文叔。文叔子長倩，少爲文本所鞠，同於己子。永淳中，累轉兵部侍郎、同中書門下平章事。垂拱初，自夏官尚書遷內史，知夏官事。俄拜文昌右相，封鄧國公。則天初革命，尤好符瑞，長倩懼罪，頗有陳奏。又上疏請改皇嗣姓爲武氏，以爲周室儲貳，則天許之，實封五百戶。

天授二年，加特進、輔國大將軍。其年，鳳閣舍人張嘉福與洛州人王慶之等列名上表，請立武承嗣爲皇太子。長倩以皇嗣在東宮，不可更立承嗣，與地官尚書格輔元竟不署名，仍奏請切責上書者。由是大忤諸武意，乃斥令西征吐蕃，充武威道行軍大總管，中路召還，下制獄，被誅，仍發掘其父祖墳墓。來俊臣又脅迫長倩子靈源，令誣納言歐陽通及格輔元等數十人，皆陷以同反之罪，並誅死。

長倩子義〔四〕，長安中爲廣武令，有能名。則天嘗令宰相各舉堪爲員外郎者，鳳閣侍郎韋嗣立薦義，且奏曰：「恨其從父長倩犯逆爲累。」則天曰：「苟有材幹，何恨微累。」遂拜天官員外郎。由是緣坐近親，相次入省，登封令劉守悌爲司門員外郎，渭南令裴惓爲地官員外郎。先是，義爲金壇令，守悌及惓稱爲清德，義以文吏著名，俱爲巡察使所薦，皆授畿縣令，又同爲尚書郎，悉有美譽。守悌後至陝州刺史，惓至杭州刺史。

義，神龍初爲中書舍人。時武三思用事，侍中敬暉欲上表請削諸武之爲王者，募爲疏者。衆畏三思，皆辭託不敢爲之；義便操筆，辭甚切直。由是忤三思意，轉秘書少監，再遷吏部侍郎。時吏部侍郎崔湜、太常少卿鄭愔、大理少卿李允恭分掌選事，皆以贓貨聞，義最守正，時議美之。尋加銀青光祿大夫、右散騎常侍、同中書門下三品。

睿宗即位，出爲陝州刺史。復歷刑部、戶部二尚書，門下三品，監修國史，刪定格令，仍修氏族錄。初，中宗時，侍御史冉祖雍誣奏睿宗及太平公主與節愍太子連謀，請加推究，義與中書侍郎蕭至忠密申保護。及義監修中宗實錄，自書其事，睿宗覽而大加賞歎，賜物三百段、細馬一匹，仍下制書褒美之。

時義兄獻爲國子司業，弟翔爲陝州刺史，休爲商州刺史，從族兄弟子姪因義引用登清要者數十人。義歎曰：「物極則返，可以懼矣！」然竟不能有所抑退。尋遷侍中。先天元年，坐預太平公主謀逆伏誅，籍沒其家。

格輔元者，汴州浚儀人也。伯父德仁，隋剡縣丞，與同郡人齊王文學王孝逸、文林郎繁師玄、羅川郡戶曹靖君亮、司隸從事鄭祖咸、宣城縣長鄭師善、王世充中書舍人李行簡、處士盧協等八人，以辭學擅名，當時號爲「陳留八俊」。輔元弱冠舉明經，歷遷御史大夫、地官尚書、同鳳閣鸞臺平章事。初，張嘉福等請立武承嗣也，則天以問輔元，固稱不可，遂爲承嗣所譖而死，海內冤之。

輔元兄希元，高宗時洛州司法參軍，章懷太子召令與洗馬劉訥言等注解范曄後漢書，行於代。先輔元卒。

杜正倫，相州洹水人也。隋仁壽中，與兄正玄、正藏俱以秀才擢第。隋代舉秀才止十餘人，正倫一家有三秀才，甚爲當時稱美。正倫善屬文，深明釋典。仕隋爲羽騎尉。武德中，歷遷齊州總管府錄事參軍。太宗聞其名，令直秦府文學館。

貞觀元年，尙書右丞魏徵表薦正倫，以爲古今難匹，遂擢授兵部員外郎。太宗謂曰：「朕今令舉行能之人，非朕獨私於行能者，以其能益於百姓也。朕於宗親以及勳舊無行能者，終不任之。以卿忠直，朕今舉卿，卿宜勉稱所舉。」

二年，拜給事中，兼知起居注。太宗嘗謂侍臣曰：「朕每日坐朝，欲出一言，卽思此言於百姓有利益否，所以不能多言。」正倫進曰：「君舉必書，言存左史〔五〕。臣職當修起居注，不敢不盡愚直。陛下若一言乖於道理，則千載累於聖德，非直當今損於百姓，願陛下愼之。」太宗大悅，賜絹二百段。

四年，累遷中書侍郎。六年，正倫與御史大夫韋挺、秘書少監虞世南、著作郎姚思廉等咸上封事稱旨，太宗爲之設宴，因謂曰：「朕歷觀自古人臣立忠之事，若値明王，便得盡誠規諫，至如龍逢、比干，竟不免孥戮。爲君不易，爲臣極難。我又聞龍可擾而馴，然喉下有逆鱗，觸之則殺人。人主亦有逆鱗，卿等遂不避犯觸，各進封事。常能如此，朕豈慮有危亡哉！我思卿等此意，豈能暫忘，故聊設宴樂也。」仍並賜帛有差。

尋加散騎常侍，行太子右庶子，兼崇賢館學士。太宗謂曰：「國之儲副，自古所重，必擇善人爲之輔佐。今太子年在幼沖，志意未定，朕若朝夕見之，可得隨事誡約。今既委以監國，不在目前，知卿志懷貞慤，能敦直道，故輒輟卿於朕，以匡太子，宜知委任輕重也。」十年，復授中書侍郎，賜爵南陽縣侯，仍兼太子左庶子。

正倫出入兩宮，參典機密，甚以幹理稱。時太子承乾有足疾，不能朝謁，好暱近羣小。太宗謂正倫曰：「我兒疾病，乃可事也。但全無令譽，不聞愛賢好善，私所引接，多是小人，卿可察之。若教示不得，須來告我。」正倫數諫不納，乃以太宗語告之，承乾抗表聞奏。太宗謂正倫曰：「何故漏洩我語？」對曰：「開導不入，故以陛下語嚇之，冀其有懼，或當反善。」帝怒，出爲穀州刺史，又左授交州都督。後承乾構逆，事與侯君集相連，稱遺君集將金帶遺正倫，由是配流驩州。

顯慶元年，累授黃門侍郎，兼崇賢館學士，尋同中書門下三品。二年，兼度支尚書，仍依舊知政事。俄拜中書令，兼太子賓客、弘文館學士，進封襄陽縣公。三年，坐與中書令李義府不協，出爲橫州刺史，仍削其封邑。尋卒。有集十卷行於代。

史臣曰：王珪履正不回，忠讜無比，君臣時命，胥會于茲。易曰：「自天祐之，吉，無不利。」叔玠有焉。戴冑兩朝仕官，一乃心力，刑無僭濫，事有箴規。雖學術不能求備，而匡益自可濟時，亦所謂巧於任大矣。文本文傾江海，忠貫雪霜，申慈父之冤，匡明主之業。及委繁劇，俄致暴終。書曰：「小心翼翼，昭事上帝。」所謂憂能傷人，不復永年矣。洎義而下，登清要者數十人，積善之道，焉可忽諸！正倫以能文被舉，以直道見委，參典機密，出入兩宮，斯謂得時。然被承乾金帶之譏，孰與夫薏苡之謗，士大夫愼之。

贊曰：五靈嘉瑞，出繫汙隆。人中麟鳳，王、戴諸公。動必由禮，言皆匡躬。獻規納諫，貞觀之風。

校勘記

〔一〕誤不如法者　各本原作「誤不知者」，據通典卷一六九、唐會要卷三九改。

〔二〕今請自王公已下　「今請」二字各本原無，據唐會要卷八八補。

〔三〕準其見苗　「見」字各本原無，據唐會要卷八八、冊府卷五〇二補。

〔四〕長倩子義　按據下文韋嗣立奏稱義「從父長倩」語，義當爲長倩從子。

〔五〕言存左史　各本「左」下有「右」字，據冊府卷五五四、新書卷一〇六杜正倫傳刪。

舊唐書卷七十一

列傳第二十一

魏徵

魏徵字玄成，鉅鹿曲城人也。父長賢，北齊屯留令。徵少孤貧，落拓有大志，不事生業，出家爲道士。好讀書，多所通涉，見天下漸亂，尤屬意縱橫之說。大業末，武陽郡丞元寶藏舉兵以應李密，召徵使典書記。密每見寶藏之疏，未嘗不稱善，既聞徵所爲，遽使召之。徵進十策以干密，雖奇之而不能用。及王世充攻密於洛口，徵說密長史鄭頲曰：「魏公雖驟勝，而驍將銳卒死傷多矣；又軍無府庫，有功不賞，戰士心惰，此二者難以應敵。未若深溝高壘，曠日持久，不過旬月，敵人糧盡，可不戰而退，追而擊之，取勝之道。且東都食盡，世充計窮，意欲死戰，可謂窮寇難與爭鋒，請愼無與戰。」頲曰：「此老生之常談耳！」徵曰：「此乃奇謀深策，何謂常談？」因拂衣而去。

及密敗，徵隨密來降，至京師，久不見知，自請安輯山東，乃授秘書丞，驅傳至黎陽。時徐世勣尚爲李密擁衆，徵與世勣書曰：

自隋末亂離，羣雄競逐，跨州連郡，不可勝數。魏公起自叛徒，奮臂大呼，四方響應，萬里風馳，雲合霧聚，衆數十萬。威之所被，將半天下，破世充于洛口，摧化及於黎山。方欲西蹈咸陽，北凌玄闕，揚旌瀚海，飲馬渭川，翻以百勝之威，敗於奔亡之虜。固知神器之重，自有所歸，不可以力爭，是以魏公思皇天之乃睠，入函谷而不疑。公生于擾攘之時，感知己之遇，根本已拔，確乎不動，鳩合遺散，據守一隅。世充以乘勝餘勇，息其東略；建德因侮亡之勢，不敢南謀。公之英聲，足以振于今古。然誰無善始，終之慮難，去就之機，安危大節。若策名得地，則九族蔭其餘輝；委質非人，則一身不能自保。殷鑒不遠，公所聞見。孟賁猶豫，童子先之，知幾其神，不俟終日。今公處必爭之地，乘宜速之機，更事遲疑，坐觀成敗，恐凶狡之輩，先人生心，則公之事去矣。

世勣得書，遂定計遣使歸國，開倉運糧，以餽淮安王神通之軍。

俄而建德悉衆南下，攻陷黎陽，獲徵，署爲起居舍人。及建德就擒，與裴矩西入關。隱太子聞其名，引直洗馬，甚禮之。徵見太宗勳業日隆，每勸建成早爲之所。及敗，太宗使召之，謂曰：「汝離間我兄弟，何也？」徵曰：「皇太子若從徵言，必無今日之禍。」太宗素器之，引爲詹事主簿。及踐祚，擢拜諫議大夫，封鉅鹿縣男，使安輯河北，許以便宜從事。徵至磁州，遇前宮千牛李志安、齊王護軍李思行錮送詣京師。徵謂副使李桐客曰：「吾等受命之日，前宮、齊府左右，皆令赦原不問。今復送思行，此外誰不自疑？徒遣使往，彼必不信，此乃差之毫釐，失之千里。且公家之利，知無不爲，寧可慮身，不可廢國家大計。今若釋遣思行，不問其罪，則信義所感，無遠不臻。古者，大夫出疆，苟利社稷，專之可也。況今日之行，許以便宜從事，主上既以國士見待，安可不以國士報之乎？」卽釋遣思行等，仍以啓聞，太宗甚悅。

太宗新卽位，勵精政道，數引徵入臥內，訪以得失。徵雅有經國之才，性又抗直，無所屈撓，太宗與之言，未嘗不欣然納受。徵亦喜逢知己之主，思竭其用，知無不言。太宗嘗勞之曰：「卿所陳諫，前後二百餘事，非卿至誠奉國，何能若是？」其年，遷尙書左丞。或有言徵阿黨親戚者，帝使御史大夫温彥博案驗無狀，彥博奏曰：「徵爲人臣，須存形迹〔一〕，不能遠避嫌疑，遂招此謗。雖情在無私，亦有可責。」帝令彥博讓徵，且曰：「自今後不得不存形迹。」他日，徵入奏曰：「臣聞君臣協契，義同一體。不存公道，唯事形迹，若君臣上下，同遵此路，則邦之興喪，或未可知。」帝瞿然改容曰：「吾已悔之。」徵再拜曰：「願陛下使臣爲良臣，勿使臣爲忠臣。」帝曰：「忠、良有異乎？」徵曰：「良臣，稷、契、咎陶是也。忠臣，龍逄、比干是也。良臣使身獲美名，君受顯號，子孫傳世，福祿無疆。忠臣身受誅夷，君陷大惡，家國並喪，空有其名。以此而言，相去遠矣。」帝深納其言，賜絹五百匹。

貞觀二年，遷秘書監，參預朝政。徵以喪亂之後，典章紛雜，奏引學者校定四部書。數年之間，秘府圖籍，粲然畢備。

時高昌王麴文泰將入朝，西域諸國咸欲因文泰遣使貢獻，太宗令文泰使人厭怛紇干往迎接之。徵諫曰：「中國始平，瘡痍未復，若微有勞役，則不自安。往年文泰入朝，所經州縣，猶不能供，況加於此輩。若任其商賈來往，邊人則獲其利；若爲賓客，中國卽受其弊矣。漢建武二十二年，天下已寧，西域請置都護、送侍子，光武不許，蓋不以蠻夷勞弊中國也。今若許十國入貢，其使不下千人，欲使緣邊諸州何以取濟？人心萬端，後雖悔之，恐無所及。」上善其議。時厭怛紇干已發，遽追止之。

後太宗幸九成宮，因有宮人還京，憩於湋川縣之官舍。俄又右僕射李靖、侍中王珪繼至，官屬移宮人於別所而舍靖等。太宗聞之，怒曰：「威福之柄，豈由靖等？何爲禮靖而輕我宮人！」卽令案驗湋川官屬及靖等。徵諫曰：「靖等，陛下心膂大臣；宮人，皇后掃除之隸。論其委付，事理不同。又靖等出外，官吏訪朝廷法式，歸來，陛下問人間疾苦。靖等自當與官吏相見，官吏亦不可不謁也。至於宮人，供食之外，不合參承。若以此罪責縣吏，恐不益德音，徒駭天下耳目。」帝曰：「公言是也。」乃釋官吏之罪，李靖等亦寢而不問。

尋宴於丹霄樓，酒酣，太宗謂長孫無忌曰：「魏徵、王珪，昔在東宮，盡心所事，當時誠亦可惡。我能拔擢用之，以至今日，足爲無愧古人。然徵每諫我不從，發言輒卽不應，何也？」對曰：「臣以事有不可，所以陳論，若不從輒應，便恐此事卽行。」帝曰：「但當時且應，更別陳論，豈不得耶？」徵曰：「昔舜誡羣臣：『爾無面從，退有後言。』若臣面從陛下方始諫，此卽『退有後言』，豈是稷、契事堯、舜之意耶？」帝大笑曰：「人言魏徵擧動疏慢，我但覺嫵媚，適爲此耳。」徵拜謝曰：「陛下導之使言，臣所以敢諫，若陛下不受臣諫，豈敢數犯龍鱗？」

是月，長樂公主將出降，帝以皇后所生，敕有司資送倍於永嘉長公主。徵曰：「不可。昔漢明欲封其子，云『我子豈與先帝子等？可半楚、淮陽。』前史以爲美談。天子姊妹爲長公主，子爲公主，既加『長』字，卽是有所尊崇。或可情有淺深，無容禮相踰越。」上然其言，入告長孫皇后，后遣使齎錢四十萬、絹四百匹，詣徵宅以賜之。尋進爵郡公。

七年，代王珪爲侍中，尙書省滯訟有不決者，詔徵評理之。徵性非習法，但存大體，以情處斷，無不悅服。

初，有詔遣令狐德棻、岑文本撰周史，孔穎達、許敬宗撰隋史，姚思廉撰梁、陳史，李百藥撰齊史。徵受詔總加撰定，多所損益，務存簡正。隋史序論，皆徵所作，梁、陳、齊各爲總論，時稱良史。史成，加左光祿大夫，進封鄭國公，賜物二千段。

徵自以無功於國，徒以辯說，遂參帷幄，深懼滿盈，後以目疾頻表遜位。太宗曰：「朕拔卿於讎虜之中，任公以樞要之職，見朕之非，未嘗不諫。公獨不見金之在鑛也，何足貴哉？良冶鍛而爲器，便爲人所寶。朕方自比於金，以卿爲良匠。卿雖有疾，未爲衰老，豈得便爾？」其年，徵又面請遜位，太宗難違之，乃拜徵特進，仍知門下事。其後又頻上四疏，以陳得失。其一曰：

臣觀自古受圖膺運，繼體守文，控御英傑，南面臨下，皆欲配厚德於天地，齊高明於日月，本枝百代，傳祚無窮。然而克終者鮮，敗亡相繼，其故何哉？所以求之失其道也。殷鑒不遠，可得而言。

昔在有隋，統一寰宇，甲兵強盛，三十餘年〔三〕，風行萬里，威動殊俗，一旦舉而棄之，盡爲他人之有。彼煬帝豈惡天下之治安，不欲社稷之長久，故行桀虐，以就滅亡哉！恃其富強，不虞後患。驅天下以從欲，罄萬物以自奉，採域中之子女，求遠方之奇異。宮宇是飾，臺榭是崇，徭役無時，干戈不戢。外示威重，內多險忌，讒邪者必受其福，忠正者莫保其生。上下相蒙，君臣道隔，人不堪命，率土分崩。遂以四海之尊，殞於匹夫之手，子孫殄滅，爲天下笑，深可痛哉！

聖哲乘機，拯其危溺，八柱傾而復正，四維絕而更張。遠肅邇安，不踰於期月；勝殘去殺，無待於百年。今宮觀臺榭，盡居之矣；奇珍異物，盡收之矣；姬姜淑媛，盡侍於側矣；四海九州，盡爲臣妾矣。若能鑒彼之所以亡，念我之所以得，日愼一日，雖休勿休。焚鹿臺之寶衣，毀阿房之廣殿，懼危亡於峻宇，思安處於卑宮，則神化潛通，無爲而理。德之上也。若成功不毀，卽仍其舊，除其不急，損之又損。雜茅茨於桂棟，參玉砌以土階，悅以使人，不竭其力。常念居之者逸，作之者勞，億兆悅以子來，羣生仰而遂性。德之次也。若惟聖罔念，不愼厥終，忘締構之艱難，謂天命之可恃。忽采椽之恭儉，追雕牆之侈靡，因其基以廣之，增其舊而飾之。觸類而長，不思止足，人不見德，而勞役是聞，斯爲下矣。譬之負薪救火，揚湯止沸，以亂易亂，與亂同道，莫可則也。後嗣何觀，則人怨神怒；人怨神怒，則災害必生，而禍亂必作。禍亂既作，而能以身名令終者鮮矣。順天革命之后，隆七百之祚，貽厥孫謀，傳之萬世，難得易失，可不念哉。

其二曰：

臣聞求木之長者，必固其根本；欲流之遠者，必浚其泉源；思國之安者，必積其德義。源不深而豈望流之遠，根不固而何求木之長。德不厚而思國之治，雖在下愚，知其不可，而況於明哲乎！人君當神器之重，居域中之大，將崇極天之峻，永保無疆之休。不念於居安思危，戒貪以儉，德不處其厚，情不勝其欲，斯亦伐根以求木茂，塞源而欲流長者也。

凡百元首，承天景命，莫不殷憂而道著，功成而德衰。有善始者實繁，能克終者蓋寡，豈其取之易而守之難乎？昔取之而有餘，今守之而不足，何也？夫在殷憂必竭誠以待下，既得志則縱情以傲物。竭誠則胡越爲一體，傲物則骨肉爲行路。雖董之以嚴刑，振之以威怒，終苟免而不懷仁，貌恭而不心服。怨不在大，可畏惟人。載舟覆舟，所宜深愼，奔車朽索，其可忽乎？

君人者，誠能見可欲則思知足以自戒，將有所作則思知止以安人，念高危則思謙沖而自牧，懼滿溢則思江海而下百川，樂盤遊則思三驅以爲度，恐懈怠則思愼始而敬終，慮壅蔽則思虛心以納下，想讒邪則思正身以黜惡，恩所加則思無因喜以謬賞，罰所及則思無因怒而濫刑。總此十思，弘茲九德，簡能而任之，擇善而從之。則智者盡其謀，勇者竭其力，仁者播其惠，信者效其忠。文武爭馳，君臣無事，可以盡豫遊之樂，可以養松喬之壽，鳴琴垂拱，不言而化。何必勞神苦思，代下司職，役聰明之耳目，虧無爲之大道哉！

其三曰：

臣聞書曰：「明德慎罰，惟刑恤哉！」禮云：「爲上易事，爲下易知，則刑不煩矣。上多疑則百姓惑，下難知則君長勞矣。」夫上易事，下易知，君長不勞，百姓不惑。故君有一德，臣無二心，上播忠厚之誠，下竭股肱之力，然後太平之基不墜，「康哉」之詠斯起。當今道被華夷，功高宇宙，無思不服，無遠不臻。然言尙於簡大，志在於明察，刑賞之本，在乎勸善而懲惡，帝王之所以與天下爲畫一，不以親疏貴賤而輕重者也。今之刑賞，未必盡然。或申屈在乎好惡，輕重由乎喜怒。遇喜則矜其刑於法中，逢怒則求其罪於事外，所好則鑽皮出其毛羽，所惡則洗垢求其瘢痕。瘢痕可求，則刑斯濫矣；毛羽可出，則賞典謬矣。刑濫則小人道長，賞謬則君子道消。小人之惡不懲，君子之善不勸，而望治安刑措，非所聞也。

且夫暇豫淸談，皆敦尙於孔、老；威怒所至，則取法於申、韓。直道而行，非無三黜，危人自安，蓋亦多矣。故道德之旨未弘，刻薄之風已扇。夫上風旣扇，則下生百端，人競趨時，則憲章不一，稽之王度，實虧君道。昔州黎上下其手，楚國之法遂差；張湯輕重其心，漢朝之刑以弊。人臣之頗僻，猶莫能申其欺罔，況人君之高下，將何以措其手足乎！以睿聖之聰明，無幽微而不燭，豈神有所不達，智有所不通哉？安其所安，不以卹刑爲念；樂其所樂，遂忘先笑之變。禍福相倚，吉凶同域，唯人所召，安可不思。頃者責罰稍多，威怒微厲，或以供給不贍，或以人不從欲，皆非致治之所急，實乃驕奢之攸漸。是知貴不與驕期而驕自來，富不與奢期而奢自至，非徒語也。

且我之所代，實在有隋，隋氏亂亡之源，聖明之所臨照。以隋氏之甲兵，況當今之士馬；以隋氏之府藏，譬今日之資儲；以隋氏之戶口，校今時之百姓。度長計大，曾何等級？然隋氏以富強而喪敗，動之也；我以貧寡而安寧，靜之也。靜之則安，動之則亂，人皆知之，非隱而難見也，微而難察也。鮮蹈平易之塗，多遵覆車之轍，何哉？在於安不思危，治不念亂，存不慮亡之所致也。昔隋氏之未亂，自謂必無亂；隋氏之未亡，自謂必不亡。所以甲兵屢動，徭役不息，至于身將戮辱，竟未悟其滅亡之所由也，可不哀哉！

夫鑒形之美惡，必就於止水；鑒國之安危，必取於亡國。詩曰：「殷鑒不遠，在夏后之世。」又曰：「伐柯伐柯，其則不遠。」臣願當今之動靜，思隋氏以爲鑒，則存亡治亂，可得而知。若能思其所以危，則安矣；思其所以亂，則治矣；思其所以亡，則存矣。存亡之所在，節嗜欲以從人，省畋遊之娛，息靡麗之作，罷不急之務，慎偏聽之怒。近忠厚，遠便佞，杜悅耳之邪說，聽苦口之忠言。去易進之人，賤難得之貨，採堯、舜之誹謗，追禹、湯之罪己，惜十家之產，順百姓之心。近取諸身，恕以待物，思勞謙以受益，不自滿以招損。有動則庶類以和，出言而千里斯應，超上德於前載，樹風聲於後昆。此聖哲之宏規，帝王之盛業，能事斯畢，在乎慎守而已。

夫守之則易，取之實難，旣得其所以難，豈不能保其所以易。其或保之不固，則驕奢淫泆動之也，愼終如始，可不勉歟！易云：「君子安不忘危，存不忘亡，治不忘亂，是以身安而國家可保。」誠哉斯言，不可以不深察也。伏惟陛下欲善之志，不減於昔時；聞過必改，少虧於曩日。若能以當今之無事，行疇昔之恭儉，則盡善盡美，固無得而稱焉。

其四曰：

臣聞爲國之基，必資於德禮；君子所保，惟在於誠信。誠信立則下無二心，德禮形則遠人斯格。然則德禮誠信，國之大綱，在於父子君臣，不可斯須而廢也。故孔子曰：「君使臣以禮，臣事君以忠。」又曰：「自古皆有死，人無信不立。」文子曰：「同言而信，信在言前；同令而行，誠在令外。」然則言而不行，言不信也；令而不從，令無誠也。不信之言，無誠之令，爲上則敗國，爲下則危身，雖在顚沛之中，君子所不爲也。

自王道休明，十有餘載，威加海外，萬國來庭，倉廩日積，土地日廣。然而道德未益厚，仁義未益博者，何哉？由乎待下之情未盡於誠信，雖有善始之勤，未覩克終之美故也。其所由來者漸，非一朝一夕之故。昔貞觀之始，聞善若驚，暨五六年間，猶悅以從諫。自茲厥後，漸惡直言，雖或勉強，時有所容，非復曩時之豁如也。謇諤之士，稍避龍鱗；便佞之徒，肆其巧辯。謂同心者爲朋黨，謂告訐者爲至公，謂強直者爲擅權，謂忠讜者爲誹謗。謂之朋黨，雖忠信而可疑；謂之至公，雖矯僞而無咎。強直者畏擅權之議，忠讜者慮誹謗之尤。至於竊斧生疑，投杼致惑，正人不得盡其言，大臣莫能與之諍。熒惑視聽，鬱於大道，妨化損德，其在茲乎？故孔子惡利口之覆邦家，蓋爲此也。

且君子小人，貌同心異。君子掩人之惡，揚人之善，臨難無苟免，殺身以成仁。小人不恥不仁，不畏不義，唯利之所在，危人以自安。夫苟在危人，則何所不至。今將求致治，必委之於君子；事有得失，或訪之於小人。其待君子也則敬而疏，遇小人也必輕而狎，狎則言無不盡，疏則情或不通。是譽毀在於小人，刑罰加於君子，實興喪所在，亦安危所繫，可不愼哉！夫中智之人，豈無小慧，然才非經國，慮不及遠，雖竭力盡誠，猶未免於傾敗；況內懷姦利，承顏順旨，其爲患禍，不亦深乎？故孔子曰：「君子或有不仁者焉，未見小人而仁者。」然則君子不能無小惡，惡不積無妨於正道；小人或時有小善，善不積不足以立忠。今謂之善人矣，復慮其有不信，何異夫立直木而疑其影之不直乎？雖竭精神，勞思慮，其不可亦已明矣。

夫君能盡禮，臣得竭忠，必在於內外無私，上下相信。上不信則無以使下，下不信則無以事上，信之爲義大矣哉！故自天祐之，吉無不利。昔齊桓公問於管仲曰：「吾欲酒腐於爵，肉腐於俎，得無害於霸乎？」管仲曰：「此極非其善者，然亦無害霸也。」公曰：「何如而害霸乎？」曰：「不能知人，害霸也；知而不能用，害霸也；用而不能信，害霸也；既信而又使小人參之，害霸也。」晉中行穆伯攻鼓，經年而不能下，餽間倫曰：「鼓之嗇夫，間倫知之，請無疲士大夫而鼓可得。」穆伯不應。左右曰：「不折一戟，不傷一卒，而鼓可得，君奚爲不取？」穆伯曰：「間倫之爲人也，佞而不仁。若間倫下之，吾不可以不賞。賞之，是賞佞人也。佞人得志，是使晉國之士捨仁而爲佞，雖得鼓，將何用之？」夫穆伯列國大夫，管仲霸者之佐，猶愼於信任，遠避佞人也如此，況乎爲四海之大君，應千齡之上聖，而可使巍巍之盛德，復將有所間然乎？

若欲令君子小人是非不雜，必懷之以德，待之以信，厲之以義，節之以禮，然後善善而惡惡，審罰而明賞，則小人絕其佞邪，君子自強不息，無爲之化，何遠之有？善善而不能進，惡惡而不能去，罰不及於有罪，賞不加於有功，則危亡之期，或未可保，永錫祚胤，將何望哉！

之力也。」

太宗手詔嘉美，優納之。嘗謂長孫無忌曰：「朕卽位之初，上書者或言『人主必須威權獨運，不得委任羣下』；或欲耀兵振武，懾服四夷。唯有魏徵勸朕『偃革興文，布德施惠，中國既安，遠人自服』。朕從其語，天下大寧。絕域君長，皆來朝貢，九夷重譯，相望於道。此皆魏徵之力也。」

太宗嘗嫌上封者衆，不近事實，欲加黜責。徵奏曰：「古者立誹謗之木，欲聞己過，今之封事，謗木之流也。陛下思聞得失，祇可恣其陳道。若所言衷，則有益於陛下；若不衷，無損於國家。」太宗曰：「此言是也。」並勞而遣之。

後太宗在洛陽宮，幸積翠池，宴羣臣，酒酣各賦一事。太宗賦尚書曰：「日昃玩百篇，臨燈披五典。夏康既逸豫，商辛亦流湎。恣情昏主多，克己明君鮮。滅身資累惡，成名由積善。」徵賦西漢曰：「受降臨軹道，爭長趣鴻門。驅傳渭橋上，觀兵細柳屯。夜宴經柏谷，朝遊出杜原。終藉叔孫禮，方知皇帝尊。」太宗曰：「魏徵每言，必約我以禮也。」尋以修定五禮，當封一子爲縣男，請讓孤兄子叔慈。太宗愴然曰：「卿之此心，可以勵俗。」遂許之。

十二年，禮部尚書王珪奏言：「三品以上遇親王於塗，皆降乘，違法申敬，有乖儀準。」太宗曰：「卿輩皆自崇貴，卑我兒子乎？」徵進曰：「自古迄茲，親王班次三公之下。今三品皆曰天子列卿及八座之長，爲王降乘，非王所宜當也。求諸故事，則無可憑；行之於今，又乖國憲。」太宗曰：「國家所以立太子者，擬以爲君也。然則人之修短，不在老少，設無太子，則母弟次立。以此而言，安得輕我子耶？」徵曰：「殷家尙質，有兄終弟及之義；自周以降，立嫡必長，所以絕庶孽之窺覦，塞禍亂之源本，有國者之所深愼。」於是遂可珪奏。會皇孫誕育，召公卿賜宴，太宗謂侍臣曰：「貞觀以前，從我平定天下，周旋艱險，玄齡之功，無所與讓。貞觀之後，盡心於我，獻納忠讜，安國利民，犯顏正諫，匡朕之違者，唯魏徵而已。古之名臣，何以加也。」於是親解佩刀以賜二人。

徵以戴聖禮記編次不倫，遂爲類禮二十卷，以類相從，削其重復，採先儒訓注，擇善從之，研精覃思，數年而畢。太宗覽而善之，賜物一千段，錄數本以賜太子及諸王，仍藏之祕府。

先是，遣使詣西域立葉護可汗，未還，又遣使多齎金銀帛歷諸國市馬。徵諫曰：「今以立可汗爲名，可汗未定，卽詣諸國市馬，彼必以爲意在市馬，不爲專意立可汗。可汗得立，則不甚懷恩。諸蕃聞之，以爲中國薄義重利，未必得馬而失義矣。昔漢文有獻千里馬者，曰：吾凶行日三十里，吉行五十里，鑾輿在前，屬車在後，吾獨乘千里馬將安之？乃賞其道里所費而返之。漢光武有獻千里馬及寶劍者，馬以駕鼓車，劍以賜騎士。陛下凡所施爲，皆邈踰三王之上，奈何至於此事，欲爲孝文、光武之下乎？又魏文帝欲求市西域大珠，蘇則曰：『若陛下惠及四海，則不求自至，求而得之，不足爲貴也。』陛下縱不能慕漢文之高行，可不畏蘇則之言乎？」太宗納其言而止。

時公卿大臣並請封禪，唯徵以爲不可。太宗曰：「朕欲卿極言之。豈功不高耶？德不厚耶？諸夏未治安耶？遠夷不慕義耶？嘉瑞不至耶？年穀不登耶？何爲而不可？」對曰：「陛下功則高矣，而民未懷惠；德雖厚矣，而澤未滂流；諸夏雖安，未足以供事；遠夷慕義，無以供其求；符瑞雖臻，罻羅猶密；積歲豐稔，倉廩尚虛，此臣所以竊謂未可。臣未能遠譬，且借喻於人。今有人十年長患瘵〔三〕，治且愈，此人應皮骨僅存，便欲使負米一石，日行百里，必不可得。隋氏之亂，非止十年，陛下爲之良醫，疾苦雖已乂安，未甚充實，告成天地，臣竊有疑。且陛下東封，萬國咸萃，要荒之外，莫不奔走。今自伊、洛以東，暨乎海岱，灌莽巨澤，蒼茫千里，人煙斷絕，鷄犬不聞，道路蕭條，進退艱阻，豈可引彼夷狄，示以虛弱？竭財以賞，未厭遠人之望；重加給復，不償百姓之勞。或遇水旱之災，風雨之變，庸夫横議，悔不可追。豈獨臣之懇誠，亦有輿人之誦。」太宗不能奪。是後，右僕射缺，欲拜之，徵固讓乃止。

及皇太子承乾不修德業，魏王泰寵愛日隆，內外庶僚，並有疑議。太宗聞而惡之，謂侍臣曰：「當今朝臣忠謇，無踰魏徵，我遣傅皇太子，用絕天下之望。」十六年，拜太子太師，知門下省事如故。徵自陳有疾，詔答曰：「漢之太子，四皓爲助，我之賴公，卽其義也。知公疾病，可臥護之。」

其年，稱綿惙，中使相望。徵宅先無正寢，太宗欲爲小殿，輟其材爲徵營構，五日而成，遣中使齎素褥布被而賜之，遂其所尙也。及病篤，輿駕再幸其第，撫之流涕，問所欲言，徵曰：「嫠不恤緯，而憂宗周之亡。」後數日，太宗夜夢徵若平生，及旦而奏徵薨，時年六十四。太宗親臨慟哭，廢朝五日，贈司空、相州都督，諡曰文貞，給羽葆鼓吹、班劍四十人，賻絹布千段、米粟千石，陪葬昭陵。及將祖載，徵妻裴氏曰：「徵平生儉素，今以一品禮葬，羽儀甚盛，非亡者之志。」悉辭不受，竟以布車載柩，無文彩之飾。太宗登苑西樓，望喪而哭，詔百官送出郊外。帝親製碑文，幷爲書石。其後追思不已，賜其實封九百戶。嘗臨朝謂侍臣曰：「夫以銅爲鏡，可以正衣冠；以古爲鏡，可以知興替；以人爲鏡，可以明得失。朕常保此三鏡，以防己過。今魏徵殂逝，遂亡一鏡矣！」徵亡後，朕遣人至宅，就其書函得表一紙，始立表草，字皆難識，唯前有數行，稍可分辯，云：『天下之事，有善有惡，任善人則國安，用惡人則國亂。公卿之內，情有愛憎，憎者唯見其惡，愛者唯見其善。愛憎之間，所宜詳愼，若愛而知其惡，憎而知其善，去邪勿疑，任賢勿貳，可以興矣。』其遺表如此，然在朕思之，恐不免斯事。公卿侍臣，可書之於笏，知而必諫也。」

徵狀貌不逾中人，而素有膽智，每犯顏進諫，雖逢王赫斯怒，神色不移。嘗密薦中書侍郎杜正倫及吏部尚書侯君集有宰相之材。徵卒後，正倫以罪黜，君集犯逆伏誅，太宗始疑徵阿黨。徵又自錄前後諫諍言辭往復以示史官起居郎褚遂良，太宗知之，愈不悅。先許以衡山公主降其長子叔玉，於是手詔停婚，顧其家漸衰矣。

徵四子：叔琬、叔璘、叔瑜。叔玉襲爵國公，官至光祿少卿；叔瑜至潞州刺史；叔璘禮部侍郎，則天時爲酷吏所殺。

神龍初，繼封叔玉子膺爲鄭國公。

叔瑜子華，開元初太子右庶子。

史臣曰：臣嘗讀漢史劉更生傳，見其上書論王氏擅權，恐移運祚，漢成不悟，更生徘徊伊鬱，極言而不顧禍患，何匡益忠藎也如此！當更生時，諫者甚多。如谷永、楊興之上言，圖爲姦利，與賊臣爲鄉導；梅福、王吉之言，雖近古道，未切事情。則納諫任賢，詎宜容易！臣嘗閱魏公故事，與文皇討論政術，往復應對，凡數十萬言。其匡過弼違，能近取譬，博約連類，皆前代諍臣之不至者。其實根於道義，發爲律度，身正而心勁，上不負時主，下不阿權幸，中不侈親族，外不爲朋黨，不以逢時改節，不以圖位賣忠。所載章疏四篇，可爲萬代王者法。雖漢之劉向、魏之徐邈、晉之山濤、宋之謝朏，才則才矣，比文貞之雅道，不有遺行乎！前代諍臣，一人而已。

贊曰：智者不諫，諫或不智。智者盡言，國家之利。鄭公達節，才周經濟。太宗用之，子孫長世。

校勘記

〔一〕須存形迹　「須」字各本原作「雖」，據唐會要卷五八、御覽卷六二一、册府卷四六〇改。

〔二〕三十餘年　「三」字各本原作「四」，據册府卷三二七、英華卷六九五改。

〔三〕十年長患瘵　「瘵」字各本原作「療」，據唐會要卷七改。

舊唐書卷七十二

列傳第二十二

虞世南　李百藥 子安期　褚亮 劉孝孫　李玄道　李守素附

虞世南字伯施，越州餘姚人，隋內史侍郎世基弟也。祖檢，梁始興王諮議；父荔，陳太子中庶子，俱有重名。叔父寄，陳中書侍郎，無子，以世南繼後，故字曰伯施。世南性沈靜寡欲，篤志勤學，少與兄世基受學於吳郡顧野王，經十餘年，精思不倦，或累旬不盥櫛。善屬文，常祖述徐陵，陵亦言世南得己之意。又同郡沙門智永善王羲之書，世南師焉，妙得其體，由是聲名籍甚。

天嘉中，荔卒，世南尚幼，哀毀殆不勝喪。陳文帝知其二子博學，每遣中使至其家將護之。及服闋，召爲建安王法曹參軍。寄陷於陳寶應，在閩、越中，世南雖除喪，猶布衣蔬食。至太建末，寶應破，寄還，方令世南釋布食肉。至德初，除西陽王友。陳滅，與世基同入長安，俱有重名，時人方之二陸。時煬帝在藩，聞其名，與秦王俊辟書交至，以母老固辭，晉王令使者追之。大業初，累授秘書郎，遷起居舍人。時世基當朝貴盛，妻子被服擬於王者，世南雖同居，而躬履勤儉，不失素業。及至隋滅，宇文化及弑逆之際，世基爲內史侍郎，將被誅，世南抱持號泣，請以身代，化及不納，因哀毀骨立，時人稱焉。從化及至聊城，又陷于竇建德，僞授黃門侍郎。

太宗滅建德，引爲秦府參軍。尋轉記室，仍授弘文館學士，與房玄齡對掌文翰。太宗嘗命寫列女傳以裝屛風，于時無本，世南暗疏之，不失一字。太宗昇春宮，遷太子中舍人。及即位，轉著作郎，兼弘文館學士。時世南年已衰老，抗表乞骸骨，詔不許，遷太子右庶子，固辭不拜，除秘書少監。上聖德論，辭多不載。七年，轉秘書監，賜爵永興縣子。太宗重其博識，每機務之隙，引之談論，共觀經史。世南雖容貌懦愞，若不勝衣，而志性抗烈，每論及古先帝王爲政得失，必存規諷，多所補益。太宗嘗謂侍臣曰：「朕因暇日與虞世南商略古今，有一言之失，未嘗不悵恨，其懇誠若此，朕用嘉焉。」羣臣皆若世南，天下何憂不理。」

八年，隴右山崩，大蛇屢見，山東及江淮多大水。太宗以問世南，對曰：「春秋時梁山崩〔二〕，晉侯召伯宗而問焉，對曰：『國主山川，故山川崩竭，君爲之不舉，降服、乘縵、徹樂、出次、祝幣以禮焉。』梁山，晉所主也，晉侯從之，故得無害。漢文帝元年，齊、楚地二十九山同日崩，水大出，令郡國無來貢獻，施惠於天下，遠近歡洽，亦不爲災。後漢靈帝時，青蛇見御座。晉惠帝時，大蛇長三百步，見齊地，經市入朝。案蛇宜在草野，而入市朝，所以可爲怪耳。今蛇見山澤，蓋深山大澤必有龍蛇，亦不足怪也。又山東足雨，雖則其常，然陰淫過久，恐有冤獄，宜省繫囚，庶幾或當天意。且妖不勝德，唯修德可以銷變。」太宗以爲然，因遣使者賑恤饑餒，申理獄訟，多所原宥。

後有星孛于虛、危，歷于氐，百餘日乃滅。太宗謂羣臣曰：「天見彗星，是何妖也？」世南曰：「昔齊景公時有彗星見，公問晏嬰，對曰：『穿池沼畏不深，起臺榭畏不高，行刑罰畏不重，是以天見彗爲公誡耳。』景公懼而修德，後十六日而星沒。臣聞『天時不如地利，地利不如人和』，若德義不修，雖獲麟鳳，終是無補，但政事無闕，雖有災星，何損於時。然願陛下勿以功高古人而自矜伐，勿以太平漸久而自驕怠，愼終如始，彗星雖見，未足爲憂。」太宗斂容謂曰：「吾之撫國，良無景公之過。但吾纔弱冠舉義兵，年二十四平天下，未三十而居大位，自謂三代以降，撥亂之主，莫臻於此。重以薛舉之驍雄，宋金剛之鷙猛，竇建德跨河北，王世充據洛陽，當此之時，足爲勍敵，皆爲我所擒。及逢家難，復決意安社稷，遂登九五，降服北夷，吾頗有自矜之意，以輕天下之士，此吾之罪也。上天見變，良爲是乎？秦始皇平六國，隋煬帝富四海，既驕且逸，一朝而敗，吾亦何得自驕也。言念於此，不覺惕爲震懼。」四月，康國獻獅子，詔世南爲之賦，命編之東觀，辭多不載。

後高祖崩，有詔山陵制度準漢長陵故事，務從隆厚，程限既促，功役勞弊。世南上封事諫曰：

臣聞古之聖帝明王所以薄葬者，非不欲崇高光顯，珍寶具物，以厚其親。然審而言之，高墳厚壠，珍物畢備，此適所以爲親之累，非曰孝也。是以深思遠慮，安於菲薄，以爲長久萬代之計，割其常情以定耳。昔漢成帝造延、昌二陵，制度甚厚，功費甚多。諫議大夫劉向上書，其言深切，皆合事理，其略曰：「孝文居霸陵，悽愴悲懷，顧謂羣臣曰：『嗟乎！以北山石爲椁，用紵絮斮陳漆其間，豈可動哉？』張釋之進曰：『使其中有可欲，雖錮南山猶有隙；使其中無可欲，雖無石椁，又何戚焉！』夫死者無終極，而國家有廢興，釋之所言，爲無窮計也。孝文寤焉，遂以薄葬。」又漢氏之法，人君在位，三分天下貢賦，以一分入山陵。武帝歷年長久，比葬，陵中不復容物，霍光暗於大體，奢侈過度。其後至更始之敗，赤眉賊入長安，破茂陵取物，猶不能盡。無故聚斂百姓，爲盜之用，甚無謂也。魏文帝於首陽東爲壽陵，作終制，其略曰：「昔堯葬壽陵，因山爲體，無封樹，無立寢殿園邑，爲棺椁足以藏骨，爲衣衾足以朽肉。吾營此不食之地，欲使易代之後，不知其處，無藏金銀銅鐵，一以瓦器。自古及今，未有不亡之國，無有不發之墓，至乃燒取玉匣金縷，骸骨並盡，乃不重痛哉！若違詔妄有變改，吾爲戮屍於地下，死而重死，不忠不孝，使魂而有知，將不福汝。以爲永制，藏之宗廟。」魏文帝此制，可謂達於事矣。

向使陛下德止如秦、漢之君，臣則緘口而已，不敢有言。伏見聖德高遠，堯、舜猶所不逮，而俯與秦、漢之君同爲奢泰，捨堯、舜、殷、周之節儉，此臣所以尤戚也。今爲丘壠如此，其內雖不藏珍寶，亦無益也。萬代之後，但見高墳大墓，豈謂無金玉耶？臣之愚計，以爲漢文霸陵，既因山勢，雖不起墳，自然高顯。今之所卜，地勢卽平，不可不起，宜依白虎通所陳周制，爲三仞之墳，其方中制度，事事減少。事竟之日，刻石於陵側，明丘封大小高下之式。明器所須，皆以瓦木，合於禮文，一不得用金銀銅鐵。使萬代子孫，並皆遵奉，一通藏之宗廟，豈不美乎！且臣下除服用三十六日，已依霸陵，今爲墳壠，又以長陵爲法，恐非所宜。伏願深覽古今，爲長久之慮。臣之赤心，唯願萬歲之後，神道常安，陛下孝名，揚於無窮耳。

書奏不報。世南又上疏曰：「漢家卽位之初，便營陵墓，近者十餘歲，遠者五十年，方始成就。今以數月之間而造數十年之事，其於人力，亦已勞矣。又漢家大郡五十萬戶，卽目人衆未及往時，而功役與之一等，此臣所以致疑也。」時公卿又上奏請遵遺詔，務從節儉，因下其事付所司詳議，於是制度頗有減省焉。

太宗後頗好獵，世南上疏諫曰：「臣聞秋獮冬狩，蓋惟恆典；射隼從禽，備乎前誥。伏惟陛下因聽覽之餘辰，順天道以殺伐，將欲躬摧班掌，親御皮軒，窮猛獸之窟穴，盡逸材于林藪。夷兇剪暴，以衞黎元，收革擢羽，用充軍器，舉旗效獲，式遵前古。然黃屋之尊，金輿之貴，八方之所仰德，萬國之所係心，清道而行，猶戒銜橛，斯蓋重愼防微，爲社稷也。是以馬卿直諫於前，張昭變色於後，臣誠微淺，敢忘斯義？且天弧星罼，所殪已多，頒禽賜獲，皇恩亦溥。伏願時息獵車，且韜長戟，不拒芻蕘之請，降納涓澮之流，袒裼徒搏，任之羣下，則貽範百王，永光萬代。」其有犯無隱，多此類也。太宗以是益親禮之。嘗稱世南有五絕：一曰德行，二曰忠直，三曰博學，四曰文辭，五曰書翰。

十二年，又表請致仕，優制許之，仍授銀青光祿大夫、弘文館學士，祿賜、防閤並同京官職事。尋卒，年八十一。太宗舉哀於別次，哭之甚慟。賜東園秘器，陪葬昭陵，贈禮部尙書，諡曰文懿。手敕魏王泰曰：「虞世南於我，猶一體也。拾遺補闕，無日暫忘，實當代名臣，人倫準的。吾有小失，必犯顏而諫之。今其云亡，石渠、東觀之中，無復人矣，痛惜豈可言耶！」未幾，太宗爲詩一篇，追述往古興亡之道，既而歎曰：「鍾子期死，伯牙不復鼓琴。朕之此詩，將何以示？」令起居郎褚遂良詣其靈帳讀訖焚之，冀世南神識感悟。後數歲，太宗夜夢見之，有若平生。翌日，下制曰：「禮部尚書、永興文懿公虞世南，德行淳備，文爲辭宗，夙夜盡心，志在忠益。奄從物化，倏移歲序。昨因夜夢，忽覩其人，兼進讜言，有如平生之日。追懷遺美，良增悲歎。宜資冥助，申朕思舊之情，可於其家爲設五百僧齋，并爲造天尊像一區。」又敕圖其形於凌煙閣。有集三十卷，令褚亮爲之序。

世南子昶，官至工部侍郎。

李百藥字重規，定州安平人，隋內史令、安平公德林子也。爲童兒時多疾病，祖母趙氏故以百藥爲名。七歲解屬文。父友齊中書舍人陸乂、馬元熙嘗造德林讌集，有讀徐陵文者，云「既取成周之禾，將刈琅邪之稻」，並不知其事。百藥時侍立，進曰：「傳稱『鄅人藉稻』。杜預注云『鄅國在琅邪開陽』。」乂等大驚異之。

開皇初，授東宮通事舍人，遷太子舍人，兼東宮學士。或嫉其才而毀之者，乃謝病免去。十九年，追赴仁壽宮，令襲父爵。左僕射楊素、吏部尚書牛弘雅愛其才，奏授禮部員外郎，皇太子勇又召爲東宮學士。詔令修五禮，定律令，撰陰陽書。臺內奏議文表，多百藥所撰。時煬帝出鎮揚州，嘗召之，百藥辭疾不赴，煬帝大怒，及即位，出爲桂州司馬。其後，罷州置郡，因解職還鄉里。

大業五年，授魯郡臨泗府步兵校尉。九年，充戍會稽。尋授建安郡丞，行達烏程，屬江都難作，復爲沈法興所得，署爲掾〔二〕。會沈法興爲李子通所破，子通又命爲中書侍郎、國子祭酒。及杜伏威攻滅子通，又以百藥爲行臺考功郎中。或有譖之者，伏威囚之，百藥著省躬賦以致其情，伏威亦知其無罪，乃令復職。

伏威既據有江南，高祖遣使招撫，百藥勸伏威入朝，伏威從之，遣其行臺僕射輔公祏與百藥留守，遂詣京師。及渡江至歷陽，狐疑中悔，將害百藥，乃飲以石灰酒，因大洩痢，而宿病皆除。伏威知百藥不死，乃作書與公祏令殺百藥，賴伏威養子王雄誕保護獲免。公祏反，又授百藥吏部侍郎。有譖百藥於高祖，云百藥初說杜伏威入朝，又與輔公祏同反。高祖大怒。及公祏平，得伏威與公祏令殺百藥書，高祖意稍解，遂配流涇州。

太宗重其才名，貞觀元年，召拜中書舍人，賜爵安平縣男。受詔修定五禮及律令，撰齊書。二年，除禮部侍郎。朝廷議將封建諸侯，百藥上封建論曰：

臣聞經國庇民，王者之常制；尊主安上，人情之本方。思闡治定之規，以弘長世之業者，萬古不易，百慮同歸。然命曆有賒促之殊，邦家有理亂之異，遐觀載籍，論之詳矣。咸云周過其數，秦不及期，存亡之理，在於郡國。周氏以監夏、殷之長久〔三〕，遵黃、唐之並建，維城盤石，深根固本，雖王綱弛廢，枝幹相持，故使逆節不生，宗祀不絕。秦氏背師古之訓，棄先王之道，踐華恃險，罷侯置守，子弟無尺土之邑，兆庶罕共治之憂，故一夫號澤，七廟隳祀。

臣以爲自古皇王，君臨宇內，莫不受命上玄，飛名帝籙，締構遇興王之運，殷憂屬啓聖之期。雖魏武攜養之資，漢高徒役之賤，非止意有覬覦，推之亦不能去也。若其獄訟不歸，菁華已竭，雖帝堯之光被四表，大舜之上齊七政，非止情存揖讓，守之亦不可固焉。以放勛、重華之德，尚不能克昌厥後。是知祚之長短，必在天時，政或盛衰，有關人事。隆周卜代三十，卜年七百，雖淪胥之道斯極，而文、武之器猶存，斯則龜鼎之祚，已懸定於杳冥也。至使南征不返，東遷避逼，禋祀如綫，郊畿不守，此乃凌夷之漸，有累於封建焉。暴秦運短閏餘，數鍾百六。受命之主，德異禹、湯；繼世之君，才非啓、誦。借使李斯、王綰之輩盛開四履，將閭、子嬰之徒俱啓千乘，豈能逆帝子之勃興，抗龍顏之基命者也！

然則得失成敗，各有由焉。而著述之家，多守常轍，莫不情亡今古，理蔽澆淳，欲以百王之季，行三代之法。天下五服之內，盡封諸侯；王畿千乘之間，俱爲采地。是以結繩之化行虞、夏之朝，用象刑之典治劉、曹之末，紀綱既紊，斷可知焉。鍥船求劍，未見其可；膠柱成文，彌所多惑。徒知問鼎請隧，有懼霸王之師；白馬素車，無復藩籬之援。不悟望夷之釁，未甚羿、浞之災；高貴之殃，寧異申、繒之酷。乃欽明昏亂，自革安危，固非守宰公侯，以成興廢。且數世之後，王室浸微，始自藩屏，化爲仇敵。家殊俗，國異政，強淩弱，衆暴寡，疆埸彼此，干戈日尋。狐駘之役，女子盡髽；崤陵之師，隻輪不返。斯蓋略舉一隅，其餘不可勝數。陸士衡方規規然云：「嗣王委其九鼎，凶族據其大邑，天下晏然，以治待亂。」何斯言之謬也！而設官分職，任賢使能，以循吏之才，膺共治之寄，刺郡分竹，何代無人。至使地或呈祥，天不愛寶，民稱父母，政比神明。曹元首方區區然稱：「與人共其樂者，人必憂其憂；與人同其安者，人必拯其危。」豈容委以侯伯，則同其安危；任之牧宰，則殊其憂樂。何斯言之妄也！

封君列國，藉慶門資，忘其先業之艱難，輕其自然之崇貴，莫不世增淫虐，代益驕侈。自離宮別館，切漢淩雲，或刑人力而將盡，或召諸侯而共樂。陳靈則君臣悖禮，共侮徵舒；衞宣則父子聚麀，終誅壽、朔。乃云爲己思治，豈若是乎？內外羣官，選自朝廷，擢士庶以任之，澄水鏡以鑒之，年勞優其階品，考績明其黜陟。進取事切，砥礪情深，或俸祿不入私門，妻子不之官舍。頒條之貴，食不舉火；剖符之重，衣唯補葛。南陽太守〔四〕，敝布裹身；萊蕪縣長，凝塵生甑。專云爲利圖物，何其爽歟！總而言之，爵非世及，用賢之路斯廣；民無定主，附下之情不固。此乃愚智所辨，安可惑哉！至如滅國弑君，亂常干紀，春秋二百年間，略無寧歲。次睢咸秩，遂用玉帛之君；魯道有蕩，每等衣裳之會。縱使西漢哀、平之際，東洛桓、靈之時，下吏淫暴，必不至此。爲政之理，可一言以蔽之。

伏惟陛下握紀御天，膺期啓聖，救億兆之焚溺，掃氛祲於寰區。創業垂統，配二儀以立德；發號施令，妙萬物而爲言。獨照宸衷，永懷前古，將復五等而修舊制，建萬國以親諸侯。竊以漢、魏以還，餘風之弊未盡；勛、華既往，至公之道斯革。況晉氏失馭，宇縣崩離；後魏乘時〔三〕，華夷雜處。重以關河分阻，吳、楚懸隔，習文者學長短縱橫之術，習武者盡干戈戰爭之心，畢爲狙詐之階，彌長澆浮之俗。開皇在運，因藉外家。驅御羣英，任雄猜之數；坐移時運，非克定之功。年踰二紀，民不見德。及大業嗣文，世道交喪，一時人物，掃地將盡。雖天縱神武，削平寇虐，兵威不息，勞止未康。

自陛下仰順聖慈，嗣膺寶曆，情深致治，綜覈前王。雖至道無名，言象所紀，略陳梗概，實所庶幾。愛敬蒸蒸，勞而不倦，大舜之孝也。訪安內豎，親嘗御膳，文王之德也。每憲司讞罪，尚書奏獄，大小必察，枉直咸申，舉斷趾之法，易大辟之刑，仁心隱惻，貫徹幽顯，大禹之泣辜也。正色直言，虛心受納，不簡鄙訥，無棄芻蕘，帝堯之求諫也。弘獎名教，勸勵學徒，既擢明經於青紫，將升碩儒於卿相，聖人之善誘也。羣臣以宮中暑濕，寢膳或乖，請徙御高明，營一小閣。遂惜家人之産，竟抑子來之願，不吝陰陽所感，以安卑陋之居。去歲荒儉，普天饑饉，喪亂甫爾，倉廩空虛。聖情矜愍，勤加惠卹，竟無一人流離道路，猶且食啗藜藿，樂撤簨簴，言必悽動，貌成癯瘠。公旦喜於重譯，文命矜其即序。陛下每四夷款附，萬里歸仁，必退思進省，凝神動慮，恐妄勞中國，以事遠方，不藉萬古之英聲，以存一時之茂實。心切憂勞，跡絕遊幸，每旦視朝，聽受無倦，智周於萬物，道濟於天下。罷朝之後，引進名臣，討論是非，備盡肝膈，唯及政事，更無異辭。纔及日昃，命才學之士，賜以清閑，高談典籍，雜以文詠，間以玄言，乙夜忘疲，中宵不寐。此之四道，獨邁往初，斯實生民以來，一人而已。弘茲風化，昭示四方，信可以期月之間，彌綸天壤。而淳粹尚阻，浮詭未移，此由習之永久，難以卒變。請待斲雕成朴，以質代文，刑措之教一行，登封之禮云畢，然後定疆理之制，議山河之賞，未為晚焉。易稱：「天地盈虛，與時消息，況於人乎？」美哉斯言也。

太宗竟從其議。

四年，授太子右庶子。五年，與左庶子于志寧、中允孔穎達、舍人陸敦信侍講于弘教殿。時太子頗留意典墳，然閑燕之後，嬉戲過度，百藥作贊道賦以諷焉，辭多不載。太宗見而遣使謂百藥曰：「朕於皇太子處見卿所獻賦，悉述古來儲貳事以誡太子，甚是典要。朕選卿以輔弼太子，正爲此事，大稱所委，但須善始令終耳。」因賜綵物五百段。然太子卒不悟而廢。十年，以撰齊史成，加散騎常侍，行太子左庶子，賜物四百段。俄除宗正卿。十一年，以撰五禮及律令成，進爵爲子。後數歲，以年老固請致仕，許之。太宗嘗制帝京篇，命百藥並作，上歎其工，手詔曰：「卿何身之老而才之壯，何齒之宿而意之新乎！」二十二年卒，年八十四，謚曰康。

百藥以名臣之子，才行相繼，四海名流，莫不宗仰。藻思沈鬱，尤長於五言詩，雖樵童牧豎，並皆吟諷。性好引進後生，提獎不倦。所得俸祿，多散之親黨。又至性過人，初侍父母喪還鄉，徒跣單衣，行數千里，服闋數年，容貌毀悴，爲當時所稱。及懸車告老，怡然自得，穿池築山，文酒談賞，以舒平生之志。有集三十卷。子安期。

安期幼聰辯，七歲解屬文。初，百藥大業末出爲桂州司馬，行至太湖，遇逆賊，將加白刃，安期跪泣請代父命，賊哀而釋之。貞觀初，累轉符璽郎，預修晉書成，除主客員外郎。永徽中，遷中書舍人。又與李義府等於武德殿內修書，再轉黃門侍郎。龍朔中，爲司列少常伯，參知軍國。有事太山，詔安期爲朝覲壇碑文。

安期前後三爲選部，頗爲當時所稱。時高宗屢引侍臣，責以不進賢良，衆皆莫對，獨安期進曰：「臣聞聖帝明王，莫不勞於求賢，逸於任使。設使堯、舜苦己癯瘠，不能用賢，終亦王化不行。自夏、殷已來，歷國數十，皆委賢良，以共致理。且十室之邑，必有忠信，況今天下至廣，非無英彥。但比來公卿有所薦引，卽遭讟謗，以爲朋黨，沉屈者未申，而在位者已損，所以人思苟免，競爲緘默。若陛下虛己招納，務於搜訪，不忌親讎，唯能是用，讒毀亦既不入，誰敢不竭忠誠？此皆事由陛下，非臣等所能致也。」高宗深然其言。俄檢校東臺侍郎、同東西臺三品，出爲荆州大都督府長史。咸亨初卒。自德林至安期三世，皆掌制誥。安期孫義仲，又爲中書舍人。

褚亮字希明，杭州錢塘人。曾祖湮，梁御史中丞；祖蒙，太子中舍人；父玠，陳秘書監，並著名前史。其先自陽翟徙居焉。亮幼聰敏，好學善屬文，博覽無所不至，經目必記於心。喜遊名賢，尤善談論。年十八，詣陳僕射徐陵，陵與商榷文章，深異之。陳後主聞而召見，使賦詩，江總及諸辭人在坐，莫不推善。禎明初，爲尚書殿中侍郎。陳亡，入隋爲東宮學士。大業中，授太常博士。時煬帝將改置宗廟，亮奏議曰：

謹按禮記：「天子七廟，三昭三穆，與太祖之廟而七。」鄭玄注曰：「此周制也。七者，太祖及文王、武王之祧，與親廟四也。殷則六廟，契及湯與二昭二穆也。夏則五廟，無太祖，禹與二昭二穆而已。」玄又據禮：「王者禘其祖之所自出而立四廟。」案鄭玄義，天子唯立四親廟，并始祖而爲五。周以文、武爲受命之祖，特立二祧，是爲七廟。王肅註禮記曰：「尊者尊統上，卑者尊統下。故天子七廟，諸侯五廟。其有殊功異德，非太祖而不毀，不在七廟之數。」案肅以爲天子七廟，是百代之言。又據王制，天子七廟，諸侯五廟，大夫三廟，降二爲差。是則天子立四親廟，又立高祖之父、高祖之祖父、太祖而爲七。周有文、武、姜嫄合爲十廟。漢世諸帝之廟各立，無迭毀之義。至元帝時，貢禹、匡衡之徒始議其禮，以高帝爲太祖，而立四親，是爲五廟。唯劉歆以爲天子七廟，諸侯五廟，降殺以兩之義，七者其正法，可常數也。宗不在此數內，有功德則宗之，不可豫設爲數也。是以班固稱「考論諸儒之議，劉歆博而篤矣」。

光武卽位，建高廟於洛陽，乃立南頓君以上四廟，就祖宗而爲七。至魏初，高堂隆爲鄭學，議立親廟四，太祖武帝猶在四親之內，乃虛置太祖及二祧以待後世。至景初間，乃依王肅更立六廟，二世祖就四親而爲六廟。晉武受禪，博議宗祀，自文帝以上至六世祖征西府君〔六〕，而宣帝亦序於昭穆，未升太祖，故祭止六世。江左中興，賀循知禮，至於寢廟之議，皆依魏、晉舊事。宋武初受命爲王，依諸侯立親廟四，卽位之後，增祠五世祖相國掾府君、六世祖右北平府君，止於六廟，逮身沒主升，亦從昭穆，猶虛太祖之位也。降及齊、梁，守而勿革，加宗迭毁，禮無違舊。

臣又按姬周自太祖已下，皆別立廟，至於禘祫，俱合食於太祖。是以炎漢之初，諸廟各立，歲時常享，亦隨處而祭，所用廟樂，皆像功德而歌舞焉。至光武乃總立一堂，而羣主異室，斯則新承寇亂，欲從約省，自此已來，因循不變。皇隋太祖武元皇帝仁風潛暢，至澤傍通，以昆、彭之勳，開稷、契之緒。高祖文皇帝睿哲玄覽，神武應期，撥亂返正，遠肅邇安，受命開基，垂統聖嗣，鴻名冠於三代，寶祚傳於七百。當文明之運，定祖宗之禮。且損益不同，沿襲異趣，時王所制，可以垂法。自歷代已來，雜用王、鄭二義〔七〕。若尋其旨歸，校以優劣，康成止論周代，非謂經通；子雍總貫皇王，事兼長遠。今請依據古典，崇建七廟，受命之祖〔八〕，宜別立廟祧，百世之後爲不毁之法〔九〕。至於鑾駕親奉，申孝享於高廟；有司行事，竭誠敬於羣主。俾夫規模可則，嚴祀易遵，表有功而彰明德，大復古而貴能變。

臣又按周人立廟，亦無處置之文。據冢人職而言之，先王居中，以昭穆爲左右。

阮忱所撰禮圖，亦從此義。漢京諸廟既遠，又不序禘祫。今若依周制，理有未安，雜用漢儀，事難全採，謹詳立別圖附之。

議未行，尋坐與楊玄感有舊，左遷西海郡司戶。時京兆郡博士潘徽亦以筆札爲玄感所禮，降威定縣主簿。當時寇盜縱橫，六親不能相保。亮與同行，至隴山，徽遇病終，亮親加棺斂，瘞之路側，慨然傷懷，遂題詩於隴樹，好事者皆傳寫諷誦，信宿遍於京邑焉。薛舉僭號隴西，以亮爲黃門侍郎，委之機務。及舉滅，太宗聞亮名，深加禮接，因從容自陳，太宗大悅，賜物二百段、馬四匹。從還京師，授秦王文學。

時高祖以寇亂漸平，每冬畋狩。亮上疏諫曰：「臣聞堯鼓納諫，舜木求箴，茂克昌之風，致昇平之道。伏惟陛下應千祀之期，拯百王之弊，平壹天下，劬勞帝業，旰食思政，廢寢憂人。用農隙之餘，遵冬狩之禮，獲車之所遊踐，虞旗之所涉歷，網唯一面，禽止三驅，縱廣成之獵士，觀上林之手搏，斯固畋弋之常規，而皇王之壯觀。至於親逼猛獸，臣竊惑之。何者？筋力驍悍，爪牙輕捷。連弩一發，未必挫其凶心；長戟纔揮，不能當其憤氣。雖孟賁抗左，夏育居前，卒然驚軼，事生慮表。如或近起林叢，未塡坑谷，駭屬車之後乘，犯官騎之清塵，小臣怯懦，私懷戰慄。陛下以至聖之資，垂將來之教，降情納下，無隔直言。臣叨逢明時，遊宦藩邸，身漸榮渥，日用不知，敢緣天造，冒陳丹懇。」高祖甚納之。

太宗每有征伐，亮常侍從，軍中宴筵，必預歡賞，從容諷議，多所裨益。又與杜如晦等十八人爲文學館學士。太宗入居春宮，除太子舍人，遷太子中允。貞觀元年，爲弘文館學士。九年，進授員外散騎常侍，封陽翟縣男，拜通直散騎常侍，學士如故。十六年，進爵爲侯，食邑七百戶。後致仕歸于家。

太宗幸遼東，亮子遂良爲黃門侍郎，詔遂良謂亮曰：「昔年師旅，卿常入幕；今茲遐伐，君已懸車。倏忽之間，移三十載，眷言疇昔，我勞如何！今將遂良東行，想公於朕，不惜一兒於膝下耳，故遣陳離意，善居加食。」亮奉表陳謝。及寢疾，詔遣醫藥救療，中使候問不絕。卒時年八十八。太宗甚悼惜之，不視朝一日，贈太常卿，陪葬昭陵，謚曰康。

長子遂賢，守雍王友。次子遂良，自有傳。

始太宗既平寇亂，留意儒學，乃於宮城西起文學館，以待四方文士。於是，以屬大行臺司勳郎中杜如晦，記室考功郎中房玄齡及于志寧，軍諮祭酒蘇世長，天策府記室薛收，文學褚亮、姚思廉，太學博士陸德明、孔穎達，主簿李玄道，天策倉曹李守素，記室參軍虞世南，參軍事蔡允恭、顏相時，著作佐郎攝記室許敬宗、薛元敬，太學助教蓋文達，軍諮典籤蘇勗，並以本官兼文學館學士。及薛收卒，復徵東虞州錄事參軍劉孝孫入館。尋遣圖其狀貌，題其名字、爵里，乃命亮爲之像贊，號十八學士寫眞圖，藏之書府，以彰禮賢之重也。諸學士並給珍膳，分爲三番，更直宿于閤下，每軍國務靜，參謁歸休，卽便引見，討論墳籍，商略前載。預入館者，時所傾慕，謂之「登瀛洲」。顏相時兄師古，蘇勗兄子幹。

劉孝孫者，荆州人也。祖貞，周石臺太守。孝孫弱冠知名，與當時辭人虞世南、蔡君和、孔德紹、庾抱、庾自直、劉斌等登臨山水，結爲文會。大業末，沒于王世充，世充弟僞杞王辯引爲行臺郎中。洛陽平，辯面縛歸國，衆皆離散，孝孫猶攀援號慟，追送遠郊，時人義之。武德初，歷虞州錄事參軍，太宗召爲秦府學士。貞觀六年，遷著作佐郎、吳王友。嘗採歷代文集，爲王撰古今類序詩苑四十卷。十五年，遷本府諮議參軍。尋遷太子洗馬，未拜卒。

李玄道者，本隴西人也，世居鄭州，爲山東冠族。祖瑾，魏著作佐郎。父行之，隋都水使者。玄道仕隋爲齊王府屬。李密據洛口，引爲記室。及密破，爲王世充所執。是時，同遇囚俘者並懼死，達曙不寐，唯玄道顏色自若，曰：「死生有命，非憂能了。」同拘者雅推其識量。及見世充，舉措不改其常。世充素知其名，益重之，釋縛以爲著作佐郎。

東都平，太宗召爲秦王府主簿、文學館學士。貞觀元年，累遷給事中，封姑臧縣男。時王君廓爲幽州都督，朝廷以其武將不習時事，拜玄道爲幽州長史，以維持府事。君廓在州屢爲非法，玄道數正議裁之。嘗又遺玄道一婢，玄道問婢所由，云本良家子，爲君廓所掠，玄道因放遣之，君廓甚不悅。後遇君廓入朝，房玄齡卽玄道之從甥也，玄道附書，君廓私發，不識草字，疑其謀己，懼而奔叛，玄道坐流嶲州。未幾徵還，爲常州刺史，在職淸簡，百姓安之，太宗下詔褒美，賜以綾綵。三年，表請致仕，加銀青光祿大夫，以祿歸第，尋卒。
子雲將，知名，官至尙書左丞。

李守素者，趙州人，代爲山東名族。太宗平王世充，徵爲文學館學士，署天策府倉曹參軍。守素尤工譜學，自晉宋已降，四海士流及諸勳貴，華戎閥閱，莫不詳究，當時號爲「行譜」。嘗與虞世南共談人物，言江左、山東，世南猶相酬對；及言北地諸侯，次第如流，顯其世業，皆有援證，世南但撫掌而笑，不復能答，歎曰：「行譜定可畏。」許敬宗因謂世南曰：「李倉曹以善談人物，乃得此名，雖爲美事，然非雅目。公旣言成準的，宜當有以改之。」世南曰：「昔任彥昇美談經籍，梁代稱爲『五經笥』；今目倉曹爲『人物志』可矣。」貞觀初卒。

史臣曰：劉幷州有言：「和氏之璧，不獨耀於郢握；夜光之珠，何專玩於隋掌。天下之寶，固當與天下共之。」虞永興之從建德，李安平之佐公祏，褚陽翟之依薛舉，蓋大渴不能擇泉而飲，大暑不能擇蔭而息耳，非不識其飲憩之所。及文皇帝揭三辰而燭天下，羣賢霧集，人知所奉，方得躍鱗天池，擅價春山，爲一代之至寶，則所託之勢異也。隋掌郢握，曷有常哉！二虞昆仲，文章炳蔚於隋、唐之際；褚河南父子，箴規獻替，洋溢於貞觀、永徽之間。所謂代有人焉，而三家尤盛。

贊曰：文皇盪滌，刷清蒼昊。十八文星，連輝炳耀。虞、褚之筆，動若有神。安平之什，老而彌新。

校勘記

〔一〕梁山崩　「梁」字各本原無，據本書卷三七五行志、新書卷一〇二虞世南傳補。梁山崩事見左傳成公五年。

〔二〕復爲沈法興所得署爲掾　「爲沈法興所得署爲掾」九字原在上文「出爲桂州司馬」句下，校勘記卷三六說：「按據文義，『爲沈法興所得署爲掾』九字當在『屬江都難作』下。法興爲吳興郡丞，百藥行至烏程，屬江都難作，故百藥爲法興所留。此傳在前，疑錯簡也。」據改。

〔三〕周氏以監夏殷之長久　「周氏」，各本原作「可」，據貞觀政要卷三、全唐文卷一四三改。

〔四〕南陽　各本原作「南郡」，據貞觀政要卷三改。
〔五〕乘時　各本原作「時乘」，據貞觀政要卷三、全唐文卷一四三改。
〔六〕六世祖　各本「祖」上有「親」字，據隋書卷七禮儀志改。
〔七〕雜用王鄭二義　「雜」字各本原作「親」，據隋書卷七禮儀志改。
〔八〕受命之祖　「祖」字各本原作「廟」，據隋書卷七禮儀志改。
〔九〕爲不毁之法　「爲」字各本原無，據隋書卷七禮儀志補。

舊唐書卷七十三

列傳第二十三

薛收 兄子元敬 收子元超 元超從子稷 姚思廉 顏師古 弟相時

令狐德棻 鄧世隆 顧胤 李延壽 李仁實等附 孔穎達 司馬才章

王恭 馬嘉運等附

薛收字伯褒，蒲州汾陰人，隋內史侍郎道衡子也。事繼從父孺以孝聞。年十二，解屬文。以父在隋非命，乃潔志不仕。大業末，郡舉秀才，固辭不應。義旗起，遁於首陽山，將協義舉。蒲州通守堯君素潛知收謀，乃遣人迎收所生母王氏置城內，收乃還城。後君素將應王世充，收遂踰城歸國。秦府記室房玄齡薦之於太宗，即日召見，問以經略，收辯對縱橫，皆合旨要。授秦府主簿，判陝東道大行臺金部郎中。時太宗專任征伐，檄書露布，多出於收，言辭敏速，還同宿構，馬上即成，曾無點竄。

太宗討王世充也，竇建德率兵來拒，諸將皆以爲宜且退軍，以觀賊形勢。收獨建策曰：「世充據有東都，府庫塡積，其兵皆是江淮精銳，所患者在於乏食，是以爲我所持，求戰不可。建德親總軍旅，來拒我師，亦當盡彼驍雄，期於奮決。若縱其至此，兩寇相連，轉河北之糧以相資給，則伊、洛之間戰鬬不已。今宜分兵守營，深其溝防，卽世充欲戰，愼勿出兵。大王親率猛銳，先據成皋之險，訓兵坐甲，以待其至。彼以疲弊之師，當我堂堂之勢，一戰必克。建德卽破，世充自下矣。不過兩旬，二國之君，可面縛麾下。若退兵自守，計之下也。」太宗納之，卒擒建德。

東都平，太宗入觀隋氏宮室，嗟後主罄人力以逞奢侈。收進曰：「竊聞峻宇雕牆，殷辛以滅；土階茅棟，唐堯以昌。秦帝增阿房之飾，漢后罷露臺之費，故漢祚延而秦禍速，自古如此。後主曾不能察，以萬乘之尊，困一夫之手，使土崩瓦解，取譏後代，以奢虐所致也。」太宗悅其對。及軍還，授天策府記室參軍。

太宗初授天策上將、尙書令，命收與世南並作第一讓表，竟用收者。太宗曾侍高祖遊後園中，獲白魚，命收爲獻表，收援筆立就，不復停思，時人推其二表贍而速。從平劉黑闥，封汾陰縣男。武德六年，以本官兼文學館學士，與房玄齡、杜如晦特蒙殊禮，受心腹之寄。又嘗上書諫獵，太宗手詔曰：「覽讀所陳，實悟心膽，今日成我，卿之力也。明珠兼乘，豈比來言，當以誠心，書何能盡。今賜卿黃金四十鋌，以酬雅意。」

七年，寢疾，太宗遣使臨問，相望於道。尋命輿疾詣府，太宗親以衣袂撫收，論敍生平，潸然流涕。尋卒，年三十三。太宗親自臨哭，哀慟左右。與收從父兄子元敬書曰：「吾與卿叔共事，或軍旅多務，或文詠從容，何嘗不驅馳經略，款曲襟抱。比雖疾苦，日冀痊除，何期一朝，忽成萬古！追尋痛惋，彌用傷懷。且聞其兒子幼小，家徒壁立，未知何處安置？宜加安撫，以慰吾懷。」因使人弔祭，贈物三百段。及後，遍圖學士等形像，太宗歎曰：「薛收遂成故人，恨不早圖其像。」及登極，顧謂房玄齡曰：「薛收若在，朕當以中書令處之。」又嘗夢收如平生，又敕有司特賜其家粟帛。貞觀七年，贈定州刺史。永徽六年，又贈太常卿，陪葬昭陵。文集十卷。

元敬，隋選部侍郎邁子也。有文學，少與收及收族兄德音齊名，時人謂之「河東三鳳」。收爲長離，德音爲鸑鷟，元敬以年最小爲鵷鶵。武德中，元敬爲祕書郎，太宗召爲天策府參軍，兼直記室。收與元敬俱爲文學館學士。時房、杜等處心腹之寄，深相友託，元敬畏於權勢，竟不之狎，如晦常云：「小記室不可得而親，不可得而疏。」太宗入東宮，除太子舍人。時軍國之務，總於東宮，元敬專掌文翰，號爲稱職。尋卒。

收子元超。元超早孤，九歲襲爵汾陰男。及長，好學善屬文。太宗甚重之，令尙巢刺王女和靜縣主，累授太子舍人，預撰晉書。高宗卽位，擢拜給事中，時年二十六。數上書陳君臣政體及時事得失，高宗皆嘉納之。俄轉中書舍人，加弘文館學士，兼修國史。中書省有一盤石，初，道衡爲內史侍郎，嘗踞而草制，元超每見此石，未嘗不泫然流涕。

永徽五年，丁母憂解。明年，起授黃門侍郎，兼檢校太子左庶子。元超旣擅文辭，兼好引寒俊，嘗表薦任希古、高智周、郭正一、王義方、孟利貞等十餘人，由是時論稱美。後以疾出爲饒州刺史。

三年，拜東臺侍郎。右相李義府以罪配流巂州，舊制流人禁乘馬，元超奏請給之，坐貶爲簡州刺史。歲餘，西臺侍郎上官儀伏誅，又坐與文章款密，配流巂州。上元初，遇赦還，拜正諫大夫。三年，遷中書侍郎，尋同中書門下三品。時高宗幸溫泉校獵，諸蕃酋長亦持弓矢而從。元超以爲旣非族類，深可爲虞，上疏切諫，帝納焉。時元超特承恩遇，常召入與諸王同預私讌。又重其文學政理之才，嘗謂元超曰：「長得卿在中書，固不藉多人也。」

永隆二年，拜中書令，兼太子左庶子。高宗幸東都，太子於京師監國，因留元超以侍太子。帝臨行謂元超曰：「朕之留卿，如去一臂。但吾子未閑庶務，關西之事，悉以委卿。所寄旣深，不得默爾。」於是元超表薦鄭祖玄、鄧玄挺、崔融爲崇文館學士。又數上疏諫太子，高宗知而稱善，遣使慰諭，賜物百段。弘道元年，以疾乞骸，加金紫光祿大夫，聽致仕。其年冬卒，年六十二，贈光祿大夫、秦州都督，陪葬乾陵。文集四十卷。

子曜，亦以文學知名，聖曆中，修三教珠英，官至正諫大夫。元超從子稷。

稷舉進士，累轉中書舍人。時從祖兄曜爲正諫大夫，與稷俱以辭學知名，同在兩省，爲時所稱。景龍末，爲諫議大夫、昭文館學士。好古博雅，尤工隸書。自貞觀、永徽之際，虞世南、褚遂良時人宗其書跡，自後罕能繼者。稷外祖魏徵家富圖籍，多有虞、褚舊跡，稷銳精模倣，筆態遒麗，當時無及之者。又善畫，博探古跡。睿宗在藩，留意於小學，稷於是特見招引，俄又令其子伯陽尚仙源公主。及踐祚，累拜中書侍郎，與蘇頲等對掌制誥，俄與中書侍郎崔日用參知政事。睿宗以鍾紹京爲中書令，稷勸令禮讓，因入言於帝曰：「紹京素無才望，出自胥吏，雖有功勳，未聞令德。一朝超居元宰，師長百僚，臣恐淸濁同貫，失於聖朝具瞻之美。」帝然其言，因紹京表讓，遂轉爲戶部尚書。稷又於帝前面折崔日用，遞相短長，由是罷知政事，遷左散騎常侍，歷工部、禮部二尚書。以翊贊睿宗功封晉國公，賜實封三百戶，除太子少保。睿宗常召稷入宮中參決庶政，恩遇莫與爲比。及竇懷貞伏誅，稷以知其謀，賜死於萬年縣獄中。

子伯陽，以尚公主拜右千牛衞將軍、駙馬都尉，亦以功封安邑郡公，別食實封四百戶。及父死，特免坐，左遷晉州員外別駕，尋而配徙嶺表，在道自殺。

伯陽子談，開元十六年，尚常山公主，拜駙馬都尉、光祿員外卿，旬日暴卒。

姚思廉字簡之，雍州萬年人。父察，陳吏部尚書，入隋歷太子內舍人、祕書丞、北絳公，學兼儒史，見重於二代。陳亡，察自吳興始遷關中。思廉少受漢史於其父，能盡傳家業，勤學寡慾，未嘗言及家人產業。在陳爲揚州主簿，入隋爲漢王府參軍，丁父憂解職。初，察在陳嘗修梁、陳二史，未就，臨終令思廉續成其志。丁繼母憂，廬於墓側，毀瘠加人。服闋，補河間郡司法書佐。思廉上表陳父遺言，有詔許其續成梁、陳史。煬帝又令與起居舍人崔祖濬修區宇圖志。

後爲代王侑侍讀，會義師克京城，侑府僚奔駭，唯思廉侍王，不離其側。兵將昇殿，思廉厲聲謂曰：「唐公舉義，本匡王室，卿等不宜無禮於王。」衆服其言，於是布列階下。高祖聞而義之，許其扶侑至順陽閤下，泣拜而去。觀者咸歎曰：「忠烈之士也。仁者有勇，此之謂乎！」

高祖受禪，授秦王文學。後太宗征徐圓朗，思廉時在洛陽，太宗嘗從容言及隋亡之事，慨然歎曰：「姚思廉不懼兵刃，以明大節，求諸古人，亦何以加也！」因寄物三百段以遺之，書曰：「想節義之風，故有斯贈。」尋引爲文學館學士。太宗入春宮，遷太子洗馬。貞觀初，遷著作郎、弘文館學士。寫其形像列於十八學士圖，令文學褚亮爲之讚，曰：「志苦精勤，紀言實錄。臨危殉義，餘風勵俗。」三年，又受詔與祕書監魏徵同撰梁、陳二史，思廉又採謝炅等諸家梁史續成父書，并推究陳事，删益傅縡、顧野王所修舊史，撰成梁書五十卷、陳書三十卷。魏徵雖裁其總論，其編次筆削，皆思廉之功也，賜綵絹五百段，加通直散騎常侍。

思廉以藩邸之舊，深被禮遇，政有得失，常遣密奏之，思廉亦直言無隱。太宗將幸九成宮，思廉諫曰：「離宮遊幸，秦皇、漢武之事，固非堯、舜、禹、湯之所爲也。」言甚切至。太宗諭曰：「朕有氣疾，熱便頓劇，固非情好遊賞也。」因賜帛五十匹。九年，拜散騎常侍，賜爵豐城縣男。十一年卒，太宗深悼惜之，廢朝一日，贈太常卿，謚曰康，賜葬地於昭陵。

子處平，官至通事舍人。處平子璹、珽，別有傳。

顏籀字師古，雍州萬年人，齊黃門侍郎之推孫也。其先本居琅邪，世仕江左；及之推歷事周、齊，齊滅，始居關中。父思魯，以學藝稱，武德初爲秦王府記室參軍。師古少傳家業，博覽羣書，尤精詁訓，善屬文。隋仁壽中，爲尚書左丞李綱所薦，授安養尉。尚書左僕射楊素見師古年弱貌羸，因謂曰：「安養劇縣，何以克當？」師古曰：「割鷄焉用牛刀。」素奇其對。到官果以幹理聞。時薛道衡爲襄州總管，與高祖有舊〔一〕，又悅其才，有所綴文，嘗使其掎摭利病，甚親昵之。尋坐事免歸長安，十年不得調，家貧，以教授爲業。

及起義，師古至長春宮謁見，授朝散大夫。從平京城，拜燉煌公府文學，轉起居舍人，再遷中書舍人，專掌機密。于時軍國多務，凡有制誥，皆成其手。師古達於政理，册奏之工，時無及者。太宗踐祚，擢拜中書侍郎，封琅邪縣男。以母憂去職。服闋，復爲中書侍郎。歲餘，坐事免。

太宗以經籍去聖久遠，文字訛謬，令師古於祕書省考定五經，師古多所釐正，既成，奏之。太宗復遣諸儒重加詳議，于時諸儒傳習已久，皆共非之。師古輒引晉、宋已來古今本，隨言曉答，援據詳明，皆出其意表，諸儒莫不歎服。於是兼通直郎、散騎常侍，頒其所定之書於天下，令學者習焉。

貞觀七年，拜祕書少監，專典刊正，所有奇書難字，衆所共惑者，隨疑剖析，曲盡其源。是時多引後進之士爲讎校，師古抑素流，先貴勢，雖富商大賈亦引進之，物論稱其納賄，由是出爲郴州刺史。未行，太宗惜其才，謂之曰：「卿之學識，良有可稱，但事親居官，未爲清論所許。今之此授，卿自取之。朕以卿曩日任使，不忍遐棄，宜深自誡勵也。」於是復以爲祕書少監。師古既負其才，又早見驅策，累被任用，及頻有罪譴，意甚喪沮。自是闔門守靜，杜絕賓客，放志園亭，葛巾野服，然搜求古跡及古器，躭好不已。俄又奉詔與博士等撰定五禮，十一年，禮成，進爵爲子。時承乾在東宮，命師古注班固漢書，解釋詳明，深爲學者所重。承乾表上之，太宗令編之祕閣，賜師古物二百段、良馬一匹。

十五年，太宗下詔，將有事於泰山，所司與公卿幷諸儒博士詳定儀注。太常卿韋挺、禮部侍郎令狐德棻爲封禪使，參考其儀，時論者競起異端。師古奏曰：「臣撰定封禪儀注書在十一年春，于時諸儒參詳，以爲適中。」於是詔公卿定其可否，多從師古之說，然而事竟不行。師古俄遷祕書監、弘文館學士。十九年，從駕東巡，道病卒，年六十五，謚曰戴。有集六十卷。其所注漢書及急就章，大行於世。永徽三年，師古子揚庭爲符璽郎，又表上師古所撰匡謬正俗八卷。高宗下詔付祕書閣，仍賜揚庭帛五十匹。

師古弟相時，亦有學業。武德中，與房玄齡等爲秦府學士。貞觀中，累遷諫議大夫，拾遺補闕，有諍臣之風。尋轉禮部侍郎。相時羸瘠多疾病，太宗常使賜以醫藥。性仁友，及師古卒，不勝哀慕而卒。

師古叔父遊秦，武德初累遷廉州刺史，封臨沂縣男。時劉黑闥初平，人多以強暴寡禮，風俗未安，遊秦撫恤境內，敬讓大行。邑里歌曰：「廉州顏有道，性行同莊、老。愛人如赤子，不殺非時草。」高祖璽書勞勉之。俄拜鄆州刺史，卒官。撰漢書決疑十二卷，為學者所稱，後師古注漢書，亦多取其義耳。

令狐德棻，宜州華原人，隋鴻臚少卿熙之子也。先居燉煌，代為河西右族。德棻博涉文史，早知名。大業末為藥城長，以世亂不就職。及義旗建，淮安王神通據太平宮，自稱總管，以德棻為記室參軍。高祖入關，引直大丞相府記室。武德元年，轉起居舍人，甚見親待。五年，遷祕書丞，與侍中陳叔達等受詔撰藝文類聚。高祖問德棻曰：「比者，丈夫冠、婦人髻競為高大，何也？」對曰：「在人之身，冠為上飾，所以古人方諸君上。昔東晉之末，君弱臣強，江左士女，皆衣小而裳大。及宋武正位之後，君德尊嚴，衣服之製，俄亦變改。此卽近事之徵。」高祖然之。

時承喪亂之餘，經籍亡逸，德棻奏請購募遺書，重加錢帛，增置楷書，令繕寫。數年間，羣書略備。德棻嘗從容言於高祖曰：「竊見近代已來，多無正史，梁、陳及齊，猶有文籍。至周、隋遭大業離亂，多有遺闕。當今耳目猶接，尚有可憑，如更十數年後，恐事跡湮沒。陛下既受禪於隋，復承周氏歷數，國家二祖功業，並在周時。如文史不存，何以貽鑑今古？如臣愚見，並請修之。」高祖然其奏，下詔曰：

司典序言，史官記事，考論得失，究盡變通，所以裁成義類，懲惡勸善，多識前古，貽鑑將來。伏犧以降，周、秦斯及，兩漢傳緒，三國受命，迄于晉、宋，載籍備焉。自有魏南徙，乘機撫運，周、隋禪代，歷世相仍，梁氏稱邦，跨據淮海，齊遷龜鼎，陳建皇宗，莫不自命正朔，綿歷歲祀，各殊徽號，刪定禮儀。至於發跡開基，受終告代，嘉謀善政，名臣奇士，立言著績，無乏於時。然而簡牘未編，紀傳咸闕，炎涼已積，謠俗遷訛，餘烈遺風，倏焉將墜。朕握圖馭宇，長世字人，方立典謨，永垂憲則。顧彼湮落，用深軫悼，有懷撰次，實資良直。中書令蕭瑀、給事中王敬業、著作郎殷聞禮可修魏史，侍中陳叔達、祕書丞令狐德棻、太史令庾儉可修周史，兼中書令封德彝、中書舍人顏師古可修隋史，大理卿崔善爲、中書舍人孔紹安、太子洗馬蕭德言可修梁史，太子詹事裴矩、兼吏部郎中祖孝孫、前祕書丞魏徵可修齊史，祕書監竇璡、給事中歐陽詢、秦王文學姚思廉可修陳史。務加詳覈，博採舊聞，義在不刊，書法無隱。

瑀等受詔，歷數年，竟不能就而罷。

貞觀三年，太宗復敕修撰，乃令德棻與祕書郎岑文本修周史，中書舍人李百藥修齊史，著作郎姚思廉修梁、陳史，祕書監魏徵修隋史，與尚書左僕射房玄齡總監諸代史。衆議以魏史既有魏收、魏澹二家，已爲詳備，遂不復修。德棻又奏引殿中侍御史崔仁師佐修周史，德棻仍總知類會梁、陳、齊、隋諸史。武德已來創修撰之源，自德棻始也。六年，累遷禮部侍郎，兼修國史，賜爵彭陽男。十年，以修周史賜絹四百匹。十一年，修新禮成，進爵爲子。又以撰氏族志成，賜帛二百匹。十五年，轉太子右庶子，承乾敗，隨例除名。十八年，起爲雅州刺史，以公事免。尋有詔改撰晉書，房玄齡奏德棻令預修撰，當時同修一十八人，並推德棻爲首，其體制多取決焉。書成，除祕書少監。

永徽元年，又受詔撰定律令，復爲禮部侍郎，兼弘文館學士，監修國史及五代史志。尋遷太常卿，兼弘文館學士。

時高宗初嗣位，留心政道，嘗召宰臣及弘文館學士於中華殿而問曰：「何者爲王道、霸道？又孰爲先後？」德棻對曰：「王道任德，霸道任刑。自三王已上，皆行王道；唯秦任霸術，漢則雜而行之；魏、晉已下，王、霸俱失。如欲用之，王道爲最，而行之爲難。」高宗曰：

「今之所行，何政爲要？」德棻對曰：「古者爲政，清其心，簡其事，以此爲本。當今天下無虞，年穀豐稔，薄賦斂，少征役，此乃合於古道。爲政之要道，莫過於此。」高宗曰：「政道莫尙於無爲也。」又問曰：「禹、湯何以興？桀、紂何以亡？」德棻對曰：「傳稱：『禹、湯罪己，其興也勃焉；桀、紂罪人，其亡也忽焉。』二主惑於妺喜、妲己，誅戮諫者，造炮烙之刑，是其所以亡也。」高宗甚悅，旣罷，各賜以繒綵。

四年，遷國子祭酒，以修貞觀十三年以後實錄功，賜物四百段，兼授崇賢館學士。尋又撰高宗實錄三十卷，進爵爲公。龍朔二年，表請致仕，許之，仍加金紫光祿大夫。乾封元年，卒于家，年八十四，諡曰憲。德棻暮年尤勤於著述，國家凡有修撰，無不參預。

自武德已後，有鄧世隆、顧胤、李延壽、李仁實前後修撰國史，頗爲當時所稱。

鄧世隆者，相州人也。大業末，王世充兄子太守河陽，引世隆爲賓客，大見親遇。及太宗攻洛陽，遺書諭太，世隆爲復書，言辭不遜。洛陽平後，世隆懼罪，變姓名，自號隱玄先生，竄於白鹿山。貞觀初，徵授國子主簿，與崔仁師、慕容善行、劉顗、庾安禮、敬播等俱爲修史學士。世隆負宿罪，猶不自安。太宗聞之，遣房玄齡諭之曰：「爾爲王太作書，誠合重罪，但各爲其主，於朕豈有惡哉？朕今爲天子，何能追責匹夫之過，爾宜坦然，勿懷危懼也。」擢授著作佐郎，歷衞尉丞。

初，太宗以武功定海內，櫛風沐雨，不暇於詩書。暨于嗣業，進引忠良，銳精思政。數年之後，道致隆平，遂於聽覽之暇，留情文史。敍事言懷，時有構屬，天才宏麗，興託玄遠。貞觀十三年，世隆上疏請編錄御集，太宗竟不許之。世隆又採隋代舊事，撰爲東都記三十卷，遷著作郎。尋卒。

顧胤者，蘇州吳人也。祖越，陳給事黃門侍郎。父覽，隋祕書學士。胤，永徽中歷遷起居郎，兼修國史。撰太宗實錄二十卷成，以功加朝散大夫，授弘文館學士。以撰武德、貞觀兩朝國史八十卷成，加朝請大夫，封餘杭縣男，賜帛五百段。龍朔三年，遷司文郎中。尋卒。胤又撰漢書古今集二十卷，行於代。

子琮，長安中爲天官侍郎、同鳳閣鸞臺平章事。

李延壽者，本隴西著姓，世居相州。貞觀中，累補太子典膳丞、崇賢館學士。嘗受詔與著作佐郎敬播同修五代史志，又預撰晉書，尋轉御史臺主簿，兼直國史。延壽嘗撰太宗政典三十卷表上之，歷遷符璽郎，兼修國史。尋卒。調露中，高宗嘗觀其所撰政典，歎美久之，令藏于祕閣，賜其家帛五十段。延壽又嘗删補宋、齊、梁、陳及魏、齊、周、隋等八代史，謂之南、北史，凡一百八十卷，頗行於代。

李仁實，魏州頓丘人。官至左史。嘗著格論三卷、通曆八卷、戎州記，並行於時。

孔穎達字沖遠〔三〕，冀州衡水人也。祖碩，後魏南臺丞。父安，齊青州法曹參軍。穎達八歲就學，日誦千餘言。及長，尤明左氏傳、鄭氏尚書、王氏易、毛詩、禮記，兼善算曆，解屬文。同郡劉焯名重海內，穎達造其門，焯初不之禮，穎達請質疑滯，多出其意表，焯改容敬之。穎達固辭歸，焯固留，不可。還家，以教授爲務。隋大業初，舉明經高第，授河內郡博士。時煬帝徵諸郡儒官集于東都，令國子祕書學士與之論難，穎達爲最。時穎達少年，而先輩宿儒恥爲之屈，潛遣刺客圖之，禮部尚書楊玄感舍之於家，由是獲免。補太學助教。屬隋亂，避地於武牢。太宗平王世充，引爲秦府文學館學士。武德九年，擢授國子博士。貞觀初，封曲阜縣男，轉給事中。

時太宗初卽位，留心庶政，穎達數進忠言，益見親待。太宗嘗問曰：「論語云：『以能問於不能，以多問於寡，有若無，實若虛。』何謂也？」穎達對曰：「聖人設教，欲人謙光。己雖有能，不自矜大，仍就不能之人求訪能事。己之才藝雖多，猶以爲少，仍就寡少之人更求所益。己之雖有，其狀若無。己之雖實，其容若虛。非唯匹庶，帝王之德，亦當如此。夫帝王內蘊神明，外須玄默，使深不可測，度不可知。易稱『以蒙養正，以明夷莅衆』，若其位居尊極，炫燿聰明，以才凌人，飾非拒諫，則上下情隔，君臣道乖，自古滅亡，莫不由此也。」太宗深善其對。

六年，累除國子司業。歲餘，遷太子右庶子，仍兼國子司業。與諸儒議曆及明堂，皆從穎達之說。又與魏徵撰成隋史，加位散騎常侍。十一年，又與朝賢修定五禮，所有疑滯，咸諮決之。書成，進爵爲子，賜物三百段。庶人承乾令撰孝經義疏，穎達因文見意，更廣規諷之道，學者稱之。太宗以穎達在東宮數有匡諫，與左庶子于志寧各賜黄金一斤、絹百匹。十二年，拜國子祭酒，仍侍講東宮。十四年，太宗幸國學觀釋奠，命穎達講孝經，既畢，穎達上釋奠頌，手詔褒美。後承乾不循法度，穎達每犯顏進諫。承乾乳母遂安夫人謂曰：「太子成長，何宜屢致面折？」穎達對曰：「蒙國厚恩，死無所恨。」諫諍逾切，承乾不能納。

先是，與顏師古、司馬才章、王恭、王琰等諸儒受詔撰定五經義訓，凡一百八十卷，名曰五經正義。太宗下詔曰：「卿等博綜古今，義理該洽，考前儒之異說，符聖人之幽旨，實爲不朽。」付國子監施行，賜穎達物三百段。時又有太學博士馬嘉運駁穎達所撰正義，詔更令詳定，功竟未就。十七年，以年老致仕。十八年，圖形於凌煙閣，讚曰：「道光列第，風傳闕里。精義霞開，掞辭飈起。」二十二年卒，陪葬昭陵，贈太常卿，謚曰憲。

司馬才章者，魏州貴鄉人也。父炟，博涉五經，善緯候。才章少傳其業。隋末爲郡博士。貞觀六年，左僕射房玄齡薦之，屢蒙召問，擢授國子助教，論議該洽，學者稱之。

王恭者，滑州白馬人也。少篤學，博涉六經。每於鄉閭教授，弟子自遠方至數百人。貞觀初，徵拜太學博士，其所講三禮，皆別立義證，甚爲精博。蓋文懿、文達等皆當時大儒，罕所推借，每講三禮，皆遍舉先達義，而亦暢恭所說。

馬嘉運者，魏州繁水人也。少出家爲沙門，明於三論。後更還俗，專精儒業，尤善論難。貞觀初，累除越王東閣祭酒；頃之，罷歸，隱居白鹿山。十一年，召拜太學博士，兼弘文館學士，預修文思博要。嘉運以穎達所撰正義頗多繁雜，每掎摭之，諸儒亦稱爲允當。高宗居春宮，引爲崇賢館學士，數與洗馬秦暐侍講殿中，甚蒙禮異。十九年，遷國子博士卒。

史臣曰：唐德勃興，英儒間出，佐命協力，實有其人。薛收左右厥猷，經謀雅道，不幸短命，殲我良士。上言「恨不圖形，若在，當以中書令處之」，才可知矣。元敬藻翰明敏，而畏權勢，竟不狎房、杜，深沉至慎，不亦優哉！元超藉父風望，弼亮宏略，諒非其罪，而再遷流。及登大任，益有嘉謀，汲引多才，以隆弘納，其感恩之重，時共聞諸。有始有卒，其殆庶幾乎！稷出自名家，涉于大用，及自貽謀釁，如貞亮何？姚思廉篤學寡欲，受漢史於家尊，果執明義，臨大節而不可奪。及筆削成書，箴規翊聖，言其命世，亦當仁乎！師古家籍儒風，該博經義，至于詳注史策，探測典禮，清明在躬，天有才格。然而三黜之負，竟在時譏，孔子曰「才難」，不其然乎？令狐德棻貞度應時，待問平直。徵舊史，修新禮，以暢國風；辨治亂，談王霸，以資帝業。「元首明哉，股肱良哉」，其斯之謂歟！鄧世隆國史時譽，固有諒直。其復書不遜，何不知之甚也！上疏請編御集，其弼直乎！顧胤淸芬，可觀彝範，積善餘慶，其有子哉！李延壽研考史學，修撰删補，克成大典，方之班、馬，何代無人。仁實捃摭，抑又次焉。孔穎達風格高爽，幼而有聞，探賾明敏，辨析應對，天有通才。人道惡盈，必有毀訐，及正義炳煥，乃異人也，雖其掎摭，亦何損於明。司馬才章藉時崇儒，明擬致業；王恭弘闡聲教，禮學研詳；馬嘉運達識自通，克成典雅：並符才用，潤色丹青，其掎摭繁雜，蓋求備者也。

贊曰：河東三鳳，俱瑞黃圖。棻爲良史，穎實名儒。解經不窮，希顏之徒。登瀛入館，不其盛乎！

校勘記

〔一〕與高祖有舊　「高」字合鈔卷一二四顏師古傳作「其」。

〔二〕沖遠　各本原作「仲達」，據于志寧曲阜憲公孔公碑銘改。

舊唐書卷七十四

列傳第二十四

劉洎 馬周 崔仁師 孫湜 湜弟液 液子論 液弟滌

劉洎字思道，荆州江陵人也。隋末，仕蕭銑爲黄門侍郎。銑令略地嶺表，得五十餘城，未還而銑敗，遂以所得城歸國，授南康州都督府長史。貞觀七年，累拜給事中，封淸苑縣男。十五年，轉治書侍御史，上疏曰：

尙書萬機，實爲政本，伏尋此選，受授誠難。是以八座比於文昌，二丞方於管轄，爰至曹郎，上應列宿，苟非稱職，竊位興譏。伏見比來尙書省詔敕稽停，文案壅滯，臣誠雖庸劣，請述其源。貞觀之初，未有令僕，于時省務繁雜，倍多於今。左丞戴胄、右丞魏徵，並曉達吏方，質性平直，事應彈舉，無所迴避。陛下又假以恩慈，自然肅物，百司匪懈，抑此之由。及杜正倫續任右丞，頗亦厲下。比者綱維不舉，並爲勳親在位，品非其任，功勢相傾。凡在官僚，未循公道，雖欲自強，先懼囂謗。所以郎中抑奪，唯事諮稟；尙書依違，不得斷決。或憚聞奏，故事稽延，案雖理窮，仍更盤下。去無程限，來不責遲，一經出手，便涉年載。或希旨失情，或避嫌抑理。勾司以案成爲事了，不究是非；尙書用便僻爲奉公，莫論當否。遞相姑息，唯務彌縫。且選賢授能，非材莫舉，天工人代，焉可妄加。至於懿戚元勳，但優其禮秩，或年高耄及，或積病智昏，既無益於時宜，當致之以閑逸。久妨賢路，殊爲不可。將救茲弊，且宜精簡四員，左右丞、左右司郎中如並得人，自然綱維略舉，亦當矯正趨競，豈唯息其稽滯哉！

書奏未幾，拜尙書右丞。十三年，遷黃門侍郎。十七年，加授銀青光祿大夫，尋除散騎常侍。

洎性疏峻敢言。太宗工王羲之書，尤善飛白，嘗宴三品已上於玄武門，帝操筆作飛白字賜羣臣，或乘酒爭取於帝手，洎登御座引手得之。皆奏曰：「洎登御牀，罪當死，請付法。」帝笑而言曰：「昔聞婕妤辭輦，今見常侍登牀。」尋攝黃門侍郎，加上護軍。

太宗善持論，每與公卿言及古道，必詰難往復。洎上書諫曰：「帝王之與凡庶，聖哲之與庸愚，上下相懸，擬倫斯絕。是知以至愚而對至聖，以極卑而對至尊，徒思自強，不可得也。陛下降恩旨，假慈顏，凝旒以聽其言，虛襟以納其說，猶恐羣下未敢對颺。況動神機，縱天辯，飾辭以折其理，援古以排其議，欲令凡庶何階應答？臣聞皇天以無言爲貴，聖人以不言爲德，老君稱大辯若訥，莊生稱至道無文，此皆不欲煩也。齊侯讀書，輪扁竊笑；漢皇慕古，長孺陳譏，此亦不欲勞也。且多記則損心，多語則損氣，心氣內損，形神外勞，初雖不覺，後必爲累。須爲社稷自愛，豈爲性好自傷乎。竊以今日昇平，皆陛下力行所至，欲其長久，匪由辯博。但當忘彼愛憎，愼茲取捨，每事敦朴，無非至公，若貞觀之初則可矣。至如秦政強辯，失人心於自矜；魏文宏才，虧衆望於虛說。此才辯之累，較然可知矣。伏願略茲雄辯，浩然養氣，簡彼緗圖，淡焉自怡，固萬壽於南岳，齊百姓於東戶，則天下幸甚，皇恩斯畢。」手詔答曰：「非慮無以臨下，非言無以述慮。比有談論，遂致煩多。輕物驕人，恐由茲道。形神心氣，非此爲勞。今聞讜言，虛懷以改。」

時皇太子初立，洎以爲宜尊賢重道，上書曰：

臣聞郊迎四方，孟侯所以成德；齒學三讓，元良由是作貞。斯皆屈主祀之尊，申下交之義。故得芻言咸薦，睿問旁通，不出軒庭，坐知天壤，率由茲道，永固鴻基者焉。原夫太子，宗祧是繫，善惡之際，興亡斯在，不勤於始，將悔於終。是以晁錯上書，令先通政術；賈誼獻策，務前知禮教。竊惟皇太子孝友仁義，明允篤誠，皆挺自天姿，非勞審諭，固以華夷仰德，翔泳希風矣。然則寢門視膳，已表於三朝；藝宮論道，宜弘於四術。雖春秋鼎盛，飭躬有漸，實恐歲月易往，墮業興譏，取適宴安，方從此始。臣以愚短，幸參侍從，思廣離明，願聞徑術，不敢曲陳故事，請以聖德言之。

伏惟陛下誕叡膺圖，登庸歷試。多才多藝，道著於匡時；允武允文，功成於纂祀。萬方卽序，九圍淸宴。尙且雖休勿休，日愼一日，求異聞於振古，勞睿思於當年。乙夜觀書，事高漢帝；馬上披卷，勤過魏后。陛下自勵如此，而令太子優游棄日，不習圖書，臣所未諭一也。加以暫屏機務，卽寓雕蟲。綜寶思於天文，則長河韜映；摛玉字於仙札，則流霞成彩。固以錙銖萬代，冠冕百王，屈、宋不足以升堂，鍾、張何階於入室。陛下自好如此，而太子悠然靜處，不尋篇翰，臣所未諭二也。陛下歷該衆妙，獨秀寰中，猶晦天聽，俯詢凡識。聽朝之隙，引見羣官，降以溫顏，訪以今古。故得朝廷是非，里閭好惡，凡有巨細，必關聽覽。陛下自好如此，而令太子久入趨侍，不接正人，臣所未諭三也。陛下若謂無益，則何事勞神；若謂有成，則宜申貽厥。蔑而不急，未見其可。伏願俯推睿範，訓及儲君，授以良書，娛之嘉客。晨披經史，觀成敗於前蹤；晚接賓遊，訪得失於當代。間以書札，繼以篇章，則日聞所未聞，日見所未見。副德逾光，羣生之福也。

古之太子，問安而退，所以廣敬於君父；異宮而處，所以分別於嫌疑。今太子一侍天闈，動移旬朔，師傅以下，無由接見。假令供奉有隙，暫還東宮，拜謁既疏，且事欣仰，規諫之道，固所未暇。陛下不可以親教，宮寀無由以進言，雖有具僚，竟將何補？伏願俯循前躅，稍抑下流，弘遠大之規，展師友之義。則儲徽克茂，帝圖斯廣，凡在黎元，孰不慶賴。

自此敕洎令與岑文本同馬周遞日往東宮，與皇太子談論。太宗嘗怒苑西守監穆裕，命於朝堂斬之，皇太子遽進諫。太宗謂司徒長孫無忌曰：「夫人久相與處，自然染習。自朕臨御天下，虛心正直，即有魏徵朝夕進諫。自徵云亡，劉洎、岑文本、馬周、褚遂良等繼之。皇太子幼在朕膝前，每見朕心悅諫，昔者因染以成性，固有今日之諫耳。」

十八年，遷侍中。太宗嘗謂侍臣曰：「夫人臣之對帝王，多順旨而不逆，甘言以取容。朕今發問，欲聞己過，卿等須言朕愆失。」長孫無忌、李勣、楊師道等咸云：「陛下聖化致太平，臣等不見其失。」洎對曰：「陛下化高萬古，誠如無忌等言。然頃上書人不稱旨者，或面加窮詰，無不慚退，恐非獎進言者之路。」太宗曰：「卿言是也，當爲卿改之。」

太宗征遼，令洎與高士廉、馬周留輔皇太子定州監國，仍兼左庶子、檢校民部尚書。太宗謂洎曰：「我今遠征，使卿輔翼太子，社稷安危之機，所寄尤重，卿宜深識我意。」洎進曰：「願陛下無憂，大臣有愆失者，臣謹即行誅。」太宗以其妄發，頗怪之，謂曰：「君不密則失臣，臣不密則失身。卿性疏而太健，恐以此取敗，深宜誡慎，以保終吉。」十九年，太宗遼東還，發定州，在道不康。洎與中書令馬周入謁。洎、周出，遂良傳問起居，洎泣曰：「聖體患癰，極可憂懼。」遂良誣奏之曰：「洎云：『國家之事不足慮，正當傅少主行伊、霍故事，大臣有異志者誅之，自然定矣。』」太宗疾愈，詔問其故，洎以實對，又引馬周以自明。太宗問周，周對與洎所陳不異。遂良又執證不已，乃賜洎自盡。洎臨引決，請紙筆欲有所奏，憲司不與。洎死，太宗知憲司不與紙筆，怒之，並令屬吏。洎文集十卷，行於時。則天臨朝，其子弘業上言洎被遂良譖而死，詔令復其官爵。

馬周字賓王，清河茌平人也。少孤貧好學，尤精詩、傳，落拓不爲州里所敬。武德中，補博州助教，日飲醇酎，不以講授爲事。刺史達奚恕屢加咎責，周乃拂衣遊於曹、汴，又爲浚儀令崔賢首所辱，遂感激西遊長安。宿於新豐逆旅，主人唯供諸商販而不顧待周，遂命酒一斗八升，悠然獨酌，主人深異之。至京師，舍於中郎將常何之家。貞觀三年〔一〕，太宗令百僚上書言得失，何以武吏不涉經學，周乃爲何陳便宜二十餘事，令奏之，事皆合旨。太宗怪其能，問何，何答曰：「此非臣所能，家客馬周具草也。每與臣言，未嘗不以忠孝爲意。」

太宗卽日召之，未至間，遣使催促者數四。及謁見，與語甚悅，令直門下省。六年，授監察御史，奉使稱旨。帝以常何舉得其人，賜帛三百匹。是歲，周上疏曰：

微臣每讀經史，見前賢忠孝之事，臣雖小人，竊希大道，未嘗不廢卷長想，思履其迹。臣以不幸，早失父母，犬馬之養，已無所施，顧來事可爲者，唯忠義而已。是以徒步二千里而自歸於陛下，陛下不以臣愚瞽，過垂齒錄。竊自顧瞻，無階答謝，輒以微軀丹款，惟陛下所擇。

臣伏見大安宮在宮城之西，其牆宇宮闕之制，方之紫極，尙爲卑小。臣伏以東宮皇太子之宅，猶處城中，大安乃至尊所居，更在城外。雖太上皇游心道素，志存淸儉，陛下重違慈旨，愛惜人力；而蕃夷朝見及四方觀聽，有不足焉。臣願營築雉堞，修起門樓，務從高顯，以稱萬方之望，則大孝昭乎天下矣。

臣又伏見明敕，以二月二日幸九成宮。臣竊惟太上皇春秋已高，陛下宜朝夕視膳而晨昏起居。今所幸宮去京三百餘里，鑾輿動軔，嚴蹕經旬，非可以旦暮至也。太上皇情或思感，而欲卽見陛下者，將何以赴之？且車駕今行，本爲避暑。然則太上皇尙留熱所，而陛下自逐涼處，溫凊之道，臣竊未安。然敕書旣出，業已成就，願示速返之期，以開衆惑。

臣又見詔書，令宗室勳賢作鎭藩部，貽厥子孫，嗣守其政，非有大故，無或黜免。臣竊惟陛下封植之者，誠愛之重之，欲其胤裔承守而與國無疆也。臣以爲如詔旨者，陛下宜思所以安存之，富貴之，然則何用代官也。何則？以堯、舜之父，猶有朱、均之子。倘有孩童嗣職，萬一驕愚，兆庶被其殃而國家受其敗。正欲絕之也，則子文之治猶在；正欲留之也，而欒黶之惡已彰。與其毒害於見存之百姓，則寧使割恩於已亡之一臣，明矣。然則向所謂愛之者，乃適所以傷之也。臣謂宜賦以茅土，疇其戶邑，必有材行，隨器方授，則雖其翰翮非強，亦可以獲免尤累。昔漢光武不任功臣以吏事，所以終全其代者，良得其術也。願陛下深思其事，使夫得奉大恩，而子孫終其福祿也。

臣又聞聖人之化天下，莫不以孝爲基。故曰：「孝莫大於嚴父，嚴父莫大於配天。」又曰：「國之大事，在祀與戎。」孔子亦云：「吾不預祭如不祭。」是聖人之重祭祀也如此。伏惟陛下踐祚以來，宗廟之享，未曾親事。伏緣聖情，獨以鑾輿一出，勞費稍多，所以忍其孝思，以便百姓。遂使一代之史，不書皇帝入廟之事，將何以貽厥孫謀，垂則來葉？臣知大孝誠不在俎豆之間，然聖人之訓人，固有屈己以從時，願聖慈顧省愚款。

臣又聞致化之道，在於求賢審官；爲政之基，在於揚清激濁。孔子曰：「唯名與器，不以假人。」是言愼舉之爲重也。臣伏見王長通、白明達本自樂工，輿皁雜類，韋槃提、斛斯正則更無他材，獨解調馬。縱使術踰儕輩，伎能有取，乍可厚賜錢帛，以富其家；豈得列預士流，超授高爵。遂使朝會之位，萬國來庭，騶子倡人，鳴玉曳履，與夫朝賢君子，比肩而立，同坐而食，臣竊恥之。然朝命既往，縱不可追，謂宜不使在朝班，預於士伍。

太宗深納之。尋除侍御史，加朝散大夫。十一年，周又上疏曰：

臣歷觀前代，自夏、殷及漢氏之有天下，傳祚相繼，多者八百餘年，少者猶四五百年，皆爲積德累業，恩結於人心。豈無僻王，賴前哲以免。自魏、晉以還，降及周、隋，多者不過六十年，少者纔二三十年而亡。良由創業之君，不務廣恩化，當時僅能自守，後無遺德可思，故傳嗣之主政教少衰，一夫大呼而天下土崩矣。今陛下雖以大功定天下，而積德日淺，固當思隆禹、湯、文、武之道，廣施德化，使恩有餘地，爲子孫立萬代之基，豈欲但令政教無失，以持當年而已。然自古明王聖主，雖因人設教，寬猛隨時，而大要唯以節儉於身、恩加於人二者是務。故其下愛之如日月，畏之如雷霆，此其所以卜祚遐長而禍亂不作也。

今百姓承喪亂之後，比於隋時纔十分之一。而供官徭役，道路相繼，兄去弟還，首尾不絕，遠者往來五六千里，春秋冬夏，略無休時。陛下雖每有恩詔令其減省，而有司作既不廢，自然須人，徒行文書，役之如故。臣每訪問，四五年來，百姓頗有嗟怨之言，以爲陛下不存養之。昔唐堯茅茨土階，夏禹惡衣菲食，如此之事，臣知不可復行於今。漢文帝惜百金之費，輟露臺之役，集上書囊以爲殿帷，所幸愼夫人衣不曳地。至景帝以錦繡纂組妨害女功，特詔除之，所以百姓安樂。至孝武帝雖窮奢極侈，而承文、景遺德，故人心不動。向使高祖之後，卽有武帝，天下必不能全。此於時代差近，事迹可見。今京師及益州諸處，營造供奉器物，幷諸王妃主服飾，議者皆不以爲儉。臣聞昧旦丕顯，後世猶怠；作法於理，其弊猶亂。陛下少處人間，知百姓辛苦，前代成敗，目所親見，尙猶如此。而皇太子生長深宮，不更外事，卽萬歲之後，固聖慮所當憂也。

臣尋往代以來之事，但有黎庶怨叛，聚爲盜賊，其國無不卽滅，人主雖改悔，未有重能安全者。凡修政教，當修於可修之時，若事變一起而後悔之，則無益者也。故人主每見前代之亡，則知其政教之所由喪，而皆不知其身之失。是以殷紂笑夏桀之亡，而幽、厲亦笑殷紂之滅；隋煬帝大業之初又笑齊、魏之失國。今之視煬帝，亦猶煬帝之視齊、魏也。故京房謂漢元帝云，「臣恐後之視今，亦猶今之視古」，此言不可不誡也。

往者貞觀之初，率土霜儉，一匹絹纔得一斗米，而天下帖然。百姓知陛下甚愛憐之，故人人自安，曾無謗讟。自五六年來，頻歲豐稔，一匹絹得粟十餘石，而百姓皆以爲陛下不憂憐之，咸有怨言。又今所營爲者，頗多不急之務故也。自古以來，國之興亡，不由積畜多少，唯在百姓苦樂。且以近事驗之，隋家貯洛口倉，而李密因之；東都積布帛，而世充據之；西京府庫，亦爲國家之用，至今未盡。向使洛口、東都無粟帛，則世充、李密未能必聚大衆。但貯積者固是有國之常事，要當人有餘力而後收之，豈人勞而強斂之，更以資寇，積之無益也。然儉以息人，貞觀之初，陛下已躬爲之，故今行之不難也。爲之一日，則天下知之，式歌且舞矣。若人既勞矣而用之不息，倘中國被水旱之災，邊方有風塵之患，狂狡因之以竊發，則有不可測之事，非徒聖躬旰食晏寢而已。古語云：「動人以行不以言，應天以實不以文。」以陛下之明，誠欲勵精爲政，不煩遠采上古之術，但及貞觀之初，則天下幸甚。

昔賈誼爲漢文帝云可慟哭及長歎息者，言當韓信王楚、彭越王梁、英布王淮南之時，使文帝卽天子位，必不能安。又言賴諸王年少，傅相制之，長大之後，必生禍亂。歷代以來，皆以誼言爲是。臣竊觀今諸將功臣，陛下所與定天下者，皆仰稟成規，備鷹犬之用，無威略振主如韓、彭之難駕馭者。而諸王年並幼少，縱其長大，當陛下之日，必無他心。然卽萬代之後，不可不慮。自漢、晉以來，亂天下者，何嘗不是諸王？皆爲樹置失宜，不預爲節制，以至於滅亡。人主熟知其然，但溺於私愛，故使前車既覆而後車不改轍也。今天下百姓極少，諸王甚多，寵遇之恩，有過厚者，臣之愚慮，不唯慮其恃恩驕矜也。昔魏武帝寵陳思，及文帝即位，防守禁閉，有同獄囚。以先帝加恩太多，故嗣王疑而畏之也。此則武帝寵陳思，適所以苦之也。且帝子何患不富貴，身食大國，封戶不少，好衣美食之外，更何所須，而每年加別優賜，曾無紀極。俚語曰，「貧不學儉，富不學奢」，言自然也。今大聖創業，豈唯處置見在子弟而已，當制長久之法，使萬代遵行。

又言：

臨天下者，以人爲本。欲令百姓安樂，唯在刺史、縣令。縣令旣衆，不能皆賢，若每州得良刺史，則合境蘇息。天下刺史悉稱聖意，則陛下端拱巖廊之上，百姓不慮不安。自古郡守、縣令，皆妙選賢德，欲有擢昇宰相，必先試以臨人，或從二千石入爲丞相。今朝廷獨重內官，縣令、刺史，頗輕其選。刺史多是武夫勳人，或京官不稱職，方始外出。而折衝果毅之內，身材強者，先入爲中郎將，其次始補州任。邊遠之處，用人更輕，其材堪宰莅，以德行見稱擢者，十不能一。所以百姓未安，殆由於此。

疏奏，太宗稱善久之。

先是，京城諸街，每至晨暮，遣人傳呼以警衆。周遂奏諸街置鼓，每擊以警衆，令罷傳呼，時人便之，太宗益加賞勞。俄拜給事中。十二年，轉中書舍人。周有機辯，能敷奏，深識事端，動無不中。太宗嘗曰：「我於馬周，暫不見則便思之。」中書侍郎岑文本謂所親曰：「吾見馬君論事多矣，援引事類，揚搉古今，舉要刪蕪，會文切理，一字不可加，一言不可減，聽之靡靡，令人亡倦。昔蘇、張、終、賈，正應此耳。然鳶肩火色，騰上必速，恐不能久耳。」十五年，遷治書侍御史，兼知諫議大夫，又兼檢校晉王府長史。王為皇太子，拜中書侍郎，兼太子右庶子。十八年，遷中書令，依舊兼太子右庶子。周既職兼兩宮，處事精密，甚獲當時之譽。

太宗伐遼東，皇太子定州監守，令周與高士廉、劉洎留輔皇太子。太宗還，以本官攝吏部尚書。二十一年，加銀青光祿大夫。太宗嘗以神筆賜周飛白書曰：「鸞鳳凌雲，必資羽翼。股肱之寄，誠在忠良。」周病消渴，彌年不瘳。時駕幸翠微宮，敕求勝地，為周起宅。名醫中使，相望不絕，每令尚食以膳供之，太宗躬為調藥，皇太子親臨問疾。周臨終，索所陳事表草一帙，手自焚之，慨然曰：「管、晏彰君之過，求身後名，吾弗為也。」二十二年卒，年四十八。太宗為之舉哀，贈幽州都督，陪葬昭陵。高宗即位，追贈尚書右僕射、高唐縣公。垂拱中，配享高宗廟庭。

子載，咸亨年累遷吏部侍郎，善選補，於今稱之。卒於雍州長史。

崔仁師，定州安喜人。武德初，應制舉，授管州錄事參軍。五年，侍中陳叔達薦仁師才堪史職，進拜右武衞錄事參軍，預修梁、魏等史。貞觀初，再遷殿中侍御史。時青州有逆謀事發，州縣追捕支黨，俘囚滿獄，詔仁師按覆其事。仁師至州，悉去杻械，仍與飲食湯沐以寬慰之，唯坐其魁首十餘人，餘皆原免。及奏報，詔使將往決之，大理少卿孫伏伽謂仁師曰：「此獄徒侶極衆，而足下雪免者多，人皆好生，誰肯讓死？今既臨命，恐未甘心，深爲足下憂也。」仁師曰：「嘗聞理獄之體，必務仁恕，故稱殺人刖足，亦皆有禮。豈有求身之安，知枉不爲申理。若以一介暗短，但易得十四之命，亦所願也。」伏伽慚而退。及敕使至青州更訊，諸囚咸曰：「崔公仁恕，事無枉濫，請伏罪。」皆無異辭。

仁師後爲度支郎中，嘗奏支度財物數千言，手不執本，太宗怪之，令黃門侍郎杜正倫齎本，仁師對唱，一無差殊，太宗大奇之。時校書郎王玄度注尙書、毛詩，毀孔、鄭舊義，上表請廢舊注，行己所注者，詔禮部集諸儒詳議。玄度口辯，諸博士皆不能詰之。郎中許敬宗請付祕閣藏其書，河間王孝恭特請與孔、鄭並行。仁師以玄度穿鑿不經，乃條其不合大義，駁奏請罷之。詔竟依仁師議，玄度遂廢。

十六年，遷給事中。時刑部以賊盜律反逆緣坐兄弟沒官爲輕，請改從死，奏請八座詳議。右僕射高士廉、吏部尚書侯君集、兵部尚書李勣等議請從重，民部尚書唐儉、禮部尚書江夏王道宗、工部尚書杜楚客等議請依舊不改。時議者以漢及魏、晉謀反皆夷三族，咸欲依士廉等議。仁師獨駁曰：「自羲、農以降，爰及唐、虞，或設言而人不犯，或畫象而下知禁。三代之盛，泣辜解網，父子兄弟，罪不相及，咸臻至理，俱爲稱首。及其世亂，獄訟滋煩，周之季年，不勝其弊，烈火原於子產，峭澗起於安于，韓、李、申、商〔三〕，爭持急刻，參夷相坐，始於此也。秦用其法，遂至土崩。漢高之務寬大，未爲盡善；文帝之存仁厚，仍多涼德。遂使新垣族滅，信、越葅醢，見譏良史，謂之過刑。魏、晉至隋，有損有益，凝脂猶密，秋荼尚煩。皇上爰發至仁，念茲刑憲，酌前王之令典，探往代之嘉猷；革弊蠲苛，可大可久，仍降綸綍，頒之九區。故得斷獄數簡，手足有措，刑清化洽，未有不安。忽以暴秦酷法，爲隆周中典，乖惻隱之情，反惟行之令。進退參詳，未見其可。且父子天屬，昆季同氣，誅其父子，足累其心，此而不顧，何愛兄弟。既欲改法，請更審量。」竟從仁師駁議。

後仁師密奏請立魏王爲太子，忤旨，轉爲鴻臚少卿，遷民部侍郎。征遼之役，詔太常卿韋挺知海運，仁師爲副，仁師又別知河南水運。仁師以水路險遠，恐遠州所輸不時至海，遂便宜從事，遞發近海租賦以充轉輸。及韋挺以壅滯失期，除名爲民，仁師以運夫逃走不奏，坐免官。既不得志，遂作體命賦以暢其情，辭多不載。太宗還至中山，起爲中書舍人，尋兼檢校刑部侍郎。太宗幸翠微宮，仁師上清暑賦以諷，太宗稱善，賜帛五十段。二十二年，遷中書侍郎，參知機務。時仁師甚承恩遇，中書令褚遂良頗忌嫉之。會有伏閤上訴者，仁師不奏，太宗以仁師罔上，遂配龔州。會赦還。永徽初，起授簡州刺史，尋卒，年六十餘。神龍初，以子挹爲國子祭酒，恩例贈同州刺史。挹子湜。

湜少以文辭知名，舉進士，累轉左補闕，預修三教珠英，遷殿中侍御史。神龍初，轉考功員外郎。時桓彥範、敬暉等既知國政，懼武三思讒間，引湜爲耳目，使伺其動靜。俄而中宗疏忌功臣，於三思恩寵漸厚，湜乃反以桓、敬等計議潛告三思。尋遷中書舍人。及桓、敬等徙于嶺外，湜又說三思盡宜殺之，以絕其歸望。三思問誰可使者，湜表兄周利貞先爲桓、敬等所惡，自侍御史出嘉州司馬，湜乃舉充此行。桓、敬等聞利貞至，多自殺，三思引利貞爲御史中丞。

湜，景龍二年遷兵部侍郎，挹爲禮部，父子同爲南省副貳，有唐已來未有也。時昭容上官氏屢出外宅，湜託附之。由是中宗遇湜甚厚，俄拜吏部侍郎，尋轉中書侍郎、同中書門下平章事。與鄭愔同知選事，銓綜失序，爲御史李尙隱所劾，愔坐配流嶺表，湜左轉爲江州司馬。上官昭容密與安樂公主曲爲申理，中宗乃以愔爲江州司馬，授湜襄州刺史。未幾，入爲尙書左丞。韋庶人臨朝，復爲中書侍郎、同中書門下三品。睿宗卽位，出爲華州刺史，俄又拜太子詹事。

初，湜景龍中獻策開南山新路，以通商州水陸之運，役徒數萬，死者十三四。仍嚴錮舊道，禁行旅，所開新路以通，竟爲夏潦衝突，崩壓不通。至是追論湜開山路功，加銀青光祿大夫。俄爲太平公主所引，復遷中書門下三品。先天元年，拜中書令，與劉幽求爭權不協，陷幽求徙于嶺表，仍促廣州都督周利貞以逗留殺之，不果而止。時挹以年老，累除戶部尙書致仕。挹性貪冒，受人請託，數以公事干湜，湜多違拒不從，大爲時論所嗤。

玄宗在東宮，數幸其第，恩意甚密。湜旣私附太平公主，時人咸爲之懼，門客陳振鷺獻海鷗賦以諷之，湜雖稱善而心實不悅。及帝將誅蕭至忠等，召將託爲腹心，湜弟滌謂湜曰：「主上若有所問，不得有所隱也。」湜不從，及見帝，對問失旨。至忠等旣誅，湜坐徙嶺外。時新興王晉亦連坐伏誅，臨刑歎曰：「本謀此事，出自崔湜，今我就死而湜得生，何冤濫也！」俄而所司奏宮人元氏款稱與湜曾密謀進酖，乃追湜賜死。初，湜與張說有隙，說時爲中書令，議者以爲說構陷之。時湜與尙書右丞盧藏用同配流俱行，湜謂藏用曰：「家弟承恩，或冀寬宥。」因遲留不速進。行至荊州，夢於講堂照鏡，曰：「鏡者明象，吾當爲人主所明，也。」以告占夢人張由，對曰：「講堂者受法之所，鏡者於文爲『立見金』，此非吉徵。」其日追使至，縊於驛中，時年四十三。

湜美姿儀，早有才名，弟液、滌及從兄涖並有文翰，居清要，每宴私之際，自比東晉王導、謝安之家。謂人曰：「吾之一門及出身歷官，未嘗不爲第一。丈夫當先據要路以制人，豈能默默受制於人也。」是故進趣不已，而不以令終。

液尤工五言之作，湜常歎伏之曰：「海子，我家之龜也。」海子卽液小名，官至殿中侍御史，坐兄配流，逃匿於郢州人胡履虛之家。作幽征賦以見意，辭甚典麗。遇赦還，道病卒。友人裴耀卿纂其遺文爲集十卷。

液子論，以吏幹稱。天寶中自櫟陽令遷司勳員外郎、濮陽太守。乾元後，歷典名郡，皆以理行稱。大曆末，元載以罪誅，朝廷方振起淹滯，遷同州刺史。未幾，爲黜陟使庾何所按，廢免。議者以何舉奏涉於深刻，復用論爲衢州刺史。秩滿，寓於揚、楚間，德宗以舊族耆年，授大理卿致仕卒。

液弟滌，多辯智，善諧謔，素與玄宗款密。兄湜坐太平黨誅，玄宗常思之，故待滌踰厚，用爲祕書監，出入禁中，與諸王侍宴不讓席，而坐或在寧王之上。後賜名澄。從東封還，加金紫光祿大夫，封安喜縣子。開元十四年卒，贈兗州刺史。

史臣曰：劉洎始以章疏切直，以至位望隆顯。至于提綱整帶，咨聖嘉猷，籍國士之談，體廊廟之器。噫，樞機之發，榮辱之主，一言不愼，竟陷誣奏。雖君親甚悔，而駟不及舌，良足悲矣！馬周道承際會，天性深沉，悟主談微，置忠本孝，沖識廣度，宛涉穹崇。詩曰：「嘉樂君子，顯顯令德。」惜其中壽，不憖遺乎！崔仁師以史材獲進，其刊正褒貶，雅得詳明。至于本仁恕，申枉濫，其事可觀。沮穿鑿之注，止從重之刑，其言甚直。書曰「疑謀勿成」，而以魏王爲請，不亦惑乎！及參機務，竟致忌嫉，罔上之名，抑有由也。崔湜之德，去祖逾遠，謂勢可恃，謂進無傷，及位極人臣，而心無止足。覽海鷗賦，知而不誡，及荆州之夢，人知不免。易曰：「不節之嗟，又誰咎也！」

贊曰：驥逢造父，一日千里。英主取賢，不拘階陛。賓王徒步，洎爲賊吏。一見文皇，皆登相位。

校勘記

〔一〕貞觀三年　「三年」，各本原作「五年」，據本書卷二太宗紀、通鑑卷一九三改。

〔三〕韓李中商　「李」字各本原作「季」，讀道耕舊唐書補校云：「『季』疑『李』誤。」案先秦法家有李悝無姓季者，今改。

舊唐書卷七十五

列傳第二十五

蘇世長 子良嗣　韋雲起 孫方質　孫伏伽　張玄素

蘇世長，雍州武功人也。祖彤，後魏通直散騎常侍〔一〕。父振，周宕州刺史、建威縣侯。周武帝時，世長年十餘歲，上書言事。武帝以其年小，召問讀何書，對曰：「讀孝經、論語。」武帝曰：「孝經、論語何所言？」對曰：「孝經云：『爲國者不敢侮於鰥寡。』論語云：『爲政以德。』」武帝善其對，令於獸門館讀書。以其父歿王事，因令襲爵，世長於武帝前擗踴號泣，武帝爲之改容。隋文帝受禪，世長又屢上便宜，頗有補益，超遷長安令。大業中，爲都水少監，使於上江督運。會江都難作，世長爲煬帝發喪慟哭，哀感路人。王世充僭號，署爲太子太保、行臺右僕射，與世充兄子弘烈及將豆盧褒俱鎮襄陽。時弘烈娶褒女爲妻，深相結託。高祖與褒有舊，璽書諭之，不從，頻斬使者。

武德四年，洛陽平，世長首勸弘烈歸降。既至京師，高祖誅褒而責世長來晚之故，世長頓顙曰：「自古帝王受命，爲逐鹿之喻，一人得之，萬夫斂手。豈有獲鹿之後，忿同獵之徒，問爭肉之罪也？陛下應天順人，布德施惠，又安得忘管仲、雍齒之事乎！且臣武功之士，經涉亂離，死亡略盡，惟臣殘命，得見聖朝，陛下若復殺之，是絕其類也。實望天恩，使有遺種。」高祖與之有故，笑而釋之。尋授玉山屯監。

後於玄武門引見，語及平生，恩意甚厚。高祖曰：「卿自謂諂佞耶，正直耶？」對曰：「臣實愚直。」高祖曰：「卿若直，何爲背世充而歸我？」對曰：「洛陽既平，天下爲一，臣智窮力屈，始歸陛下。向使世充尚在，臣據漢南，天意雖有所歸，人事足爲勍敵。」高祖大笑。嘗嘲之曰：「名長意短，口正心邪，棄忠貞於鄭國，忘信義於吾家。」世長對曰：「名長意短，實如聖旨；口正心邪，未敢奉詔。昔竇融以河西降漢，十世封侯；臣以山南歸國，惟蒙屯監。」即日擢拜諫議大夫。

從幸涇陽校獵，大獲禽獸於旌門。高祖入御營，顧謂朝臣曰：「今日畋樂乎？」世長進曰：「陛下遊獵，薄廢萬機，不滿十旬，未爲大樂。」高祖色變，既而笑曰：「狂態發耶？」世長曰：「爲臣私計則狂，爲陛下國計則忠矣。」及突厥入寇武功，郡縣多失戶口，是後下詔將幸武功校獵。世長又諫曰：「突厥初入，大爲民害，陛下救恤之道猶未發言，乃於其地又縱畋獵，非但仁育之心有所不足，百姓供頓，將何以堪？」高祖不納。

又嘗引之於披香殿，世長酒酣，奏曰：「此殿隋煬帝所作耶，是何雕麗之若此也？」高祖曰：「卿好諫似直，其心實詐。豈不知此殿是吾所造，何須設詭疑而言煬帝乎？」對曰：「臣實不知。但見傾宮、鹿臺琉璃之瓦，並非受命帝王愛民節用之所爲也。若是陛下作此，誠非所宜。臣昔在武功，幸常陪侍，見陛下宅宇，纔蔽風霜，當此之時，亦以爲足。今因隋之侈，民不堪命，數歸有道，而陛下得之，實謂懲其奢淫，不忘儉約。今初有天下，而於隋宮之內，又加雕飾，欲撥其亂，寧可得乎？」高祖深然之。

後歷陝州長史、天策府軍諮祭酒。秦府初開文學館，引爲學士，與房玄齡等一十八人皆蒙圖畫，令文學褚亮爲之贊，曰：「軍諮諧噱，超然辯悟。正色于庭，匪躬之故。」貞觀初，聘于突厥，與頡利爭禮，不受賂遺，朝廷稱之。出爲巴州刺史，覆舟溺水而卒。

世長機辯有學，博涉而簡率，嗜酒無威儀。初在陝州，部內多犯法，世長莫能禁，乃責躬引咎，自撻於都街。伍伯嫉其詭，鞭之見血，世長不勝痛，大呼而走，觀者咸以爲笑，議者方稱其詐。

子良嗣，高宗時遷周王府司馬。王時年少，舉事不法，良嗣正色匡諫，甚見敬憚。王府官屬多非其人，良嗣守文檢括，莫敢有犯，深爲高宗所稱。遷荆州大都督府長史。高宗使宦者緣江採異竹，將於苑中植之。宦者科舟載竹，所在縱暴。還過荆州，良嗣囚之，因上疏切諫，稱：「遠方求珍異以疲道路，非聖人抑己愛人之道。又小人竊弄威福，以虧皇明。」言甚切直。疏奏，高宗下制慰勉，遽令棄竹於江中。

永淳中，爲雍州長史。時關中大飢，人相食，盜賊縱横。良嗣爲政嚴明，盜發三日內無不擒擿。則天臨朝，遷工部尚書，尋代王德眞爲納言，累封温國公。爲西京留守，則天賦詩餞送，賞遇甚渥。時尙方監裴匪躬檢校京苑，將鬻苑中果菜以收其利。良嗣駁之曰：「昔公儀相魯，猶能拔葵去織，未聞萬乘之主，鬻其果菜以與下人爭利也。」匪躬遂止。

無幾，追入都，遷文昌左相、同鳳閣鸞臺三品。載初元年春，罷文昌左相，加位特進，仍依舊知政事。與地官尙書韋方質不協，及方質坐事當誅，辭引良嗣，則天特保明之。良嗣謝恩拜伏，便不能復起，輿歸其家，詔御醫張文仲、韋慈藏往視疾。其日薨，年八十五。則天輟朝三日，舉哀於觀風門，敕百官就宅赴弔。贈開府儀同三司、益州都督，賜絹布八百段、米粟八百石，兼降璽書弔祭。

其子踐言，太常丞，尋爲酷吏所陷，配流嶺南而死。追削良嗣官爵，籍沒其家。景龍元年，追贈良嗣司空。

踐言子務玄，襲爵溫國公，開元中，爲邠王府長史。

韋雲起，雍州萬年人。伯父澄，武德初國子祭酒、綿州刺史。雲起，隋開皇中明經舉，授符璽直長。嘗因奏事，文帝問曰：「外間有不便事，汝可言之。」時兵部侍郎柳述在帝側，雲起應聲奏曰：「柳述驕豪，未嘗經事，兵機要重，非其所堪，徒以公主之壻，遂居要職。臣恐物議以陛下官不擇賢，濫以天秩加於私愛，斯亦不便之大者。」帝甚然其言，顧謂述曰：「雲起之言，汝藥石也，可師友之。」仁壽初，詔在朝文武舉人，述乃舉雲起，進授通事舍人。大業初，改爲通事謁者，又上疏奏曰：「今朝廷之內多山東人，而自作門戶，更相剡薦，附下罔上，共爲朋黨。不抑其端，必傾朝政，臣所以痛心扼腕，不能默已。謹件朋黨人姓名及姦狀如左。」煬帝令大理推究，於是左丞郎蔚之、司隸別駕郎楚之並坐朋黨，配流漫頭赤水，餘免官者九人。

會契丹入抄營州，詔雲起護突厥兵往討契丹部落。啓民可汗發騎二萬，受其處分。雲起分爲二十營，四道俱引，營相去各一里，不得交雜。聞鼓聲而行，聞角聲而止，自非公使，勿得走馬。三令五申之後，擊鼓而發，軍中有犯約者，斬紇干一人，持首以徇。於是突厥將帥來入謁之，皆膝行股戰，莫敢仰視。契丹本事突厥，情無猜忌，雲起既入其界，使突厥詐云向柳城郡，欲共高麗交易，勿言營中有隋使，敢漏泄者斬之。契丹不備。去賊營百里，詐引南度，夜復退還，去營五十里，結陣而宿，契丹弗之知也。既明俱發，馳騎襲之，盡獲其男女四萬口，女子及畜產以半賜突厥，餘將入朝，男子皆殺之。煬帝大喜，集百官曰：「雲起用突厥而平契丹，行師奇譎，才兼文武，又立朝謇諤，朕今親自舉之。」擢爲治書御史。雲起乃奏劾曰：「內史侍郎虞世基職典樞要，寄任隆重；御史大夫裴蘊特蒙殊寵，維持內外。今四方告變，不爲奏聞，賊數實多，或減言少。陛下既聞賊少，發兵不多，衆寡懸殊，往皆莫克，故使官軍失利，賊黨日滋。此而不繩，爲害將大，請付有司，詰正其罪。」大理卿鄭善果奏曰：「雲起詆訾名臣，所言不實，非毀朝政，妄作威權。」由是左遷大理司直。

煬帝幸揚州，雲起告歸長安，屬義旗入關，於長樂宮謁見。義寧元年，授司農卿，封陽城縣公。武德元年，加授上開府儀同三司，判農圃監事。是歲，欲大發兵討王世充，雲起上表諫曰：「國家承喪亂之後，百姓流離，未蒙安養，頻年不熟，關內阻飢。京邑初平，物情未附，鼠竊狗盜，猶爲國憂。盩厔、司竹，餘氛未殄；藍田、谷口，羣盜實多。朝夕伺間，極爲國害。雖京城之內，每夜賊發。北有師都，連結胡寇，斯乃國家腹心之疾也。捨此不圖，而窺兵函、洛，若師出之後，內盜乘虛，一旦有變，禍將不小。臣謂王世充遠隔千里，山川懸絕，無能爲害，待有餘力，方可討之。今內難未弭，且宜弘於度外。如臣愚見，請暫戢兵，務穡勸農，安人和衆，關中小盜，自然寧息。秦川將卒，賈勇有餘，三年之後，一舉便定。今雖欲速，臣恐未可。」乃從之。

會突厥入寇，詔雲起總領豳、寧已北九州兵馬，便宜從事。四年，授西麟州刺史，司農卿如故。尋代趙郡王孝恭爲夔州刺史，轉遂州都督，懷柔夷獠，咸得衆心。遷益州行臺民部尚書，尋轉行臺兵部尚書。行臺僕射竇軌多行殺戮，又妄奏獠反，冀得集兵，因此作威，肆其凶暴，雲起多執不從。雲起又營私產，交通生獠，以規其利，軌亦對衆言之，由是構隙，情相猜貳。隱太子之死也，敕遣軌息馳驛詣益州報軌，軌乃疑雲起弟慶儉、堂弟慶嗣及親族並事東宮，慮其聞狀或將爲變，先設備而後告之。雲起果不信，問曰：「詔書何在？」軌曰：「公，建成黨也，今不奉詔，同反明矣。」遂執殺之。初，雲起年少時師事太學博士王頗，頗每與之言及時事，甚嘉歎之，乃謂之曰：「韋生識悟如是，必能自取富貴；然剛腸嫉惡，終當以此害身。」竟如頗言。

子師實，垂拱初，官至華州刺史、太子少詹事，封扶陽郡公。

師實子方質，則天初鸞臺侍郎、地官尙書、同鳳閣鸞臺平章事。時改修垂拱格式，方質多所損益，甚爲時人所稱。俄而武承嗣、三思當朝用事，諸宰相咸傾附之。方質疾假，承嗣等詣宅問疾，方質據牀不爲之禮，左右云：「踞見權貴，恐招危禍。」方質曰：「吉凶命也。大丈夫豈能折節曲事近戚以求苟免也。」尋爲酷吏周興、來子珣所構，配流儋州，仍籍沒其家。尋卒。神龍初雪免。

孫伏伽，貝州武城人。大業末，自大理寺史累補萬年縣法曹。武德元年，初以三事上諫。其一曰：

臣聞天子有諍臣，雖無道不失其天下；父有諍子，雖無道不陷於不義。故云子不可不諍於父，臣不可不諍於君。以此言之，臣之事君，猶子之事父故也。隋後主所以失天下者何也？止爲不聞其過。當時非無直言之士，由君不受諫，自謂德盛唐堯，功過夏禹，窮侈極慾，以恣其心。天下之士，肝腦塗地，戶口減耗，盜賊日滋，而不覺知者，皆由朝臣不敢告之也。向使修嚴父之法，開直言之路，選賢任能，賞罰得中，人人樂業，誰能搖動者乎？所以前朝好爲變更，不師古訓者，止爲天誘其咎，將以開今聖唐也。陛下龍舉晉陽，天下響應，計不旋踵，大位遂隆。陛下勿以唐得天下之易，不知隋失之不難也。陛下貴爲天子，富有天下，動則左史書之，言則右史書之。既爲竹帛所拘，何可恣情不愼。凡有蒐狩，須順四時，既代天理，安得非時妄動？陛下二十日龍飛，二十一日有獻鷂鶵者，此乃前朝之弊風，少年之事務，何忽今日行之！又聞相國參軍事盧牟子獻琵琶，長安縣丞張安道獻弓箭，頻蒙賞勞。但「普天之下，莫非王土；率土之濱，莫非王臣」，陛下必有所欲，何求而不得？陛下所少者，豈此物哉！願陛下察臣愚忠，則天下幸甚。

其二曰：

百戲散樂，本非正聲，有隋之末，大見崇用，此謂淫風，不可不改。近者，太常官司於人間借婦女裙襦五百餘具，以充散妓之服，云擬五月五日於玄武門遊戲。臣竊思審，實損皇猷，亦非貽厥子孫謀，爲後代法也。故書云：「無以小惡爲無傷而弗去。」恐從小至於大故也。論語云：「放鄭聲，遠佞人。」又云：「樂則韶舞。」以此言之，散妓定非功成之樂也。如臣愚見，請並廢之，則天下不勝幸甚。

其三曰：

臣聞性相近而習相遠，以其所好相染也。故書云：「與治同道罔弗興，與亂同事罔弗亡。」以此言之，興亂其在斯與！皇太子及諸王等左右羣僚，不可不擇而任之也。如臣愚見，但是無義之人，及先來無賴，家門不能邕睦，及好奢華馳獵馭射，專作慢遊狗馬聲色歌舞之人，不得使親而近之也。此等止可悅耳目，備驅馳，至於拾遺補闕，決不能爲也。臣歷窺往古，下觀近代，至於子孫不孝，兄弟離間，莫不爲左右亂之也。願陛下妙選賢才，以爲皇太子僚友，如此卽克隆盤石，永固維城矣。

高祖覽之大悅，下詔曰：「秦以不聞其過而亡，典籍豈無先誠，臣僕諂諛，故弗之覺也。漢高祖反正，從諫如流。洎乎文、景繼業，宣、元承緒，不由斯道，孰隆景祚？周、隋之季，忠臣結舌，一言喪邦，誠足深誠。永言於此，常深歎息。朕每惟寡薄，恭膺寶命，雖不能性與天道，庶思勉力，常冀弼諧，以匡不逮。而羣公卿士，罕進直言，將申虛受之懷，物所未諭。萬年縣法曹孫伏伽，至誠慷慨，詞義懇切，指陳得失，無所迴避。非有不次之舉，曷貽利行之益。伏伽既懷諒直，宜處憲司，可治書侍御史。仍頒示遠近，知朕意焉。」兼賜帛三百匹。時軍國多事，賦斂繁重，伏伽屢奏請改革，高祖並納焉。

二年，高祖謂裴寂曰：「隋末無道，上下相蒙，主則驕矜，臣惟諂佞。上不聞過，下不盡忠，至使社稷傾危，身死匹夫之手。朕撥亂反正，志在安人，平亂任武臣，守成委文吏，庶得各展器能，以匡不逮。比每虛心接待，冀聞讜言。然惟李綱善盡忠款，孫伏伽可謂誠直，餘人猶踵弊風，俛首而已，豈朕所望哉！」

及平王世充、竇建德，大赦天下，既而責其黨與，並令配遷。伏伽上表諫曰：

臣聞王言無戲，自古格言；去食存信，聞諸舊典。故書云：「爾無不信，朕不食言。」又論語云，「一言出口，駟不及舌。」以此而論，言之出口，不可不愼。伏惟陛下光臨區宇，覆育羣生，率土之濱，誰非臣妾。綵綸一發，取信萬方，使聞之者不疑，見之者不惑。陛下今月二日發雲雨之制，光被黔黎，無所間然，公私蒙賴。既云常赦不免皆赦除之，此非直赦其有罪，亦是與天下斷當，許其更新。以此言之，但是赦後，卽便無事。因何王世充及建德部下赦後乃欲遷之？此是陛下自違本心，欲遣下人若爲取則？

若欲子細推尋，逆城之內，人誰無罪。故書云：「殲厥渠魁，脅從罔治。」若論渠魁，世充等爲首，渠魁尙免，脅從何辜？且古人云：「跖狗吠堯，蓋非其主。」在東都城內及建德部下，乃有與陛下積小故舊，編髮友朋，猶尙有人敗後始至者。此等豈忘陛下，皆云被壅故也。以此言之，自外疏者，竊謂無罪。

又書云：「非知之艱，行之惟艱。」上古以來，何代無君，所以祇稱堯、舜之善者何也？直由爲天子者實難，善名難得故也。往者天下未平，威權須應機而作；今四方既定，設法須與人共之。但法者，陛下自作之，還須守之，使天下百姓信而畏之。今自爲無信，欲遣兆人若爲信畏？故書云：「無偏無黨，王道蕩蕩；無黨無偏，王道平平。」賞罰之行，達乎貴賤，聖人制法，無限親疏。如臣愚見，世充、建德下僞官，經赦合免責情，欲遷配者，請並放之，則天下幸甚。

又上表請置諫官，高祖皆納焉。

太宗即位，賜爵樂安縣男。貞觀元年，轉大理少卿。太宗嘗馬射，伏伽上書諫曰：「臣聞千金之子，坐不垂堂；百金之子，立不倚衡。以此言之，天下之主，不可履險乘危明矣。臣又聞天子之居也，則禁衞九重；其動也，則出警入蹕。此非直尊其居處，乃爲社稷生靈之大計耳。故古人云：『一人有慶，兆人賴之。』臣竊聞陛下猶自走馬射帖，娛悅近臣，此乃無禁乘危，竊爲陛下有所不取也。何者？一則非光史册，二則未足顯揚，又非所以導養聖躬，亦不可以垂範後代。此祇是少年諸王之所務，豈得既爲天子，今日猶行之乎？陛下雖欲自輕，其奈社稷天下何！如臣愚見，竊謂不可。」太宗覽之大悅。

五年，坐奏囚誤失免官。尋起爲刑部郎中，累遷大理少卿，轉民部侍郎。十四年，拜大理卿，後出爲陝州刺史。永徽五年，以年老致仕。顯慶三年卒。

張玄素，蒲州虞鄉人。隋末，爲景城縣戶曹。竇建德攻陷景城，玄素被執，將就戮，縣民千餘人號泣請代其命，曰：「此人淸愼若是，今倘殺之，乃無天也。大王將定天下，當深加禮接，以招四方，如何殺之，使善人解體。」建德遽命釋之，署爲治書侍御史，固辭不受。及江都不守，又召拜黃門侍郎，始應命。

建德平，授景城都督府錄事參軍。太宗聞其名，及卽位，召見，訪以政道。對曰：「臣觀自古以來，未有如隋室喪亂之甚，豈非其君自專，其法日亂。向使君虛受於上，臣弼違於下，豈至於此。且萬乘之重，又欲自專庶務，日斷十事而五條不中，中者信善，其如不中者何？況一日萬機，已多虧失，以日繼月，乃至累年，乖謬既多，不亡何待！如其廣任賢良，高居深視，百司奉職，誰敢犯之。臣又觀隋末沸騰，被於宇縣，所爭天下者不過十數人，餘皆保邑全身，思歸有道。是知人欲背主爲亂者鮮矣，但人君不能安之，遂致於亂。陛下若近覽危亡，日愼一日，堯、舜之道，何以能加。」太宗善其對，擢拜侍御史，尋遷給事中。

貞觀四年，詔發卒修洛陽宮乾陽殿以備巡幸，玄素上書諫曰：

微臣竊思秦始皇之爲君也，藉周室之餘、六國之盛，將貽之萬葉，及其子而亡，良由逞嗜奔慾，逆天害人者也。是知天下不可以力勝，神祇不可以親恃，惟當弘儉約，薄賦斂，愼終如始，可以永固。

方今承百王之末，屬凋弊之餘，必欲節之以禮制，陛下宜以身爲先。東都未有幸期，卽何須補葺。諸王今並出藩，又須營構，興發漸多，豈疲人之所望。其不可一也。

陛下初平東都之始，層樓廣殿，皆令撤毁，天下翕然，同心欣仰。豈有初則惡其侈靡，今乃襲其雕麗。其不可二也。每承音旨，未卽巡幸，此則事不急之務，成虛費之勞。國無兼年之積，何用兩都之好，勞役過度，怨讟將起。其不可三也。百姓承亂離之後，財力凋盡，天恩含育，粗見存立，飢寒猶切，生計未安，三五年間，恐未平復。奈何營未幸之都，奪疲人之力。其不可四也。昔漢高祖將都洛陽，婁敬一言，卽日西駕，豈不知地惟土中，貢賦所均，但以形勝不如關內也。伏惟陛下化凋弊之人，革澆漓之俗，爲日尙淺，未甚淳和，斟酌事宜，詎可東幸。其不可五也。

臣又嘗見隋室造殿，楹棟宏壯，大木非隨近所有，多從豫章採來。二千人曳一柱，其下施轂，皆以生鐵爲之，若用木輪，便卽火出。鐵轂既生，行一二里卽有破壞，仍數百人別齎鐵轂以隨之，終日不過進三二十里。略計一柱，已用數十萬功，則餘費又過於此。臣聞阿房成，秦人散；章華就，楚衆離；及乾陽畢功，隋人解體。且以陛下今時功力，何如隋日？役瘡痍之人，襲亡隋之弊，以此言之，恐甚於煬帝。深願陛下思之，無爲由余所笑，則天下幸甚。

太宗曰：「卿謂我不如煬帝，何如桀、紂？」對曰：「若此殿卒興，所謂同歸於亂。且陛下初平東都，太上皇敕大殿高門並宜焚毁，陛下以瓦木可用，不宜焚灼，請賜與貧人。事雖不行，然天下翕然，謳歌至德。今若遵舊制，卽是隋役復興。五六年間，趨捨頓異，何以昭示子孫，光敷四海。」太宗歎曰：「我不思量，遂至於此。」顧謂房玄齡曰：「洛陽土中，朝貢道均，朕故修營，意在便於百姓。今玄素上表，實亦可依，後必事理須行，露坐亦復何苦，所有作役，宜卽停之。然以卑干尊，古來不易，非其忠直，安能若此。可賜綵二百匹。」侍中魏徵歎曰：「張公論事，遂有迴天之力，可謂仁人之言，其利博哉！」累遷太子少詹事，轉右庶子。

時承乾居春宮，頗以遊畋廢學，玄素上書諫曰：「臣聞皇天無親，惟德是輔，苟違天道，人神同棄。然古三驅之禮，非欲教殺，將爲百姓除害，故湯羅一面，天下歸仁。今苑中娛獵，雖名異遊畋，若行之無常，終虧雅度。且傅說曰：『學不師古，匪說攸聞。』然則弘道在於學古，學古必資師訓。既奉恩詔，令孔穎達侍講，望數存問，以補萬一。仍博遣有名行學士，兼朝夕侍奉。覽聖人之遺教，察既行之往事，日知其所不足，月無忘其所能。此則盡善盡美，夏啓、周誦，焉足言哉！夫爲人上者，未有不求其善，但以性不勝情，耽惑成亂。耽惑既甚，忠言遂塞，所以臣下苟順，君道漸虧。古人有言：『勿以小惡而不去，小善而不爲。』故知禍福之來，皆起於漸。殿下地居儲兩，當須廣樹嘉猷，既有好畋之淫，何以主斯匕鬯？愼終如始，猶懼漸衰，始尚不愼，終將安保！」尋又兼太子少詹事。

十三年，又上書諫曰：「臣聞周公以大聖之材，猶握髮吐飧，引納白屋，而況後之聖賢，敢輕斯道？是以禮制皇太子入學而行齒胄，欲使太子知君臣、父子、長幼之道。然君臣之義、父子之親、尊卑之序、長幼之節，用之方寸之內，弘之四海之外，皆因行以遠聞，假言以光被。伏惟殿下睿質已隆，尚須學文以飾其表。至如孔穎達、趙弘智等，非惟宿德鴻儒，亦兼達政要，望令數得侍講，開釋物理，覽古諭今，增暉睿德。而雕蟲小伎之流，祇可時命追隨，以代博弈耳。若其騎射畋遊，酣歌戲玩，苟悅耳目，終穢心神，漸染既久，必移情性。古人有言：『心爲萬事主，動而無節卽亂。』臣恐殿下敗德之源，在於此矣。」承乾並不能納。

太宗知玄素在東宮頻有進諫，十四年，擢授銀青光祿大夫，行太子左庶子。時承乾久不坐朝，玄素諫曰：「宮內止有婦人耳，不知如樊姬之徒，可與弘益聖德者有幾？若遂無賢哲，便是親嬖倖，遠忠良。人不見德，何以光數三善。且宮儲之寄，於國爲重，所以廣置羣僚，以輔睿德。今乃動經時月，不見宮臣，納誨既疏，將何補闕？」承乾嫉其數諫，遣戶奴夜以馬撾擊之，殆至於死。承乾又嘗於宮中擊鼓，聲聞于外，玄素叩閤請見，極言切諫，承乾乃出宮內鼓，對玄素毁之。

是歲，太宗嘗對朝問玄素歷官所由，玄素既出自刑部令史，甚以慚恥。諫議大夫褚遂良上疏曰：「臣聞君子不失言於人，聖主不戲言於臣。言則史書之，禮成之，樂歌之。居上能禮其臣，臣始能盡力以奉其上。近代宋孝武輕言肆口，侮弄朝臣，攻其門戶，乃至狼狽。

良史書之，以爲非是。陛下昨見問張玄素云：『隋任何官？』奏云：『縣尉。』又問：『未爲縣尉已前？』奏云：『流外。』又問：『在何曹司？』玄素將出閤門，殆不能移步，精爽頓盡，色類死灰。朝臣見之，多所驚怪。大唐創曆，任官以才，卜祝庸保，量能使用。陛下禮重玄素，頻年任使，擢授三品，翼贊皇儲，自不可更對羣臣，窮其門戶，棄昔日之殊恩，成一朝之愧恥。人君之御臣下也，禮義以導之，惠澤以驅之，使其負戴玄天，罄輪臣節，猶恐德禮不加，人不自勵。若無故忽略，使其羞慚，鬱結於懷，衷心靡樂，責其伏節死義，其可得乎？」書奏，太宗謂遂良曰：「朕亦悔此問，今得卿疏，深會我心。」

承乾既敗德日增，玄素又上書諫曰：

臣聞孔子云：「能近取譬，可謂仁之方也已。」然書、傳所載，言之或遠，尋覽近事，得失斯存。至如周武帝平定山東，卑宮菲食，以安海內。太子贇舉措無端，穢德日著。烏丸軌知其不可，具言於武帝，武帝慈仁，望其漸改。及至踐祚，狂暴肆情，區宇崩離，宗祀覆滅，卽隋文帝所代是也。文帝因周衰弱，憑藉女資，雖無大功於天下，然布德行仁，足爲萬姓所賴。勇爲太子，不能近遵君父之節儉，而務驕侈，今之山池遺跡，卽殿下所親覩是也。此時亦恃君親之恩，自謂太山之固，詎知邪臣敢進其說。向使動靜有常，進退合度，親君子，疏小人，捨浮華，尙恭儉，雖有邪臣間之，何能致慈父之隙？豈不由積德未弘，令聞不著，讒言一至，遂成其禍。

竊惟皇儲之寄，荷戴殊重，如其積德不弘，何以嗣守成業？聖上以殿下親則父子，事兼家國，所應用物，不爲節限。恩旨未踰六旬，用物已過七萬，驕奢之極，孰云過此。龍樓之下，惟聚工匠；望苑之內，不覩賢良。今言孝敬則闕視膳問安之禮，語恭順則違君父慈訓之方，求風聲則無愛學好道之實，觀舉措則有因緣誅戮之罪。宮臣正士，未嘗在側；羣邪淫巧，昵近深宮。愛好者皆遊手雜色，施與者並圖畫雕鏤。在外瞻仰，已有此失；居中隱密，寧可勝計哉！宜猷禁門，不異闤闠，朝入暮出，穢聲已遠。

臣以德音日損，頻上諫書，自爾已來，縱逸尤甚。右庶子趙弘智經明行修，當今善士，臣每奏請，望數召進，與之談論，庶廣徽猷。令旨反有猜嫌，謂臣妄相推引。從善如流，尚恐不逮；飾非拒諫，必招敗損。方崇閉塞之源，不慕欽明之術，雖抱睿哲之資，終罹罔念之咎。古人云：「苦藥利病，苦言利行。」伏惟居安思危，日愼一日。

書入，承乾不納，乃遣刺客將加屠害。俄屬宮廢，玄素隨例除名。十八年，起授潮州刺史，轉鄧州刺史。永徽中，以年老致仕。龍朔三年，加授銀青光祿大夫。麟德元年卒。

史臣曰：伏伽上疏於高祖，玄素進言於太宗，從疏賤以干至尊，懷切直以明正理，可謂至難矣。既而並見抽獎，咸蒙顧遇。自非下情忠到，効匪躬之節；上聽聰明，致如流之美，孰能至於此乎？書曰：「木從繩則正，后從諫則聖。」斯之謂矣。世長幼而聰悟，長能規諫；雲起屏絕朋黨，罔避驕豪。歷覽言行，咸有可觀。而雲起吐茹無方，世長終成詭詐，其不令也宜哉！方諸孫、張二子，知不逮矣。

贊曰：言爲身文，感義忘身。不有忠膽，安輕逆鱗。蘇、韋果俊，伽、素忠純。悟主匡失，猗歟諍臣。

校勘記

〔一〕通直散騎常侍　「通」字各本原無，據新書卷一〇三蘇世長傳補。

舊唐書卷七十六

列傳第二十六

太宗諸子

恆山王承乾　楚王寬　吳王恪 子成王千里　孫信安王褘　濮王泰

庶人祐　蜀王愔　蔣王惲　越王貞 子琅邪王沖　紀王慎

江王囂　代王簡　趙王福　曹王明

太宗十四子：文德皇后生高宗大帝、恆山王承乾、濮王泰，楊妃生吳王恪、蜀王愔，陰妃生庶人祐，燕妃生越王貞、江王囂，韋妃生紀王慎，楊妃生趙王福，楊氏生曹王明，王氏生蔣王惲，後宮生楚王寬、代王簡。

恆山王承乾，太宗長子也，生於承乾殿，因以名焉。武德三年，封恆山王。七年，徙封中山。太宗即位，爲皇太子，時年八歲，性聰敏，太宗甚愛之。太宗居諒闇，庶政皆令聽斷，頗識大體。自此太宗每行幸，常令居守監國。及長，好聲色，慢遊無度，然懼太宗知之，不敢見其迹。每臨朝視事，必言忠孝之道，退朝後，便與羣小褻狎。宮臣或欲進諫者，承乾必先揣其情，便危坐斂容，引咎自責。樞機辨給，智足飾非，羣臣拜答不暇，故在位者初皆以爲明而莫之察也。

承乾先患足，行甚艱難，而魏王泰有當時美譽，太宗漸愛重之。承乾恐有廢立，甚忌之，泰亦負其材能，潛懷奪嫡之計。於是各樹朋黨，遂成釁隙。有太常樂人年十餘歲，美姿容，善歌舞，承乾特加寵幸，號曰稱心。太宗知而大怒，收稱心殺之，坐稱心死者又數人。承乾意泰告訐其事，怨心逾甚。痛悼稱心不已，於宮中構室，立其形像，列偶人車馬於前，令宮人朝暮奠祭，承乾數至其處，徘徊流涕。仍於宮中起冢而葬之，并贈官樹碑，以申哀悼。承乾自此託疾不朝參者輒逾數月。常命戶奴數十百人專習伎樂，學胡人椎髻，翦綵爲舞衣，尋橦跳劍，晝夜不絕，鼓角之聲，日聞於外。

時左庶子于志寧、右庶子孔穎達受詔輔導，志寧撰諫苑二十卷諷之，穎達又多所規奏。太宗並嘉之，二人各賜帛百匹、黃金十斤，以勵承乾之意；仍遷志寧爲詹事。未幾，志寧以母憂去職，承乾侈縱日甚。太宗復起志寧爲詹事，志寧與左庶子張玄素數上書切諫，承乾並不納。又嘗召壯士左衞副率封師進及刺客張師政、紇干承基，深禮賜之，令殺魏王泰，不克而止。尋與漢王元昌、兵部尚書侯君集、左屯衞中郎將李安儼、洋州刺史趙節、駙馬都尉杜荷等謀反，將縱兵入西宮。

貞觀十七年，齊王祐反於齊州。承乾謂紇干承基曰：「我西畔宮牆，去大內正可二十步來耳，此間大親近，豈可並齊王乎？」會承基亦外連齊王，繫獄當死，遂告其事。太宗召承乾幽之別室，命司徒長孫無忌、司空房玄齡、特進蕭瑀、兵部尚書李勣、大理卿孫伏伽、中書侍郎岑文本、御史大夫馬周、諫議大夫褚遂良等參鞫之，事皆明驗。廢承乾爲庶人，徙黔州，元昌賜令自盡，侯君集等咸伏誅。其宮僚左庶子張玄素、右庶子趙弘智令狐德棻、中舍人蕭鈞，並以材選用，承乾既敗，太宗引大義以讓之，咸坐免。十九年，承乾卒於徙所，太宗爲之廢朝，葬以國公之禮。

二子象、厥。象官至懷州別駕，厥至鄂州別駕。象子適之，別有傳。

楚王寬，太宗第二子也。出繼叔父楚哀王智雲。早薨。貞觀初追封，無後，國除。

吳王恪，太宗第三子也。武德三年，封蜀王〔一〕，授益州大都督，以年幼不之官。十年，又徙封吳王。十二年，累授安州都督。及將赴職，太宗書誡之曰：「吾以君臨兆庶，表正萬邦。汝地居茂親，寄惟藩屏，勉思橋梓之道，善侔間、平之德。以義制事，以禮制心，三風十愆，不可不愼。如此則克固盤石，永保維城。外爲君臣之忠，內有父子之孝，宜自勵志，以勗日新。汝方違膝下，悽戀何已，欲遺汝珍玩，恐益驕奢。故誡此一言，以爲庭訓。」高宗即位，拜司空、梁州都督。

恪母，隋煬帝女也，恪又有文武才，太宗常稱其類己。既名望素高，甚爲物情所向。長孫無忌既輔立高宗，深所忌嫉。永徽中，會房遺愛謀反，遂因事誅恪，以絕衆望，海內冤之。

有子四人：仁、瑋、琨、璄，並流于嶺表。尋追封恪爲鬱林王，并爲立廟。又封仁爲鬱林縣侯。永昌元年，授襄州刺史，不知州事。後改名千里。天授後，歷唐、廬、許、衞、蒲五州刺史。時皇室諸王有德望者，必見誅戮，惟千里褊躁無才，復數進獻符瑞事，故則天朝竟免禍。長安三年，充嶺南安撫討擊使，歷遷右金吾將軍。中興初，進封成王，拜左金吾大將軍，兼領益州大都督，又追贈其父爲司空。三年，又領廣州大都督、五府經略安撫大使。節愍太子誅武三思，千里與其子天水王禧率左右數十人斫右延明門，將殺三思黨與宗楚客、紀處訥等。及太子兵敗，千里與禧等坐誅，仍籍沒其家，改姓蝮氏。睿宗卽位，詔曰：「故左金吾衞大將軍成王千里，保國安人，克成忠義，願除凶醜，翻陷誅夷。永言淪沒，良深痛悼。宜復舊班，用加新寵，可還舊官。」又令復姓。

瑋早卒。中興初，追封朗陵王。

子祐，本名褕，出繼蜀王愔。景龍四年，加銀青光祿大夫、祕書少監。開元十三年，改封廣漢郡王、太僕卿同正員，薨。

琨，則天朝歷淄、衞、宋、鄭、梁、幽六州刺史，有能名。聖曆中，嶺南獠反，敕琨爲招慰使，安輯荒徼，甚得其宜。長安二年卒官，贈司衞卿。神龍初，贈張掖郡王。開元十七年，以子禕貴，贈工部尚書，追封吳王。

璄，中興初封歸政郡王，歷宗正卿，坐千里事貶南州司馬，卒。

琨子禕。禕少有志尚，事母甚謹，撫弟祗等以友愛稱。景龍四年，爲太子僕，兼徐州別駕，加銀青光祿大夫。少繼江王囂後，封爲嗣江王。景雲元年，復爲德、蔡、衢等州刺史。開元後，累轉蜀、濮等州刺史。政號清嚴，人吏畏而服之。漸見委任，入爲光祿卿，遷將作大匠。丁母憂去官，起復授瀛州刺史，又上表固請終制，許之。十二年，改封信安郡王。十五年，服除，拜左金吾衞大將軍、朔方節度副大使、知節度事，兼攝御史大夫。尋遷禮部尚書，仍充朔方軍節度使。

先是，石堡城爲吐蕃所據，侵擾河右，敕褘與河西、隴右議取之。褘到軍，總率士伍，剋期攻之。或曰：「此城據險，又爲吐蕃所惜，今總軍深入，賊必併力拒守。事若不捷，退則狼狽，不如按軍持重，以觀形勢。」褘曰：「人臣之節，豈憚艱險，必期衆寡不敵，吾則以死繼之。苟利國家，此身何惜？」於是督率諸將，倍道兼進，併力攻之，遂拔石堡城，斬獲首級，并獲糧儲器械，其數甚衆。仍分兵據守，以遏賊路。上聞之大悅，始改石堡城爲振武軍，自是河、隴諸軍遊弈拓地千餘里。

十九年，契丹衙官可突干殺其王邵固，率部落降于突厥。玄宗遣忠王爲河北道行軍元帥以討奚及契丹兩蕃，以褘爲副。王既不行，褘率戶部侍郎裴耀卿等諸副將分道統兵出於范陽之北，大破兩蕃之衆，擒其酋長，餘黨竄入山谷。軍還，褘以功加開府儀同三司，兼關內支度、營田等使，兼採訪處置使，仍與一子官。褘既有勳績，執政頗害其功，故其賞不厚，甚爲當時所歎。

二十二年，遷兵部尚書，入爲朔方節度大使。久之，坐事出爲衢州刺史。俄歷滑、懷二州刺史。天寶初，拜太子少師，以年老仍聽致仕。二年，遷太子太師，制出，病薨，年八十餘，上聞而痛惜者久之。褘居家嚴毅，善訓諸子，皆有令名。三子：峘、嶧、峴，皆至達官，別有傳。

祗，神龍中封爲嗣吳王。景雲元年，加銀青光祿大夫。天寶十四載，爲東平太守。安祿山反，率衆渡河，凶威甚盛，河南陳留、滎陽、靈昌等郡皆陷於賊，祗起兵勤王；玄宗壯之。十五載二月，授祗靈昌太守，又左金吾大將軍、河南都知兵馬使。其月，又加兼御史中丞、陳留太守，持節充河南道節度採訪使，本官如故。五月，詔以爲太僕卿，遣御史大夫虢王巨代之。

濮王泰，字惠褒，太宗第四子也。少善屬文。武德三年，封宜都王。四年，進封衞王，以繼衞懷王霸後。貞觀二年，改封越王，授揚州大都督。五年，兼領左武候、大都督，並不之官。八年，除雍州牧、左武候大將軍。七年，轉鄜州大都督。十年，徙封魏王，遙領相州都督，餘官如故。太宗以泰好士愛文學，特令就府別置文學館，任自引召學士。又以泰腰腹洪大，趨拜稍難，復令乘小輿至於朝所。其寵異如此。

十二年，司馬蘇勗以自古名王多引賓客，以著述爲美，勸泰奏請撰括地志。泰遂奏引著作郎蕭德言、祕書郎顧胤、記室參軍蔣亞卿、功曹參軍謝偃等就府修撰。十四年，太宗幸泰延康坊宅，因曲赦雍州及長安大辟罪已下，免延康坊百姓無出今年租賦，又賜泰府官僚帛有差。十五年〔三〕，泰撰括地志功畢，表上之，詔令付祕閣，賜泰物萬段，蕭德言等咸加給賜物。俄又每月給泰料物，有踰於皇太子。諫議大夫褚遂良上疏諫曰：

昔聖人制禮，尊嫡卑庶。謂之儲君，道亞睿極，其爲崇重，用物不計，泉貨財帛，與王者共之。庶子體卑，不得爲例。所以塞嫌疑之漸，除禍亂之源。而先王必本人情，然後制法，知有國家，必有嫡庶。然庶子雖愛，不得超越，嫡子正體，特須尊崇。如當親者疏，當尊者卑，則佞巧之姦，乘機而動，私恩害公，惑志亂國。

伏惟陛下功超邃古，道冠百王，發號施令，爲世作法。一日萬機，或未盡美〔三〕，臣職在諫諍，無容靜默。伏見儲君料物，翻少魏王，朝野見聞，不以爲是。傳曰：「臣聞愛子教之以義方。」忠孝恭儉，義方之謂。昔漢竇太后及景帝遂驕恣梁孝王〔四〕，封四十餘城，苑方三百里，大營宮室，複道彌望，積財鉅萬計，出入警蹕，小不得意，發病而死。宣帝亦驕恣淮陽憲王，幾至於敗，輔以退讓之臣，僅乃獲免。且魏王既新出閤，伏願常存禮則，言提其耳，且示儉節，自可在後月加歲增。妙擇師傅，示其成敗，既敦之以謙儉，又勸之以文學。惟忠惟孝，因而獎之，道德齊禮，乃爲良器。此所謂聖人之教，不肅而成者也。

太宗又令泰入居武德殿，侍中魏徵上奏曰：「伏見敕旨，令魏王泰移居武德殿。此殿在內，處所寬閑，參奉往來，極爲便近。但魏王既是愛子，陛下常欲其安全，每事抑其驕奢，不處嫌疑之地。今移此殿，便在東宮之西，海陵昔居，時人以爲不可。雖時與事異，猶恐人之多言。又王之本心，亦不安息，既能以寵爲懼，伏願成人之美。明早是朔日，或恐未得面陳，愚慮有疑，不敢寧寢，輕干聽覽，追深戰慄。」太宗並納其言。

時皇太子承乾有足疾，泰潛有奪嫡之意，招駙馬都尉柴令武、房遺愛等二十餘人，厚加贈遺，寄以腹心。黃門侍郎韋挺、工部尙書杜楚客相繼攝泰府事，二人俱爲泰要結朝臣，津通路遺。文武羣官，各有附託，自爲朋黨。承乾懼其凌奪，陰遣人詐稱泰府典籤，詣玄武門爲泰進封事。太宗省之，其書皆言泰之罪狀，太宗知其詐，而捕之不獲。十七年，承乾敗，太宗面加譴讓。承乾曰：「臣貴爲太子，更何所求？但爲泰所圖，特與朝臣謀自安之道。不逞之人，遂敎臣爲不軌之事。今若以泰爲太子，所謂落其度內。」太宗因謂侍臣曰：「承乾言亦是。我若立泰，便是儲君之位可經求而得耳。泰立，承乾、晉王皆不存；晉王立，泰共承乾可無恙也。」乃幽泰於將作監，下詔曰：

朕聞生育品物，莫大乎天地；愛敬罔極，莫重乎君親。是故爲臣貴於盡忠，虧之者有罰；爲子在於行孝，違之者必誅。大則肆諸市朝，小則終貽黜辱。雍州牧、相州都督、左武候大將軍魏王泰，朕之愛子，實所鍾心。幼而聰令，頗好文學，恩遇極於崇重，爵位踰於寵章。不思聖哲之誡，自搆驕僭之咎，惑讒諛之言，信離間之說。以承乾雖居長嫡，久纏痾恙，潛有代宗之望，靡思孝義之則。承乾懼其淩奪，泰亦日增猜阻，爭結朝士，競引凶人。遂使文武之官，各有託附；親戚之內，分爲朋黨。朕志存公道，義在無偏，彰厥巨釁，兩從廢黜。非惟作則四海，亦乃貽範百代。可解泰雍州牧、相州都督、左武候大將軍，降封東萊郡王。

太宗因謂侍臣曰：「自今太子不道，藩王窺嗣者，兩棄之。傳之子孫，以爲永制。」尋改封泰爲順陽王，徙居均州之鄖鄉縣。

太宗後嘗持泰所上表謂近臣曰：「泰文辭美麗，豈非才士。我中心念泰，卿等所知。但社稷之計，斷割恩寵，責其居外者，亦是兩相全也。」二十一年，進封濮王。高宗卽位，爲泰開府置僚屬，車服羞膳，特加優異。永徽三年，薨于鄖鄉，年三十有五，贈太尉、雍州牧，謚曰恭。文集二十卷。

二子欣、徽。

欣封嗣濮王，徽封新安郡王。欣，則天初陷酷吏獄，貶昭州別駕，卒。

子嶠，本名餘慶，中興初封嗣濮王。景雲元年，加銀青光祿大夫。開元十二年，爲國子祭酒同正員。以王守一妹壻貶邵州別駕，移鄧州別駕，後復其爵。

庶人祐，太宗第五子也。武德八年，封宜陽王，其年改封楚王。貞觀二年，徙封燕王，累轉豳州都督。十年，改封齊王，授齊州都督。其舅尚乘直長陰弘智謂祐曰：「王兄弟既多，卽上百年之後，須得武士自助。」乃引其妻兄燕弘信謁祐，祐接之甚厚，多賜金帛，令潛募劍士。

初，太宗以子弟成長，慮乖法度，長史、司馬，必取正人，王有虧違，皆遣聞奏。而祐溺情羣小，尤好弋獵，長史薛大鼎屢諫不聽，太宗以大鼎輔導無方，竟坐免。權萬紀前爲吳王恪長史，有正直節，以萬紀爲祐長史，以匡正之。萬紀見祐非法，常犯顏切諫。有昝君謩、梁猛彪者，並以善騎射得幸於祐，萬紀驟諫不納，遂斥逐之，而祐潛遣招延，狎暱逾甚。太宗慮其不能悔過，數以書責讓祐。萬紀恐幷獲罪，謂祐曰：「王，帝之愛子，陛下欲王改悔，故加教訓。若能飭躬引過，萬紀請入朝言之。」祐因附表謝罪。萬紀旣至，言祐必能改過。太宗意稍解，賜萬紀而諭之，仍以祐前過，敕書誥誡之。祐聞萬紀勞勉而獨被責，以爲賣己，意甚不平。萬紀性又褊隘，專以嚴急維持之，城門外不許祐出，所有鷹犬並令解放，又斥出君謩、猛彪，不許與祐相見。祐及君謩以此銜怒，謀殺萬紀。會事洩，萬紀悉收繫獄，而發驛奏聞。十七年，詔刑部尚書劉德威往按之，幷追祐及萬紀入京，祐大懼。俄而萬紀奉詔先行，祐遣燕弘信兄弘亮追于路射殺之。

既殺萬紀，君謩等勸祐起兵，乃召城中男子年十五以上，僞署上柱國、開府儀同三司，開官庫物以行賞。驅百姓入城，繕甲兵。署官司，其官有拓東王、拓西王之號。詔遣兵部尚書李勣與劉威便道發兵討之。祐每夜引弘亮等五人對妃宴樂，以爲得志。戲笑之隙，語及官軍，弘亮曰：「不須憂也！右手持酒啗，左手刀拂之。」祐愛信弘亮，聞之甚樂。太宗手詔祐曰：「吾常誡汝勿近小人，正爲此也。汝素乖誠德，重惑邪言，自延伊禍，以取覆滅。痛哉，何愚之甚也！遂乃爲梟爲獍，忘孝忘忠，擾亂齊郊，誅夷無罪。去維城之固，就積薪之危；壞盤石之親，爲尋戈之釁。且夫背禮違義，天地所不容；棄父逃君，人神所共怒。往是吾子，今爲國讎。萬紀存爲忠烈，死不妨義；汝生爲賊臣，死爲逆鬼。彼則嘉聲不隤，爾則惡跡無窮。吾聞鄭叔、漢戾，並爲猖獗，豈期生子，乃自爲之。吾所以上慚皇天，下愧后土，歎惋之甚，知復何云。」太宗題書畢，爲之灑泣。

時李勣等兵未至齊境，而青、淄等數州兵並不從祐之命，祐又傳檄諸縣，亦不從。或勸祐虜城中子女走入豆子䴚爲盜，計未決而兵曹杜行敏謀將執祐，兵士多願從。是夜，乃鑿垣而入，祐與弘亮等五人披甲控弦，入室以自固。行敏列兵圍之，謂祐曰：「昔爲帝子，今乃國賊。行敏爲國討賊，更無所顧，王不速降，當爲煨燼。」命薪草欲積而焚之，祐遂出就擒，餘黨悉伏誅。行敏送祐至京師，賜死於內省，貶爲庶人，國除。尋以國公禮葬之。

蜀王愔，太宗第六子也。貞觀五年，封梁王。七年，授襄州刺史。十年，改封蜀王，轉益州都督。十三年，賜實封八百戶，除岐州刺史。愔常非理毆擊所部縣令，又畋獵無度，數爲非法。太宗怒曰：「禽獸調伏，可以馴擾於人；鐵石鐫鍊，可爲方圓之器。至如愔者，曾不如禽獸鐵石乎！」乃削封邑及國官之半，貶爲虢州刺史。二十三年，加實封滿千戶。

愔在州數遊獵，不避禾稼，深爲百姓所怨。典軍楊道整叩馬諫，愔曳而捶之。永徽元年，爲御史大夫李乾祐所劾。高宗謂荊王元景等曰：「先朝櫛風沐雨，平定四方，遠近肅淸，車書混一，上天降禍，奄棄萬邦。朕纂承洪業，懼均馭朽，與王共感同憂，爲家爲國。蜀王畋獵無度，侵擾黎庶，縣令、典軍，無罪被罰。阿諛即喜，忤意便嗔，如此居官，何以共理百姓？歷觀古來諸王，若能動遵禮度，則慶流子孫；違越條章，則誅不旋踵。愔爲法司所劾，朕實恥之。」帝又引楊道整勞勉之，拜爲匡道府折衝都尉，賜絹五十匹。貶愔爲黃州刺史。四年，坐與恪謀逆，黜爲庶人，徙居巴州。尋改爲涪陵王。乾封二年薨。咸亨初，復其爵土，贈益州大都督，陪葬昭陵，謚曰悼。封子璠爲嗣蜀王，永昌年配流歸誠州而死。

神龍初，以吳王恪孫朗陵王瑋子褕爲嗣蜀王。

蔣王惲，太宗第七子也。貞觀五年，封郯王。八年，授洛州刺史。十年，改封蔣王、安州都督，賜實封八百戶。二十三年，加實封滿千戶。永徽三年，除梁州都督。惲在安州，多造器用服玩，及將行，有遞車四百兩，州縣不堪其勞，爲有司所劾，帝特宥之。後歷遂、相二州刺史。上元年，有人詣闕誣告惲謀反，惶懼自殺，贈司空、荊州大都督，陪葬昭陵。

子煒嗣，歷沂州刺史，垂拱中爲則天所害。

子銑早卒。神龍初，封銑子紹宗爲嗣蔣王。景龍二年，加銀青光祿大夫。開元初，爲太子家令同正員卒。

子欽福嗣，爲率更令同正員。天寶初削官，於錦州安置。十二載，爲南郡長史同正。

惲子煌，蔡國公。煌孫之芳，幼有令譽，頗善五言詩，宗室推之。開元末爲駕部員外郎。天寶十三載，安祿山奏爲范陽司馬。及祿山起逆，自拔歸西京，授右司郎中，歷工部侍郎、太子右庶子。廣德元年，兵革未淸，吐蕃又犯邊，侵軼原、會，乃遣之芳兼御史大夫，使吐蕃，被留境上二年而歸。除禮部尙書，尋改太子賓客。

惲子休道。道子琚，本名思順。中興封嗣趙王，加銀青光祿大夫。開元十二年改封中山郡王、右領軍將軍。

越王貞，太宗第八子也。貞觀五年，封漢王。七年，授徐州都督。十年，改封原王，尋徙封越王，拜揚州都督，賜實封八百戶。十七年，轉相州刺史。二十三年，加實封滿千戶。永徽四年，授安州都督。咸亨中，復轉相州刺史。貞少善騎射，頗涉文史，兼有吏幹。所在或偏受讒言，官僚有正直者多被貶退，又縱諸僮豎侵暴部人，由是人伏其才而鄙其行。

則天臨朝，加太子太傅，除蔡州刺史。自則天稱制，貞與韓王元嘉、魯王靈夔、霍王元軌及元嘉子黃國公譔、靈夔子范陽王藹、元軌子江都王緒幷貞長子博州刺史、琅邪王沖等，密有匡復之志。垂拱四年七月〔五〕，譔作謬書與貞云：「內人病漸重，恐須早療；若至今冬，恐成痼疾，宜早下手，仍速相報。」是歲，則天以明堂成，將行大享之禮，追皇宗赴集。元嘉因遞相語云：「大享之際，神皇必遣人告諸王密，因大行誅戮，皇家子弟無遺種矣。」譔遂詐爲皇帝璽書與沖云：「朕被幽縶，王等宜各救拔我也。」沖在博州，又僞爲皇帝璽書云：「神皇欲傾李家之社稷，移國祚於武氏。」遂命長史蕭德琮等召募士卒，分報韓、魯、霍、越、紀等五王，各令起兵應接，以赴神都。

初，沖與諸王連謀，及沖先發而莫有應者，惟貞以父子之故，獨舉兵以應之。尋遣兵破上蔡縣，聞沖敗，恐懼，索鎖欲自拘馳驛詣闕謝罪。會其所署新蔡令傅延慶得勇士二千餘人，貞遂有拒敵之意。乃宣言於其衆曰：「琅邪王已破魏、相數州，聚兵至二十萬，朝夕即到，爾宜勉之。」徵屬縣兵至七千人，分爲五營，貞自爲中營，署其所親汝陽縣丞裴守德爲大將軍、內營總管；趙成美爲左中郎將，押左營；閭弘道爲右中郎將，押右營；安摩訶爲郎將、後軍總管；王孝志爲右將軍、前軍總管。又以蔡州長史韋慶禮爲銀青光祿大夫，行其府司馬。凡署九品已上官五百餘人。令道士及僧轉讀諸經，以祈事集，家僮、戰士咸帶符以辟兵。其所署官皆迫脅見從，本無鬬志，惟裴守德實與之同。守德驍勇，善騎射，貞將起事，便以女良鄉縣主妻之，而委以爪牙心腹之任。

則天命左豹韜衞大將軍麴崇裕爲中軍大總管，夏官尚書岑長倩爲後軍大總管，率兵十萬討之，仍令鳳閣侍郎張光輔爲諸軍節度。於是制削貞及沖屬籍，改姓虺氏。崇裕等軍至蔡州城東四十里，貞命少子規及裴守德拒戰。規等兵潰而歸，貞大懼，閉門自守。裴守德排閤入，問王安在，意欲殺貞以自購也。官軍進逼州城，貞家僮悉力衞貞，曰：「事既如此，豈得受戮辱，當須自爲計。」貞乃飲藥而死。家僮方始一時散，捨仗就擒。規亦縊其母自殺，守德攜良鄉縣主亦同縊于別所。麴崇裕斬貞父子及裴守德等，傳首東都，梟於闕下。貞起兵凡二十日而敗。

貞之在蔡州，數奏免所部租賦以結人心，家僮千人，馬數千匹，外託以畋獵，內實習武備。嘗遊于城西水門橋，臨水自鑒，不見其首，心甚惡之，未幾而及禍。神龍初，追復爵土，與子沖俱復舊姓。

初，貞將起兵，作書與壽州刺史、駙馬都尉趙瓌曰：「佇總義兵，來入貴境。」瓌甚喜，復許率兵相應。瓌妻常樂長公主，高祖第七女，和思皇后之母也，謂其使曰：「爲我報越王，與其進不與其退。爾諸王若是男兒，不應至許時尚未舉動。我常見耆老云，隋文帝將篡奪周室，尉遲迥是周家外甥，猶能起兵相州，連結突厥，天下聞風，莫不響應。況爾諸王，並國家懿親，宗社是託，豈不學尉遲迥感恩効節，捨生取義耶？夫爲臣子，若救國家則爲忠，不救則爲逆。諸王必須以匡救爲急，不可虛生浪死，取笑於後代。」及貞等敗，瓌與公主亦伏誅。

沖，貞長子也。好文學，善騎射。歷密、濟、博三州刺史，皆有能名。初，沖自博州募得五千餘人，欲渡河攻濟州，先取武水縣。縣令郭務悌赴魏州請援，魏州莘縣令馬玄素領兵千七百人邀之于路，恐力不敵，先入武水城，閉門拒守。沖乃令積草車上，放火燒南門，擬乘火突入。火之未起，南風甚急，及火已燃，遽迴爲北風，未至城門，燒草已甚，沖軍由是沮氣。有堂邑丞董玄寂爲沖統帥兵仗，及沖擊武水，玄寂曰：「琅邪王與國家交戰，此乃反也。」沖聞之，斬玄寂以徇。兵衆懼而散入草澤，不可禁止，惟有家僮左右不過數十而已。乃卻走入博州城，爲守門者所殺。則天命左金吾將軍丘神勣爲清平道行軍大總管以討沖，兵未至，沖已死，傳首東都，梟於闕下。沖起兵凡七日而敗。

沖三弟。蒨，封常山公，歷常州別駕，坐與父兄連謀伏誅。溫，以告其朋黨得實，減死流嶺南，尋卒。

神龍初，侍中敬暉等以沖父子翼戴皇家，義存社稷，請復其官爵，武三思令昭容上官氏代中宗手詔不許。開元四年，詔追復爵土，令備禮改葬。太常奏謚議曰：「故越王貞，往者願匡宗社，夙懷誅呂之謀；乃心王國，用擊非劉之議。以茲獲戾，上悼聖心。謹按謚法『死不忘君曰敬』，請謚曰敬。」從之。五年，下詔曰：「九族以親，克敦其教；百代必祀，允竟厥德。故蔡州刺史、越王貞，執心不回，臨事能斷。粤自藩國，勤于王家。弘道之後，寶圖將缺，懷劉章之輔漢，追鄭武之翊周。遂能奮不顧身，率先唱義，雖英謀未克，而忠節居多。嗣絕國除，年踰二紀，奠享淪廢，甚爲憫焉。永言興繼，式備典册。其封貞姪孫故許王男左監門衞將軍、夔國公琳爲嗣越王，以奉其祀。仍官爲立碑。」琳尋卒，國除。

紀王慎，太宗第十子也。貞觀五年，封申王。七年，授秦州都督。十年，改封紀王，賜實封八百戶。十七年，遷襄州刺史，以善政聞，璽書勞勉，百姓爲之立碑。二十三年，加實封滿千戶。永徽元年，拜左衞大將軍。二年，授荊州都督，累除邢州刺史。文明元年，加授太子太師，轉貝州刺史。

慎少好學，長於文史，皇族中與越王貞齊名，時人號爲紀、越。初，貞將起事，愼不肯同謀，及貞敗，愼亦下獄。臨刑放免，改姓虺氏，仍載以檻車，配流嶺表，道至蒲州而卒。

愼長子和州刺史東平王續最知名，早卒。次子沂州刺史義陽王琮、楚國公叡、遂州別駕襄郡公秀、廣化郡公獻、建平郡公欽等五人，垂拱中並遇害，家屬徙嶺南。

中興初，追復官爵，令以禮改葬。封愼少子鐵誠爲嗣紀王，後改名澄。景雲元年，加銀青光祿大夫。開元初，歷德、瀛、冀三州刺史、左驍衞將軍，薨。

子行同嗣，天寶中爲右贊善大夫同正員。

江王囂，太宗第十一子也。貞觀五年受封，六年薨，諡曰殤。

代王簡，太宗第十二子也。貞觀五年受封，其年薨，無後國除。

趙王福，太宗第十三子也。貞觀十三年受封，出後隱太子建成。十八年，授秦州都督，賜實封八百戶。二十三年，加右衞大將軍，累授梁州都督。咸亨元年薨，贈司空、并州都督，陪葬昭陵。中興初，封蔣王惲孫思順爲嗣趙王。

曹王明，太宗第十四子。貞觀二十一年受封。二十三年，賜實封八百戶，尋加滿千戶。顯慶中，授梁州都督，後歷虢、蔡、蘇三州刺史。詔令繼巢刺王元吉後。永崇中，坐與庶人賢通謀，降封零陵王，徙於黔州。都督謝祐希旨逼脅令自殺，帝深悼之，黔府官僚咸坐免職。景雲元年，明喪柩歸于京師，陪葬昭陵。

有二子，南州別駕零陵王俊、黎國公傑，垂拱中並遇害。

中興初，封傑子胤爲嗣曹王。胤叔父備自南州還，又封備爲嗣曹王、衞尉少卿同正員，胤遂停封。後備招慰忠州叛獠，沒于賊，又封胤爲王、銀青光祿大夫、右武衞將軍。卒，子戢嗣，左衞率府中郎將。卒，子臯嗣。臯自有傳。

史臣曰：太宗諸子，吳王恪、濮王泰最賢，皆以才高辯悟，爲長孫無忌忌嫉，離間父子，遽爲豺狼，而無忌破家，非陰禍之報歟？武后斲喪王室，潛移龜鼎，越王貞父子痛憤，義不圖全。毀室之悲，鴟鴞之詩，傷矣！比齊祐之妄作，豈同年而語哉！

贊曰：子弟作藩，磐石維城。驕侈取敗，身無令名。沖、譔憤發，視死如生。承乾、齊祐，愚弟庸兄。

校勘記

〔一〕武德三年封蜀王　「武德三年」下有脫文，據本書卷一高祖紀、卷二太宗紀，新書卷八〇鬱林王恪傳，當作「武德三年，封長沙王。九年，進封漢王。貞觀二年，徙封蜀王。」

〔二〕十五年　「五」字各本原無，據唐會要卷三六補。

〔三〕或未盡美　「或」字各本原作「武」，據貞觀政要卷四、册府卷五四三改。

〔四〕昔漢竇太后及景帝遂驕恣梁孝王　貞觀政要卷四「景帝」下有「並不識義方之理」七字。

〔五〕垂拱四年　「四」字各本原作「三」，據本書卷六則天紀、新書卷八〇越王貞傳、通鑑卷二〇四改。

舊唐書卷七十七

列傳第二十七

韋挺 子待價　弟萬石　楊纂 族子弘禮　弘武　武子元亨　元禧　元禕

劉德威 子審禮　孫易從　審禮從弟延嗣　閻立德 弟立本　柳亨 族子範

兄子奭　亨孫渙　澤　崔義玄 子神慶

韋挺，雍州萬年人，隋民部尚書沖子也。少與隱太子相善，及高祖平京城，引為隴西公府祭酒。武德中，累遷太子左衞驃騎、檢校左率，太子遇之甚厚，宮臣罕與為比。七年，高祖避暑仁智宮，會有上書言事者，稱太子與宮臣潛搆異端。時慶州刺史楊文幹搆逆伏誅，辭涉東宮，挺與杜淹、王珪等並坐流於越巂。

及太宗在東宮，徵拜主爵郎中。貞觀初，王珪數舉之，由是遷尚書右丞。俄授吏部侍郎，轉黃門侍郎，進拜御史大夫，封扶陽縣男。太宗以挺女為齊王祐妃。常與房玄齡、王珪、魏徵、戴胄等俱承顧問，議以政事。又與高士廉、令狐德棻等同修氏族志，累承賞賚。太宗嘗謂挺曰：「卿之任御史大夫，獨朕意耳，左右大臣無爲卿地者，卿勉之哉！」挺陳謝曰：「臣駑下，不足以辱陛下高位。且臣非勳非舊，而超處藩邸故僚之上，臣願後之，以勸立功者。」太宗不許。尋改授銀青光祿大夫，行黃門侍郎，兼魏王泰府事。時泰有寵，太子承乾多過失，太宗微有廢立之意。中書侍郎杜正倫以漏泄禁中語左遷，時挺亦預泰事，太宗謂曰：「朕已罪正倫，不忍更置卿於法。」特原之。尋遷太常卿。

初，挺爲大夫時，馬周爲監察御史，挺以周寒士，殊不禮之。至是，周爲中書令，太宗嘗復欲用挺在門下，周密陳挺傲狠非宰相器，遂寢。十九年，將有事於遼東，擇人運糧，周又奏挺才堪粗使，太宗從之。挺以父在隋爲營州總管，有經略高麗遺文，因此奏之。太宗甚悅，謂挺曰：「幽州以北，遼水二千餘里〔一〕，無州縣，軍行資糧無所取給，卿宜爲此使。但得軍用不乏，功不細矣。」以人部侍郎崔仁師爲副使，任自擇文武官四品十人爲子使，以幽、易、平三州驍勇二百人，官馬二百匹爲從。詔河北諸州皆取挺節度，許以便宜行事。太宗親解貂裘及中廐馬二匹賜之。

挺至幽州，令燕州司馬王安德巡渠通塞。先出幽州庫物，市木造船，運米而進。自桑乾河下至盧思臺，去幽州八百里，逢安德還曰：「自此之外，漕渠壅塞。」挺以北方寒雪，不可更進，遂下米於臺側權貯之，待開歲發春，方事轉運，度大兵至，軍糧必足，仍馳以聞。太宗不悅，詔挺曰：「兵尙拙速，不貴工遲。朕欲十九年春大舉，今言二十年運漕，甚無謂也。」乃遣繁時令韋懷質往挺所支度軍糧，檢覆渠水。懷質還奏曰：「挺不先視漕渠，輒集工匠造船，運米即下。至盧思臺，方知渠閉，欲進不得，還復水涸，乃便貯之，無達平夷之日。又挺在幽州，日致飲會，實乖至公。陛下明年出師，以臣度之，恐未符聖策。」太宗大怒，令將作少監李道裕代之，仍令治書侍御史唐臨馳傳械挺赴洛陽，依議除名，仍令白衣散從。及前軍破蓋牟城，詔挺統兵士鎭蓋牟，示漸用之也。挺城守去大軍懸遠，與高麗新城鄰接，日夜戰鬭，鼓譟之聲不絕。挺不堪其憂，且不平於失職，素與術士公孫常善，乃與常書以敍所懷。會常以他事被拘，自縊而死，索其囊中，得挺書，論城中危蹙，兼有歎悵之辭。太宗以挺怨望，謫爲象州刺史。歲餘卒，年五十八。

子待價，初爲左千牛備身。永徽中，江夏王道宗得罪，待價即道宗之壻也，緣坐左遷盧龍府果毅。時將軍辛文陵率兵招慰高麗，行至吐護眞水，高麗掩其不備，襲擊敗之。待價與中郎將薛仁貴受詔經略東蕃，因率所部救之。文陵苦戰，賊漸退，軍始獲全。待價被重瘡，流矢中其左足，竟不言其功，以足疾免官而歸。

後果授蘭州刺史。時吐蕃屢爲邊患，高宗以沛王賢爲涼州大都督，以待價爲司馬。俄又遷肅州刺史，頗有守禦之功，徵拜右武衞將軍，兼檢校右羽林軍事。儀鳳三年，吐蕃又犯塞，待價復以本官檢校涼州都督，兼知鎭守兵馬事。俄又徵還舊職，復封扶陽侯。則天臨朝，拜吏部尚書，攝司空，營高宗山陵，功畢，加金紫光祿大夫，改爲天官尚書、同鳳閣鸞臺三品，賜物一千段，仍與一子五品。待價素無藻鑑之才，自武職而起，居選部，旣銓綜無敍，甚爲當時所嗤。

垂拱元年十月，復爲燕然道行軍大總管，以禦突厥。明年春還。六月，拜文昌右相，依舊同鳳閣鸞臺三品。旣累登非據，頗不自安，頻上表辭職，則天每降優制不許之。又表請削官秩，迴恩贈父，於是贈挺潤州刺史。明年，上疏請自効戎旅之用，於是拜安息道行軍大總管，督三十六總管以討吐蕃，進封扶陽郡公。軍至寅識迦河，與吐蕃合戰，初勝後敗。又屬天寒凍雪，師人多死，糧餽又不支給，乃旋師弓月，頓於高昌。則天大怒，副將閻溫古以逗留伏法，待價坐除名，配流繡州，尋卒。

弟萬石，頗有學業，而特善音律。上元中，自吏部郎中遷太常少卿。當時郊廟樂調及讌會雜樂，皆萬石與太史令姚玄辯增損之，時人以爲稱職。尋又兼知吏部選事，卒官。挺從祖兄子安石，別有傳。

楊纂，華州華陰人也。祖儉，周東雍州刺史。父文偉，隋溫州刺史。纂略涉經史，尤明時務。少與琅邪顏師古、燉煌令狐德棻友善。大業中，進士舉，授朔方郡司法書佐，坐楊玄感近屬除名，乃家于蒲城。

義軍渡河，于長春宮謁見。累授侍御史。數上書言事，因被召問，擢爲考功郎中。貞觀初，長安令，賜爵長安縣男。有婦人袁氏妖逆，爲人所告，纂究問之，不得其狀。袁氏後又事發伏誅，太宗以纂爲不忠，將殺之，中書令溫彥博以纂過誤，罪不至死，固諫，乃赦之。三遷吏部侍郎。八年，副特進蕭瑀爲河南道巡察大使，與瑀情有不協，屢相表奏，瑀因以獲罪。纂尋拜尙書左丞。纂旣長於吏道，所在皆有聲績。俄又除吏部侍郎，前後典選十餘載，銓敍人倫，稱爲允當。然而抑文雅，進酷吏，觀時任數，頗爲時論所譏。後歷太常少卿、雍州別駕，加銀青光祿大夫，復爲尙書左丞，遷太僕卿，檢校雍州別駕，遷戶部尙書。永徽初卒，贈幽州都督，諡曰敬。

子守愚，則天時官至雍州長史；守挹，岐州刺史。族子弘禮。

弘禮，隋尚書令素弟之子也。父岳，大業中爲萬年令，與素子玄感不協，嘗密上表稱玄感必爲亂。及玄感被誅，岳在長安繫獄，帝遽使赦之。比使至，岳已爲留守所殺，弘禮等遂免從坐。

高祖受禪，以楊素隋代有勳業，詔弘禮襲封淸河郡公，拜太子通事舍人。貞觀中，歷兵部員外郎，仍爲西河道行軍大總管府長史，三遷中書舍人。太宗有事遼東，以弘禮有文武材，擢拜兵部侍郎，專典兵機之務。弘禮每入參謀議，出則統衆攻戰。駐蹕之陣，領馬步二十四軍，出其不意以擊之，所向摧破。太宗自山下見弘禮所統之衆，人皆盡力，殺獲居多，甚壯之，謂許敬宗等曰：「越公兒郎，故有家風矣。」時諸宰相並在定州留輔皇太子，唯有褚遂良、許敬宗及弘禮在行在所，掌知機務。

二十年，拜中書侍郎。明年，加銀青光祿大夫，尋遷司農卿，兼充崑丘道副大總管，諸道軍將咸受節度。於是破處月，降處密，殺焉耆王，降騤支部，獲龜茲、于闐王。凱旋，未及行賞，太宗晏駕。弘禮頗忤大臣之旨，由是出爲涇州刺史。永徽初，論崑丘之功，改授勝州都督。尋遷太府卿。四年卒，贈蘭州都督，謚曰質。弟弘武。

弘武少修謹，武德初，拜左千牛備身。永徽中，爲吏部郎中。孝敬初爲皇太子，精擇僚寀，以弘武爲中舍人。麟德中，將有事於東岳，弘武自荆州司馬擢拜司戎少常伯。從駕還，高宗特令弘武補授吏部選人五品已上官，由是漸見親委。后母榮國夫人楊氏以與弘武同宗，又稱薦之，俄遷西臺侍郎。乾封二年，與戴至德、李安期等同東西臺三品。及在政事，頗以清簡見稱。總章元年，卒于官，贈汴州刺史，謚曰恭。

子元亨，則天時爲司府少卿。元禧，尙食奉御。元禧頗有醫術，爲則天所任。嘗忤張易之之意，易之密奏元禧是楊素兄弟之後，素父子在隋有逆節，子孫不合供奉。則天乃下制曰：「隋尙書令楊素，昔在本朝，早荷殊遇。稟凶邪之德，懷諂佞之才，惑亂君上，離間骨肉。搖動冢嫡，寧唯掘蠱之禍；誘扇後主，卒成請蹯之釁。隋室喪亡，蓋惟多僻，究其萌兆，實此之由。生爲不忠之人，死爲不義之鬼，身雖幸免，子竟族誅。斯則姦逆之謀，是其庭訓；險薄之行，遂成門風。刑戮雖加，枝胤仍在，豈可復肩隨近侍，齒迹朝行？朕接統百王，恭臨四海，上嘉賢佐，下捍賊臣，常欲從容於萬機之餘，褒貶於千載之外，況年代未遠，耳目所存者乎？其楊素及兄弟子孫，並不得令任京官及侍衞。」於是左貶元亨爲睦州刺史，元禧爲資州長史，元禧弟縣氏令元禕爲梓州司馬。張易之誅後，元亨等皆復任京職，元亨至齊州刺史，元禧台州刺史，元禕宣州刺史。

劉德威，徐州彭城人也。父子將，隋毗陵郡通守。德威姿貌魁偉，頗以幹略見稱。大業末，從左光祿大夫裴仁基討賊淮左，手斬賊帥李青蛙，傳首於行在所。後與仁基同歸李密，密素聞其名，與麾下兵，令於懷州鎮守。

武德元年，密與王世充戰敗入朝，德威亦率所部隨密歸款。高祖嘉之，授左武候將軍，封滕縣公。及劉武周南侵，詔德威統兵擊之，又判并州總管府司馬。俄而裴寂失律於介州，齊王元吉棄并州還朝，德威總知留府事。元吉纔出，武周已至城下，百姓相率投賊。武周獲德威，令率其本兵往浩州招慰。德威自拔歸朝，高祖親勞問之，兼陳賊中虛實及晉、絳諸部利害，高祖皆嘉納之。改封彭城縣公。未幾，檢校大理少卿。從擒建德，平世充，皆有功，轉刑部侍郎，加散騎常侍，妻以平壽縣主。

貞觀初，歷大理、太僕二卿，加金紫光祿大夫。俄出爲綿州刺史，以廉平著稱，百姓爲之立碑。尋檢校益州大都督府長史。十一年，復授大理卿。太宗嘗問之曰：「近來刑網稍密，其過安在？」德威奏言：「誠在主上，不由臣下。人主好寬則寬，好急則急。律文失入減三等，失出減五等。今則反是，失入則無辜，失出便獲大罪。所以吏各自愛，競執深文，非有教使之然，畏罪之所致耳。陛下但捨所急，則『寧失不經』復行於今日矣。」太宗深然之。數歲，遷刑部尚書，兼檢校雍州別駕。十七年，馳驛往齊州推齊王祐〔三〕。還至濮州，聞祐殺長史權萬紀，德威入據濟州，遣使以聞。詔德威便發河南兵馬，以申經略，會遭母憂而罷。十八年，起爲遂州刺史，三遷同州刺史。永徽三年卒，年七十一，贈禮部尚書、幽州都督，謚曰襄，陪葬獻陵。德威閨門友穆，接物寬平，所得財貨，多以分贍宗親。子審禮襲爵。

審禮，少喪母，爲祖母元氏所養。隋末，德威從裴仁基討擊，道路不通。審禮年未弱冠，自鄉里負載元氏渡江避亂，及天下定，始西入長安。元氏若有疾，審禮必親嘗湯藥，元氏顧謂孫曰：「我兒孝順，貫徹幽微，吾一顧念，宿疾頓輕。」

貞觀中，歷左驍衞郎將。丁父憂去職。及葬，跣足隨車，流血灑地，行路稱之。服闋當襲爵，累表讓弟，朝議不許。永徽中，累遷將作大匠，兼檢校燕然都護，襲封彭城郡公。審禮父歿雖久，猶悲慕不已，每見父時僚舊，必嗚咽流涕。母鄭氏早亡，事繼母平壽縣主，稍疾輒憂懼形于容色，終夕不寐。撫繼母男延景，友愛甚篤，所得祿俸，皆送母處，以資延景之費；而審禮妻子處飢寒，晏然未嘗介意。再從同居，家無異爨，合門二百餘口，人無間言。稍遷工部尚書，兼檢校左衞大將軍。

儀鳳二年，吐蕃寇涼州，命審禮爲行軍總管，與中書令李敬玄合勢討擊。遇賊於青海，敬玄後期不至，審禮軍敗，爲賊所執。永隆二年，卒于蕃中，贈工部尚書，謚曰僖。延景，官至陝州刺史，睿宗初，以后父追贈尚書右僕射。

審禮子易從，歷位岐州司兵參軍。審禮之沒吐蕃，詔許易從入蕃省之。及審禮卒，易從號哭，晝夜不止，毀瘠過禮。吐蕃哀其志行，還其父屍柩，易從徒跣萬里，扶護歸彭城，爲朝野之所嗟賞。後歷彭州長史〔三〕、任城男。永昌中，坐爲徐敬貞所誣搆遇害。易從在官仁恕，及將刑，人吏無遠近奔走，競解衣相率造功德〔四〕，以爲長史祈福，州人從之者十餘萬。其爲人所愛如此。

易從子昇，開元中，爲中書舍人、太子右庶子。

審禮從父弟延嗣，文明年爲潤州司馬，屬徐敬業作亂，率衆攻潤州，延嗣與刺史李思文固守不降。俄而城陷，敬業執延嗣，邀之令降，辭曰：「延嗣世蒙國恩，當思效命，州城不守，多負朝廷。終不能苟免偷生，以累宗族，豈以一身之故，爲千載之辱。今日之事，得死爲幸。」敬業大怒，將斬之，其黨魏思温救之獲免，乃囚之于江都獄。俄而賊敗，竟以裴炎近親，不得敍功，遷爲梓州長史，再轉汾州刺史卒。宗族至刺史者二十餘人。

閻立德，雍州萬年人，隋殿內少監毗之子也。其先自馬邑徙關中。毗初以工藝知名，立德與弟立本早傳家業。武德中，累除尚衣奉御，立德所造衮冕大裘等六服幷腰輿傘扇，咸依典式，時人稱之。貞觀初，歷遷將作少匠，封太安縣男。高祖崩，立德以營山陵功，擢爲將作大匠。貞觀十年，文德皇后崩，又令攝司空，營昭陵。坐怠慢解職，俄起爲博州刺史。十三年，復爲將作大匠。十八年，從征高麗，及師旅至遼澤，東西二百餘里泥淖，人馬不通，立德塡道造橋，兵無留礙，太宗甚悅。尋受詔造翠微宮及玉華宮，咸稱旨，賞賜甚厚。俄遷工部尚書。二十三年，攝司空，營護太宗山陵，事畢，進封爲公。顯慶元年卒，贈吏部尙書、幷州都督。

子玄邃，官至司農少卿。

玄邃子知微，聖曆初，歷位右豹韜衞將軍。時突厥默啜有女請和親，則天令淮陽王武延秀往納其女，命知微攝春官尙書送赴虜廷。默啜以延秀非皇室諸王，大怒，遂拘之別所，與知微率衆自恆岳道攻陷趙、定二州。知微經歲餘自突厥所還，則天以其隨賊入寇，令百官臠割，然後斬之，并夷其三族。

立本，顯慶中累遷將作大匠，後代立德爲工部尚書，兄弟相代爲八座，時論榮之。總章元年，遷右相，賜爵博陵縣男。立本雖有應務之才，而尤善圖畫，工於寫眞，秦府十八學士圖及貞觀中凌煙閣功臣圖，並立本之跡也，時人咸稱其妙。太宗嘗與侍臣學士泛舟於春苑，池中有異鳥隨波容與，太宗擊賞數四，詔座者爲詠，召立本令寫焉。時閣外傳呼云：「畫師閻立本。」時已爲主爵郎中，奔走流汗，俛伏池側，手揮丹粉，瞻望座賓，不勝愧赧。退誡其子曰：「吾少好讀書，幸免牆面，緣情染翰，頗及儕流。唯以丹青見知，躬廝役之務，辱莫大焉！汝宜深誡，勿習此末伎。」立本爲性所好，欲罷不能也。及爲右相，與左相姜恪對掌樞密。恪既歷任將軍，立功塞外；立本唯善於圖畫，非宰輔之器。故時人以千字文爲語曰：「左相宣威沙漠，右相馳譽丹青。」咸亨元年，百司復舊名，改爲中書令。四年卒。

柳亨，蒲州解人，魏尚書左僕射慶之孫也。父旦，隋太常少卿、新城縣公。亨，隋末歷熊耳、王屋二縣長，陷於李密。密敗歸國，累授駕部郎中。亨容貌魁偉，高祖甚愛重之，特以殿中監竇誕之女妻焉，即帝之外孫也。三遷左衞中郎將，封壽陵縣男。未幾，以譴出爲邛州刺史，加散騎常侍，被代還，數年不調。因兄葬，遇太宗遊於南山，召見與語，頗哀矜之。數日，北門引見，深加誨獎，拜銀青光祿大夫，行光祿少卿。太宗每誡之曰：「與卿舊親，情素兼宿，卿爲人交遊過多，今授此職，宜存簡靜。」亨性好射獵，有饕湎之名，此後頗自勗勵，杜絕賓客，約身節儉，勤於職事，太宗亦以此稱之。二十三年，以修太廟功，加金紫光祿大夫。久之，拜太常卿，從幸萬年宮，檢校岐州刺史。永徽六年卒，贈禮部尚書、幽州都督，謚曰敬。

亨族子範，貞觀中爲侍御史。時吳王恪好畋獵，損居人，範奏彈之。太宗因謂侍臣：「權萬紀事我兒，不能匡正，其罪合死。」範進曰：「房玄齡事陛下，猶不能諫止畋獵，豈可獨罪萬紀？」太宗大怒，拂衣而入。久之，獨引範謂曰：「何得逆折我？」範曰：「臣聞主聖臣直，陛下仁明，臣敢不盡愚直。」太宗意乃解。範，高宗時歷位尚書右丞、揚州大都督府長史。

亨兄子奭。奭父則，隋左衞騎曹，因使卒於高麗。奭入蕃迎喪柩，哀號逾禮，深爲夷人所慕。貞觀中，累遷中書舍人。後以外生女爲皇太子妃，擢拜兵部侍郎。妃爲皇后，奭又遷中書侍郎。永徽三年，代褚遂良爲中書令，仍監修國史。俄而后漸見疏忌，奭憂懼，頻上疏請辭樞密之任，轉爲吏部尚書。及后廢，累貶愛州刺史。尋爲許敬宗、李義府所構，云奭潛通宮掖，謀行鴆毒，又與褚遂良等朋黨構扇，罪當大逆。高宗遣使就愛州殺之，籍沒其家。奭既死非其罪，甚爲當時之所傷痛。神龍初，則天遺制，與褚遂良、韓瑗等並還官爵，子孫親屬當時緣坐者，咸從曠蕩。

開元初，亨孫渙爲中書舍人，表曰：「臣堂伯祖奭，去明慶三年，與褚遂良等五家同被讒戮。雖蒙遺制盪雪，而子孫亡沒並盡。唯有曾孫無忝，見貫龔州，蒙雪多年，猶同遠竄。陛下自臨宇縣，優政必被，鴻恩及於泉壤，大造加於亡絕。先天已後，頻降絲綸，曾任宰相之家，並許收其淪滯。況臣伯祖往叨執政，無犯受誅，藁窆尙隔故鄉，後嗣遂編蠻服。臣不申號訴，義所難安。伏乞許臣伯祖還葬鄉里，其曾孫無忝放歸本貫。」疏奏，敕令奭歸葬，官造靈輿遞還。無忝後歷位潭州都督。

渙弟澤，景雲中爲右率府鎧曹參軍。先是，姚元之、宋璟知政事，奏請停中宗朝斜封官數千員。及元之等出爲刺史，太平公主又特爲之言，有敕總令復舊職。澤上疏諫曰：

臣聞藥不毒不可以蠲疾，詞不切不可以補過。是以習甘旨者，非攝養之方；邇諛佞者，積危殆之本。臣實愚樸，志懷剛厲，或聞政之不當，事之不直，常慷慨關心，夢寐懷憤。每願殉身以諫，伏死而爭，但利於社稷，有便於君上，雖蒙禍被難，殺身不悔也。竊見神龍以來，羣邪作孽，法網不振，綱維大紊，實由內寵專命，外嬖擅權，因貴憑寵，賣官鬻爵。朱紫之榮，出於僕妾之口；賞罰之命，乖於章程之典。妃主之門，有同商賈；舉選之署，實均闤闠。屠販之子，悉由邪而忝官；黜斥之人，咸因姦而冒進。天下爲亂，社稷幾危，賴陛下聰明神武，拯其將墜。此陛下耳目之所親擊，固可永爲炯誡者也。

臣聞作法於理，猶恐其亂；作法於亂，誰能救之？祇如斜封授官，皆是僕妾汲引，迷謬先帝，昧自前朝，豈是孝和情之所憐，心之所愛？陛下初卽位時，納姚元之、宋璟之計，所以咸令黜之。頃日已來，又令敍之。將謂爲斜封之人不忍棄也，以爲先帝之意不可違也？若斜封之人不忍棄也，是韋月將、燕欽融之流亦不可褒贈也，李多祚、鄭克乂之徒亦不可淸雪也。陛下何不能忍於此而獨能忍於彼？使善惡不定，反覆相攻，使君子道消，小人道長，爲邪者獲利，爲正者銜冤。奈何導人以爲非，勸人以爲僻，將何以懲風俗，將何以止姦邪？今海內咸稱太平公主令胡僧慧範曲引此輩，將有誤於陛下矣。謗議盈耳，咨嗟滿衢，故語曰：「姚、宋爲相，邪不如正；太平用事，正不如邪。」書曰：「無偏無陂，遵王之義；無反無側，王道正直。」臣恐因循，流近致遠，積小爲大，累微起高。勿謂何傷，其禍將長；勿謂何害，其禍將大。

又賞罰之典，紀綱不謬，天秩有禮，君爵有功，不可因怒以妄罰，不可因喜以妄賞。伏見尚醫奉御彭君慶，以邪巫小道，超授三品，奈何輕用名器，加非其才。昔公主爲子求郎，明帝不許；今聖朝私愛，賞及憸人。董狐不亡，豈有所隱？臣聞賞一人而千萬人悅者賞之，罰一人而千萬人勸者罰之。臣雖未覩聖朝之妄罰，已覩聖朝之妄賞矣。書曰：「官不及私昵，惟其能；爵罔及惡德，惟其賢。」臣恐近習之人爲其先容，有謬於陛下也。惟陛下熟思而察之。雖往者不可諫，而來者猶可追。願杜請謁之路，塞恩倖之門，鑒誠前非，無累後悔。中畫一之法，明不二之刑，不詢之謀勿庸，無稽之言勿聽，則天下之化，人無間焉，日新之德，天鑒不遠。

澤後參選，會有敕令選人上書陳事，將加收擢，澤又上書曰：

頃者韋氏險詖，姦臣同惡，賞罰紊弛，綱紀紛綸。政以賄成，官因寵進，言正者獲戾，行殊者見疑，海內寒心，實將莫救。賴神明佑德，宗廟降靈，天討有罪，人用丕保〔五〕。陛下睿謀神聖，勇智聰明，安宗廟於已危，拯黎庶於將溺。今尨眉鮐背，歡欣踴躍，望聖朝之撫輯，聽聖朝之德音。今陛下錙煩省徭，法明德舉，萬邦愷樂，室家胥慶。

臣又聞危者保其存也，亂者有其理也。伏惟陛下安不忘危，理不忘亂，存不忘亡，則克享天心，國家長保矣。詩曰：「罔不有初，鮮克有終。」伏惟陛下愼厥終，修其初，非禮勿視，非禮勿動。書曰：「惟德罔小，萬邦惟慶；惟不德罔大，墜厥宗。」甚可畏也，甚可懼也，伏惟陛下愼之哉！

夫驕奢起於親貴，綱紀亂於寵倖。願陛下禁之於親貴，則天下隨風矣；制之於寵倖，則天下法明矣。詩曰：「刑于寡妻，至于兄弟，以御于家邦。」若親貴爲之而不禁，寵倖撓之而見從，是政之不常，令之不一，則姦詐斯起，暴亂生焉。雖嚴刑峻制，朝施暮戮，而法不行矣。縱陛下親之愛之，莫若安之福之。寵祿之過，罪之漸也，非安之也；驕奢之淫，危之本也，非福之也。

前事不忘，後之師也，伏願陛下精求俊哲，朝夕納誨。縱有逆于耳、謬于心者，無速之罰，姑籌之以道，省于厥躬。雖木樸忌忤，願恕之以直，開諫諍之路也。或有順於耳、便於身者，無急之賞，當求諸非道，稽之典訓。其不協於德，必置之以法，用杜側媚之行也。有羞淫巧於陛下者，遽黜之，則淫巧息矣；有進忠讜於陛下者，遽賞之，則忠讜進矣。

臣又聞生於富者驕，生於貴者傲。石碏曰：「臣聞愛子，教之以義方，不納於邪，驕奢淫逸，所自邪也。」書曰：「罔淫於逸，罔遊於樂。」穆王有命，「實賴前後左右有位之士，繩愆糾謬，格其非心」。今儲宮肇建，王府初啓，至於僚友，必惟妙擇。今驕奢之後，流波未變；慢遊之樂，餘風或存。夫小人倖臣，易合於意；奇伎淫巧，多適於心。臣恐狎於非德，茲爲愈怠。書曰：「愼簡乃僚，無以巧言令色，其惟吉士。僕臣正，厥后克正；僕臣諛，厥后自聖。」伏願採温良博聞之士，恭儉忠鯁之人，任以東宮及諸王府官，仍請東宮量署拾遺、補闕之職。令朝夕講論，出入侍從，授以訓誥，交修不逮。

臣又聞馳騁畋獵，令人發狂。名教之中，自有樂地。承前貴戚，鮮克由禮。或打毬擊鼓，比周伎術；或飛鷹奔犬，盤遊藪澤。此甚爲不道，非進德修業之本也。書曰：「內作色荒，外作禽荒。」又曰：「無若丹朱傲，惟慢遊是好。朋淫于家，用殄厥世。」伏惟陛下誕降謀訓，敦勸學業，示之以好惡，陳之以成敗，以義制事，以禮制心，圖之於未萌，慮之於未有，則福祿長享，與國並休矣。

臣又聞富不與驕期而驕自至，驕不與罪期而罪自至，罪不與死期而死自至。信矣斯語，明哉至誠。頃韋庶人、安樂公主、武延秀等可謂貴矣，可謂寵矣！權侔人主，威震天下。然怙侈滅德，神怒人棄。豈不謂愛之太極，富之太多，不節之以禮，不防之以法，終轉吉爲凶，變福爲禍。諺曰：「千人所指，無病自死。」不其然歟？書曰：「殷鑒不遠，在彼夏王。」今陛下何勸，豈非皇祖謀訓之則也；今陛下何懲，豈非孝和寵任之甚也。禮曰：「愛而知其惡，憎而知其善。」可不慎哉！夫寵愛之心則不免，去其太甚，閑之禮節，適則可矣。今諸王、公主、駙馬，亦陛下之所親愛也。矯枉之道，在於厥初；鑒誡之義，其取不遠。使觀過務善，居寵思危，庶夙夜惟寅，聿修厥德。經曰：「在上不驕，高而不危，所以長守貴也；制節謹度，滿而不溢，所以長守富也。富貴不離其身，然後能保其社稷。」書曰：「制于官刑，儆于有位。敢有常舞于宮，酣歌于室，時謂巫風；敢有徇于貨色，常于遊畋，時謂淫風；敢有侮聖言，逆忠直，遠耆德，比頑童，時謂亂風。惟茲三風十愆，卿士有一于身，家必喪；邦君有一于身，國必亡。」甚可畏也，甚可懼也！伏惟陛下必察而明之，必信而勸之。有奢僭驕怠者削其祿封，樸素修業者錫以紳服，以勗其非心，使其奉命，無使久而忽之，無使遠而墜之。

臣聞非知之艱，行之惟艱。又曰：「常厥德，保厥位，厥德匪常，九有以亡。」伏惟陛下慎之哉！前車之覆，實惟明證；先王之誡，可以終吉。若陛下奉伊尹之訓，崇傅說之命，不作無益，不啓私門，刑不差，賞不濫，則惟德是輔，惟人之懷，天祿永終，景福是集。儻陛下忘精一之德，開恩倖之門，爵賞有差，刑罰不當，則忠臣正士，亦不復談矣。

睿宗覽而善之，令中書省重詳議，擢拜監察御史。開元中，累遷太子右庶子。出爲鄭州刺史，未行病卒，贈兵部侍郎。

崔義玄，貝州武城人也。大業末，往依李密，初不見用。義玄見羣鼠渡洛，又稍刃有花文，謂所親曰：「此王敦敗亡之兆也。」時黄君漢守據柏崖，義玄往說之曰：「見機而作，不俟終日。今羣盜蜂起，九州幅裂，神器所歸，必在有德。唐公據有秦京，名應符籙，此眞主也。足下孤城獨立，宜遵寇恂、竇融之策，及時歸誠，以取封侯也。」君漢然之，卽與義玄歸國。拜懷州總管府司馬。世充遣將高毘侵掠河內，義玄擊敗之，多下城堡。君漢將分子女金帛與之，義玄皆拒而不受，以功封淸丘縣公。後從太宗討世充，屢獻籌策，太宗頗納用之。東都平，轉隰州都督府長史。貞觀初，歷左司郎中，兼韓王府長史，行州府事。與友人孟神慶雖志好不同，各以介直匡正府幕，王並委任之。

永徽初，累遷婺州刺史。屬睦州女子陳碩眞舉兵反，遣其黨童文寶領徒四千人掩襲婺州，義玄將督軍拒戰。時百姓訛言碩眞嘗升天，犯其兵馬者無不滅門，衆皆凶懼。司功參軍崔玄籍言於義玄曰：「起兵仗順，猶且不成，此乃妖詐，豈能得久。」義玄以爲然，因命玄籍爲先鋒，義玄率兵繼進。至下淮戍，擒其間諜二十餘人。夜有流星墜賊營，義玄曰：「此賊滅之徵也。」詰朝進擊，身先士卒，左右以楯蔽箭，義玄曰：「刺史尚欲避箭，誰肯致死？」由是士卒勠力，斬首數百級，餘悉許其歸首。進兵至睦州界，歸降萬計。及碩眞平，義玄以功拜御史大夫。

義玄少愛章句之學，五經大義，先儒所疑及音韻不明者，兼採衆家，皆爲解釋，傍引證據，各有條疏。至是，高宗令義玄討論五經正義，與諸博士等詳定是非，事竟不就。高宗之立皇后武氏，義玄協贊其謀，及長孫無忌等得罪，皆義玄承中旨繩之。顯慶元年，出爲蒲州刺史。尋卒，年七十一，贈幽州都督，謚曰貞。則天時思其功，重贈揚州大都督，賜其家實封二百戶。

子神基襲爵。長壽中，爲司賓卿、同鳳閣鸞臺平章事。爲相月餘，爲酷吏所陷，減死配流。後漸錄用，中宗初，爲大理卿。神基弟神慶。

神慶，明經舉，則天時，累遷萊州刺史。因入朝，待制於億歲殿，奏事稱旨。則天以神慶歷職皆有美政，又其父嘗有翊贊之勳，甚賞慰之，擢拜幷州長史。因謂曰：「幷州，朕之紛擾，又有軍馬，比日簡擇，無如卿者。前後長史，皆從尚書爲之，以其委重，所以授卿也。」因自爲按行圖，擇日而遣之。神慶到州，有豪富僞作改錢文敕，文書下州，穀麥踊貴，百姓驚擾。神慶執奏以爲不便，則天下制褒賞之。先是，幷州有東西二城，隔汾水，神慶始築城相接，每歲省防禦兵數千人，邊州甚以爲便。尋而兄神基下獄當死，神慶馳赴都告事，得召見。則天出神基推狀以示之，神慶據狀申理，神基竟得減死，神慶亦緣坐貶授歙州司馬。長安中，累轉禮部侍郎，數上疏陳時政利害，則天每嘉納之。轉太子右庶子，賜爵魏縣子。

時有突厥使入朝，準儀注，太子合預朝參，先降敕書。神慶上疏曰：「伏以五品已上所以佩龜者，比爲別敕徵召，恐有詐妄，內出龜合，然後應命。況太子元良國本，萬方所瞻，古來徵召皆用玉契，此誠重愼之極，防萌之慮。昨緣突厥使見，太子合預朝參，直有文符下宮，曾不降敕處分。今人稟淳化，內外同心，然古人慮事於未萌之前，所以長無悔吝之咎。況太子至重，不可不深爲誡愼。以臣愚見，太子既與陛下異宮，伏望每召太子，預報來日，非朔望朝參，應須別喚，望降墨敕及玉契。」則天甚然之。尋令神慶與詹事祝欽明更日於東宮侍讀。俄歷司刑、司禮二卿。神慶嘗受詔推張昌宗，而竟寬其罪，神龍初，昌宗等伏誅，神慶坐流於欽州。尋卒，年七十餘。明年，敬暉等得罪，緣昌宗被流貶者例皆雪免，贈神慶幽州都督。

開元中，神慶子琳等皆至大官，羣從數十人，趨奏省闥。每歲時家宴，組珮輝映，以一榻置笏，重疊於其上。開元、天寶間，中外族屬無緦麻之喪，其福履昌盛如此。東都私第門，琳與弟太子詹事珪、光祿卿瑤俱列棨戟，時號「三戟崔家」。琳位終太子少保。

史臣曰：周、隋已來，韋氏世有令人，鬱爲冠族，而安石嗣立，竟大其門。挺恃才傲物，固虧長者之風，賓王報之以不仁，難與議乎君子矣！議者以堯、舜有溢美，桀、紂有溢惡，蓋以一爲凶德，則羣惡所歸。楊素父子，傾覆隋祚，醜聲流聞，雖弘禮、弘武之正士，而元亨兄弟竟以凶族竄逐。古人守死善道，不無爲也。德威奏議，練刑名之要，俾長秋卿，美哉！審禮仁孝，治行可爲世範，卒與禍會，悲夫！二閻曲學甚工，措思精巧，藝成而下，垂誡宜然。柳氏世稱謇諤，奭、澤有正人風彩，忠規獻納，抑有人焉。義玄附麗武后，神慶寬縱穢臣，奕世纖邪，以至傾敗，宜哉！

贊曰：韋子驕矜，終損功名。楊家積惡，宗門擯落。閻以藝辱，劉以孝愆。二崔能吏，行無取焉。

校勘記

〔一〕遼水二千餘里　校勘記卷三七云：「據文義，『遼』上當有『至』字。」

〔二〕齊州　各本原作「濟州」，據本書卷七六庶人祐傳、册府卷八六二、新書卷一〇六劉德威傳改。

〔三〕彭州長史　「彭州」，各本原作「彭城」，據新書卷四二地理志、通鑑卷二〇四改。

〔四〕競解衣相率造功德　「競」字各本原作「竟」，據葉校本、通鑑卷二〇四改。

〔五〕人用丕保　「丕」字各本原作「不」，據册府卷五四五、全唐文卷二七七改。

舊唐書卷七十八

列傳第二十八

于志寧　高季輔　張行成 族孫易之 昌宗

于志寧，雍州高陵人，周太師燕文公謹之曾孫也。父宣道，隋內史舍人。志寧，大業末爲冠氏縣長，時山東羣盜起，乃棄官歸鄉里。高祖將入關，率羣從於長春宮迎接，高祖以其有名於時，甚加禮遇，授銀青光祿大夫。太宗爲渭北道行軍元帥，召補記室，與殷開山等參贊軍謀。及太宗爲秦王、天策上將，志寧累授天策府從事中郎，每侍從征伐，兼文學館學士。貞觀三年，累遷中書侍郎。太宗命貴臣內殿宴，怪不見志寧，或奏曰：「敕召三品已上，志寧非三品，所以不來。」太宗特令預宴，卽加授散騎常侍，行太子左庶子。累封黎陽縣公。

時議者欲立七廟，以涼武昭王爲始祖，房玄齡等皆以爲然，志寧獨建議以爲武昭遠祖，非王業所因，不可爲始祖。太宗又以功臣爲代襲刺史，志寧以今古事殊，恐非久安之道，上疏爭之。皆從志寧所議。太宗因謂志寧曰：「古者太子既生，士負之，即置輔弼。昔成王幼小，周、召爲師傅，日聞正道，習以成性。今皇太子既幼少，卿當輔之以正道，無使邪僻開其心。勉之無怠，當稱所委，官賞可不次而得也。」志寧以承乾數虧禮度，志在匡救，撰諫苑二十卷諷之，太宗大悅，賜黃金十斤、絹三百匹。十四年，兼太子詹事。明年，以母憂解。尋起復本官，屢表請終喪禮，太宗遣中書侍郎岑文本就宅敦諭之曰：「忠孝不並，我兒須人輔弼，卿宜抑割，不可徇以私情。」志寧遂起就職。

時皇太子承乾嘗以盛農之時，營造曲室，累月不止，所爲多不法。志寧上書諫曰：

臣聞克儉節用，實弘道之源；崇侈恣情，乃敗德之本。是以凌雲概日，戎人於是致譏；峻宇雕牆，夏書以之作誡。昔趙盾匡晉，呂望師周，或勸之以節財，或諫之以厚斂。莫不盡忠以佐國，竭誠以奉君，欲茂實播於無窮，英聲被乎物聽。咸著簡策，以爲美談。今所居東宮，隋日營建，覩之者尚譏其侈，見之者猶歎其華。何容此中更有修造，財帛日費，土木不停，窮斤斧之工，極磨礱之妙？且丁匠官奴入內，比者曾無伏監。此等或兄犯國章，或弟罹王法，往來御苑，出入禁闈，鉗鑿緣其身，槌杵在其手。監門本防非慮，宿衞以備不虞，直長既自不知，千牛又復不見。爪牙在外，廝役在內，所司何以自安，臣下豈容無懼？

又鄭、衞之樂，古謂淫聲。昔朝歌之鄉，迴車者墨翟；夾谷之會，揮劍者孔丘。先聖既以爲非，通賢將以爲失。頃聞宮內，屢有鼓聲，大樂伎兒，入便不出。聞之者股慄，言之者心戰。往年口敕，伏請重尋，聖旨殷勤，明誠懇切。在於殿下，不可不思；至於微臣，不得無懼。

臣自驅馳宮闕，已積歲年，犬馬尙解識恩，木石猶能知感，所有管見，敢不盡言。如鑒以丹誠，則臣有生路；若責其忤旨〔一〕，則臣是罪人。但悅意取容，臧孫方之疾疹；犯顏逆耳，春秋比之藥石。伏望停工匠之作，罷久役之人，絕鄭、衞之音，斥羣小之輩，則三善允備，萬國作貞矣。

承乾不納。

承乾又令閹官多在左右，志寧上書諫曰：

臣聞堯稱稽古，功著於搜揚；舜曰聰明，績彰於去惡。然開元立極，布政辨方，莫不旌賁英賢，驅除不肖。理亂之本，咸在於茲。況閹宦之徒，體非全氣，便蕃階闥，左右宮闈，託親近以立威權，假出納以爲禍福。昔易牙被任，變起齊邦；張讓執鈞，亂生漢室。伊戾爲詐，宋國受其殃；趙高作姦，秦氏鍾其弊。加以弘、石用事，京、賈則連首受誅；王、曹掌權，何、竇則踵武被戮。遂使縉紳重足，宰司屏氣。然順其情者，則榮逮幼沖；迕其意者，則災及繈褓。爰曁高齊都鄴，亦弊閹官，鄧長顒位至侍中，陳德信爵隆開府，外干朝政，內預宴私，宗枝藉其吹噓，重臣仰其鼻息。罪積山岳，靡挂於刑書；功無涓塵，已勒於鍾鼎。富踰金穴，財甚銅山。是以家起怨嗟，人懷憤歎。骨鯁之士，語不見聽；謇諤之臣，言必被斥。齊都顚覆，職此之由。向使任諒直之臣，退佞給之士，據趙、魏之地，擁漳、滏之兵，修德行仁，養政施化，何區區周室而敢窺覦者焉！

然杜漸防萌，古人所以遠禍；以大喻小，先哲於焉取則。伏惟殿下道茂重離，德光守器，憲章古始，祖述前修，欲使休譽遠聞，英聲遐暢。臣竊見寺人一色，未識上心，或輕忽高班，凌轢貴仕，便是品命失序，綱紀不立，取笑通方之人，見譏有識之士。然典內職掌，唯在門外通傳；給使主司，但緣階闥供奉。今乃往來閤內，出入宮中，行路之人，咸以爲怪。伏望狎近君子，屏黜小人，上副聖心，下允衆望。

承乾覽書甚不悅。

承乾嘗驅使司馭等不許分番，又私引突厥達哥支入宮內。志寧上書諫曰：

臣聞上天蓋高，日月以光其德；明君至聖，輔佐以贊其功。是以周誦升儲，見匡毛、畢；漢盈居震，取資黃、綺。姬旦抗法於伯禽，賈生陳事於文帝。莫不殷勤於端士，懇切於正人。昔鄧禹名臣，方居審諭之任；疏受宿望，始除輔導之官。歷代賢君，莫不丁寧於太子者，良以地膺上嗣，位處副君，善則率土霑其恩，惡則海內罹其禍。近聞僕寺、司馭，爰及駕士、獸醫，始自春初，迄茲夏晚，常居內役，不放分番。或家有尊親，闕於溫凊；或室有幼弱，絕於撫養。春則廢其耕墾，夏又妨其播殖。事乖存愛，恐致怨嗟。且突厥達哥支等，人面獸心，豈得以禮教期，不可以仁信待。心則未識於忠孝，言則莫辯其是非，近之有損於英聲，暱之無益於盛德。引之入閤，人皆驚駭，豈臣愚識，獨用不安？臣下爲殿下之股肱，殿下爲臣下之君父，君父以存撫爲務，股肱以匡救爲心。是以苦口之藥以奉身，逆耳之言以安位。古人樹誹謗之木，以求己愆；懸敢諫之鼓，以思身過。由是從諫之主，鼎祚克昌；愎諫之君，洪業隳墜。承乾大怒，陰遣刺客張師政、紇干承基就殺之。二人潛入其第，見志寧寢處苫廬，竟不忍而止。

及承乾敗後，推鞫具知其事。太宗謂志寧曰：「知公數有規諫，事無所隱。」深加勉勞。右庶子令狐德棻等以無諫書，皆從貶責。及高宗爲皇太子，復授志寧太子左庶子，未幾遷侍中。永徽元年，加光祿大夫，進封燕國公。二年，監修國史。時洛陽人李弘泰坐誣告太尉長孫無忌，詔令不待時而斬決。志寧上疏諫曰：

伏惟陛下情篤功臣，恩隆右戚，以無忌橫遭誣告，事並是虛，欲戮告人，以明賞罰，一以絕誣告之路，二以慰勳戚之心。又以所犯是眞，無忌便有破家之罪；今告爲妄，弘泰宜戮不待時。且眞犯之人，事當罪逆；誣謀之類，罪唯及身。以罪較量，明非惡逆，若欲依律，合待秋分。今時屬陽和，萬物生育，而特行刑罰，此謂傷春。竊案左傳聲子曰：「賞以春夏，刑以秋冬。」順天時也。又禮記月令曰：孟春之月，無殺孩蟲。省囹圄，去桎梏，無肆掠，止獄訟。又漢書董仲舒曰：「王者欲有所爲，宜求其端於天道。天道之大者在陰陽。陽爲德，陰爲刑，刑主殺而德主生。陽常居大夏，而以生育養長爲事；陰常居大冬，而積於空虛不用之處。以此見天之任德不任刑也。」伏惟陛下纂聖升祚，繼明御極，追連、胥之絕軌，蹈軒、頊之良規。欲使舉動順於天時，刑罰依於律令，陰陽爲之式序，景宿於是靡差，風雨不愆，雩禜輟祀。方今太蔟統律，青陽應期，當生長之辰，施肅殺之令。伏願暫迴聖慮，察古人言，倘蒙垂納，則生靈幸甚。

疏奏，帝從之。

是時，衡山公主欲出降長孫氏，議者以時既公除，合行吉禮。志寧上疏曰：

臣聞明君馭曆，當俟獻替之臣；聖主握圖，必資鹽梅之佐。所以堯詢四岳，景化洽於區中；舜任五臣，懿德被於無外。左有記言之史，右立記事之官，大小咸書，善惡俱載。著懲勸於簡牘，垂褒貶於人倫，爲萬古之範圍，作千齡之龜鏡。伏見衡山公主出降，欲就今秋成禮。竊按禮記云：「女十五而笄，二十而嫁；有故，二十三而嫁。」鄭玄云：「有故，謂遭喪也。」固知須終三年。春秋云：「魯莊公如齊納幣。」杜預云：「母喪未再期而圖婚，二傳不譏，失禮明故也。」此卽史策具載，是非歷然，斷在聖情，不待問於臣下。其有議者云：「準制，公除之後，須並從吉。」此漢文創制其儀，爲天下百姓。至於公主，服是斬縗，縱使服隨例除，無宜情隨例改。心喪之內，方復成婚，非唯違於禮經，亦是人情不可。伏惟陛下嗣膺寶位，臨統萬方，理宜繼美羲、軒，齊芳湯、禹，弘獎仁孝之日，敦崇名教之秋。此事行之若難，猶須抑而守禮，況行之甚易，何容廢而受譏？此理有識之所共知，非假愚臣之說也。伏願遵高宗之令軌，略孝文之權制，國家於法無虧，公主情禮得畢。」

於是詔公主待三年服闋，然後成禮。其年，拜尚書左僕射、同中書門下三品。三年，以本官兼太子少師。

顯慶元年，遷太子太傅。嘗與右僕射張行成、中書令高季輔俱蒙賜地，志寧奏曰：「臣居關右，代襲箕裘，周魏以來，基址不墜。行成等新營莊宅，尙少田園，於臣有餘，乞申私讓。」帝嘉其意，乃分賜行成及季輔。四年，表請致仕，聽解尚書左僕射，拜太子太師，仍同中書門下三品。

高宗之將廢王庶人也，長孫無忌、褚遂良執正不從，而李勣、許敬宗密申勸請，志寧獨無言以持兩端。及許敬宗推鞫長孫無忌詔獄，因誣構志寧黨附無忌，坐是免職，尋降授榮州刺史。麟德元年，累轉華州刺史，年老請致仕，許之。二年，卒于家，年七十八，贈幽州都督，諡曰定。上元三年，追復其左光祿大夫、太子太師。志寧雅愛賓客，接引忘倦，後進文筆之士，無不影附，然亦不能有所薦達，議者以此少之。前後預撰格式律令、五經義疏及修禮、修史等功，賞賜不可勝計。有集二十卷。

子立政，太僕少卿。志寧玄孫休烈，休烈子益，自有傳。

高季輔，德州蓨人也。祖表，魏安德太守。父衡，隋萬年令。季輔少好學，兼習武藝。居母喪以孝聞。兄元道，仕隋爲汲令。武德初，縣人翻城從賊，元道被害，季輔率其黨出鬬，竟擒殺其兄者斬之，持首以祭墓，甚爲士友所稱。由是羣盜多歸附之，衆至數千。尋與武陟人李厚德率衆來降，授陟州總管府戶曹參軍。貞觀初，擢拜監察御史，多所彈糾，不避權要。累轉中書舍人。

時太宗數召近臣，令指陳時政損益。季輔上封事五條，其略曰：

陛下平定九州，富有四海，德超邃古，道高前烈。時已平矣，功已成矣，然而刑典未措者，何哉？良由謀猷之臣，不弘簡易之政；臺閣之吏，昧於經遠之道。執憲者以深刻爲奉公，當官者以侵下爲益國，未有坦平恕之懷，副聖明之旨。至如設官分職，各有司存，尚書八座，責成斯在，王者司契，義屬於茲。伏願隨方訓誘，使各揚其職。仍須擢温厚之人，升清潔之吏，敦朴素，革澆浮，先之以敬讓，示之以好惡，使家識孝慈，人知廉恥。醜言過行，見嗤於鄉閭；忘義私昵，取擯於親族。杜其利欲之心，載以清淨之化。自然家肥國富，氣和物阜，禮節於是競興，禍亂何由而作？

又曰：

竊見聖躬，每存節儉，而凡諸營繕，工徒未息。正丁正匠，不供驅使；和雇和市，非無勞費。人主所欲，何事不成，猶願愛其財而勿殫，惜其力而勿竭。今畿內數州，實惟邦本，地狹人稠，耕植不博，菽粟雖賤，儲蓄未多，特宜優矜，令得休息。強本弱枝，自古常事。關、河之外，徭役全少；帝京、三輔，差科非一；江南、河北，彌復優閑。須爲差等，均其勞逸。

又曰：今公主之室，封邑足以給資用；勳貴之家，俸祿足以供器服。乃戚戚於儉約，汲汲於華侈，放息出舉，追求什一。公侯尚且求利，黎庶豈覺其非。錐刀必競，實由於此，有黷朝風，謂宜懲革。

又曰：仕以應務代耕，外官卑品，猶未得祿，既離鄉家，理必貧匱。但妻子之戀，賢達猶累其懷；飢寒之切，夷、惠罕全其行。爲政之道，期於易從。若不恤其匱乏，唯欲責其清勤，凡在末品，中庸者多，止恐巡察歲去，輶軒繼軌，不能肅其侵漁，何以求其政術？今戶口漸殷，倉廩已實，斟量給祿，使得養親。然後督以嚴科，責其報効，則庶官畢力，物議斯允。

又曰：竊見密王元曉等，俱是懿親，陛下友愛之懷，義高古昔，分以車服，委以藩維，須依禮儀，以副瞻望。比見帝子拜諸叔，諸叔亦答拜，王爵既同，家人有禮，豈合如此顚倒昭穆。伏願一垂訓誡，永循彝則。

書奏，太宗稱善。

十七年，授太子右庶子，又上疏切諫時政得失，特賜鍾乳一劑，曰：「進藥石之言，故以藥石相報。」十八年，加銀青光祿大夫，兼吏部侍郞，凡所銓敍，時稱允當。太宗嘗賜金背鏡一面，以表其淸鑒焉。二十二年，遷中書令，兼檢校吏部尙書、監修國史，賜爵蓨縣公。永徽二年，授光祿大夫，行侍中，兼太子少保。以風疾廢於家，乃召其兄虢州刺史季通爲宗正少卿視其疾，又屢降中使觀其進食，問其增損。尋卒，年五十八，帝爲之舉哀，廢朝三日，贈開府儀同三司、荆州都督，諡曰憲。

子正業，仕至中書舍人，坐與上官儀善，配流嶺外。

張行成，定州義豐人也。少師事河間劉炫，勤學不倦，炫謂門人曰：「張子體局方正，廊廟才也。」大業末，察孝廉，爲謁者臺散從員外郞。王世充僭號，以爲度支尙書。世充平，以隋資補宋州穀熟尉。又應制舉乙科，授雍州富平縣主簿，理有能名。秩滿，補殿中侍御史，糾劾不避權戚，太宗以爲能，謂房玄齡曰：「觀古今用人，必因媒介，若行成者，朕自舉之，無先容也。」太宗嘗言及山東、關中人，意有同異，行成正侍宴，跪而奏曰：「臣聞天子以四海爲家，不當以東西爲限；若如是，則示人以隘陋。」太宗善其言，賜名馬一匹、錢十萬、衣一襲。自是每有大政，常預議焉。累遷給事中。

太宗嘗臨軒謂侍臣曰：「朕所以不能恣情欲，取樂當年，而勵節苦心，卑宮菲食者，正爲蒼生耳。我爲人主，兼行將相之事，豈不是奪公等名？昔漢高祖得蕭、曹、韓、彭，天下寧晏；舜、禹、湯、武有稷、契、伊、呂，四海乂安。此事朕並兼之。」行成退而上書諫曰：「有隋失道，天下沸騰，陛下撥亂反正，拯生人於塗炭，何周、漢君臣之所能擬？陛下聖德含光，規模弘遠，雖文武之烈實兼將相，何用臨朝對衆與其較量，以萬乘至尊，共臣下爭功哉？臣聞『天何言哉，四時行焉』；又聞『汝惟不矜，天下莫與汝爭能』。臣備員樞近，非敢知獻替之事，輒陳狂直，伏待葅醢。」太宗深納之。轉刑部侍郎、太子少詹事。

太宗東征，皇太子於定州監國，卽行成本邑也。太子謂行成曰：「今者送公衣錦還鄉。」於是令有司祀其先人墓。行成因薦鄉人魏唐卿、崔寶權、馬龍駒、張君劼等，皆以學行著聞，太子召見，以其老不任職，皆厚賜而遣之。太子又使行成詣行在所，太宗見之甚悅，賜馬二匹、縑三百匹。駕還京，爲河南巡察大使。還稱旨，以本官兼檢校尙書左丞。

是歲，太宗幸靈州，太子當從，行成上疏曰：「伏承皇太子從幸靈州。臣愚以爲皇太子養德春宮，日月未幾，華夷遠邇，佇聽嘉音。如因以監國，接對百僚，決斷庶務，明習政理，既爲京師重鎭，且示四方盛德。與其出陪私愛，曷若俯從公道？」太宗以爲忠，進位銀青光祿大夫。二十三年，遷侍中，兼刑部尚書。

太宗崩，與高季輔侍高宗卽位於太極殿梓宮前。尋封北平縣公，監修國史。時晉州地連震，有聲如雷，高宗以問行成。行成對曰：「天，陽也；地，陰也。陽，君象；陰，臣象。君宜轉動，臣宜安靜。今晉州地動，彌旬不休。雖天道玄邈，窺算不測；而人事較量，昭然作戒。恐女謁用事，大臣陰謀，修德禳災，在於陛下。且陛下本封晉也，今地震晉州，下有徵應，豈徒然耳。伏願深思遠慮，以杜未萌。」二年八月，拜尚書左僕射，尋加授太子少傅。四年，自三月不雨至于五月，復抗表請致仕。高宗手制答曰：「密雲不雨，遂淹旬月，此朕之寡德，非宰臣咎。實甘萬方之責，用陳六事之過。策免之科，義乖罪己。今敕斷表，勿復爲辭。」賜宮女黃金器物。固請乞骸骨，高宗曰：「公，我之故舊腹心，奈何舍我而去？」因愴然流涕。行成不得已，復起視事。九月，卒於尚書省，時年六十七。高宗哭之甚哀，輟朝三日，令九品已上就第哭。比斂，中使三至，賜內衣服，令尚宮宿於家，以視殯斂。贈開府儀同三司、并州都督，所司備禮册命，祭以少牢，賻絹布八百段、米粟八百石，賜東園祕器，謚曰定。弘道元年，詔以行成配享高宗廟庭。

子洛客嗣，官至雍州渭南令。

行成族孫易之、昌宗。易之父希臧，雍州司戶。易之初以門蔭，累遷爲尚乘奉御，年二十餘，白皙美姿容，善音律歌詞。則天臨朝，通天二年，太平公主薦易之弟昌宗入侍禁中，既而昌宗啓天后曰：「臣兄易之器用過臣，兼工合鍊。」卽令召見，甚悅。由是兄弟俱侍宮中，皆傅粉施朱，衣錦繡服，俱承辟陽之寵。俄以昌宗爲雲麾將軍，行左千牛中郎將；易之爲司衞少卿。賜第一區、物五百段、奴婢駝馬等。信宿，加昌宗銀青光祿大夫，賜防閤，同京官朔望朝參。仍贈希臧襄州刺史，母韋氏阿臧封太夫人，使尙宮至宅問訊，仍詔尙書李迥秀私侍阿臧。武承嗣、三思、懿宗、宗楚客、宗晉卿候其門庭，爭執鞭轡，呼易之爲五郎，昌宗爲六郎。俄加昌宗左散騎常侍。

聖曆二年，置控鶴府官員，以易之爲控鶴監內供奉，餘官如故。久視元年，改控鶴府爲奉宸府，又以易之爲奉宸令，引辭人閻朝隱、薛稷、員半千並爲奉宸供奉。每因宴集，則令嘲戲公卿以爲笑樂。若內殿曲宴，則二張、諸武侍坐，樗蒲笑謔，賜與無算。時諛佞者奏云，昌宗是王子晉後身。乃令被羽衣，吹簫，乘木鶴，奏樂於庭，如子晉乘空。辭人皆賦詩以美之，崔融爲其絕唱，其句有「昔遇浮丘伯，今同丁令威。中郎才貌是，藏史姓名非」。

天后令選美少年爲左右奉宸供奉，右補闕朱敬則諫曰：「臣聞志不可滿，樂不可極。嗜慾之情，愚智皆同，賢者能節之不使過度，則前聖格言也。陛下內寵，已有薛懷義、張易之、昌宗，固應足矣。近聞尙舍奉御柳模自言子良賓潔白美鬚眉，左監門衞長史侯祥云陽道壯偉，過於薛懷義，專欲自進堪奉宸內供奉。無禮無儀，溢於朝聽。臣愚職在諫諍，不敢不奏。」則天勞之曰：「非卿直言，朕不知此。」賜綵百段。

以昌宗醜聲聞于外，欲以美事掩其迹，乃詔昌宗撰三教珠英於內。乃引文學之士李嶠、閻朝隱、徐彥伯、張說、宋之問、崔湜、富嘉謨等二十六人，分門撰集，成一千三百卷，上之。加昌宗司僕卿，封鄴國公，易之爲麟臺監，封恆國公，各實封三百戶。俄改昌宗爲春官侍郎。易之、昌宗皆粗能屬文，如應詔和詩，則宋之問、閻朝隱爲之代作。

則天春秋高，政事多委易之兄弟。中宗爲皇太子，太子男邵王重潤及女弟永泰郡主竊言二張專政。易之訴於則天，付太子自鞫問處置，太子並自縊殺之。又御史大夫魏元忠嘗奏二張之罪，易之懼不自安，乃誣奏元忠與司禮丞高戩云：「天子老矣，當挾太子爲耐久朋。」則天曰：「汝何以知之？」易之曰：「鳳閣舍人張說爲證。」翌日，則天召元忠及說廷詰之，皆妄。則天尙以二張之故，逐元忠爲高要尉，張說長流欽州。

長安二年，易之贓賂事發，爲御史臺所劾下獄，兄司府少卿昌儀、司禮少卿同休皆貶黜。及則天臥疾長生院，宰臣希得進見，唯易之兄弟侍側，恐禍變及己，乃引用朋黨，陰爲之備。人有牓其事于路，左臺御史中丞宋璟請按之。則天陽許，尋敕宋璟使幽州按都督屈突仲翔，令司禮卿崔神慶鞫之。神慶希旨，雪昌宗兄弟。

神龍元年正月，則天病甚。是月二十日，宰臣崔玄暐、張柬之等起羽林兵迎太子，至玄武門，斬關而入，誅易之、昌宗於迎仙院，並梟首於天津橋南。則天遜居上陽宮。易之兄昌期，歷岐、汝二州刺史，所在苛猛暴橫，是日亦同梟首。朝官房融、崔神慶、崔融、李嶠、宋之問、杜審言、沈佺期、閻朝隱等皆坐二張竄逐，凡數十人。

史臣曰：于燕公輔導儲皇，高侍中敷陳理行，張北平斥言陰沴，皆人所難言者。苟非金玉貞度，松筠挺操，安能咈人主之意，獻苦口之忠。宜其論道巖廊，克終顯盛。古所謂能以義匡主之失，三君有焉。

贊曰：猗歟于公，獻替兩宮。前修克繼，嗣德彌隆。高酬藥劑，張感宸衷。君臣之義，斯爲始終。

校勘記

〔一〕忤旨　「忤」字各本原作「悞」，據貞觀政要卷四、全唐文卷一四四改。

舊唐書卷七十九

列傳第二十九

祖孝孫 傅仁均 傅奕 李淳風 呂才

祖孝孫，幽州范陽人也。父崇儒，以學業知名，仕至齊州長史。孝孫博學，曉曆算，早以達識見稱。初，開皇中，鍾律多缺，雖何妥、鄭譯、蘇夔、萬寶常等亟共討詳，紛然不定。及平江左，得陳樂官蔡子元、于普明等，因置淸商署。時牛弘爲太常卿，引孝孫爲協律郎，與子元、普明參定雅樂。時又得陳陽山太守毛爽，妙知京房律法，布琯飛灰，順月皆驗。爽時年老，弘恐失其法，於是奏孝孫從其受律。孝孫得爽之法，一律而生五音，十二律而爲六十音，因而六之，故有三百六十音，以當一歲之日。又祖述沈重〔一〕，依淮南本數，用京房舊術求之，得三百六十律，各因其月律而爲一部。以律數爲母，以一中氣所有日爲子，以母命子，隨所多少，分直一歲，以配七音，起于冬至。以黃鍾爲宮，太蔟爲商，林鍾爲徵，南呂爲羽，姑洗爲角，應鍾爲變宮，蕤賓爲變徵。其餘日建律皆依運行，每日各以本律爲宮。旋宮之義，由斯著矣。然牛弘既初定樂，難復改張。至大業時，又採晉、宋舊樂，唯奏皇夏等十有四曲，旋宮之法，亦不施用。

高祖受禪，擢孝孫爲著作郎，歷吏部郎、太常少卿，漸見親委，孝孫由是奏請作樂。時軍國多務，未遑改創，樂府尚用隋氏舊文。武德七年，始命孝孫及祕書監竇璡修定雅樂。孝孫又以陳、梁舊樂雜用吳、楚之音，周、齊舊樂多涉胡戎之伎，於是斟酌南北，考以古音，作大唐雅樂。以十二月各順其律，旋相爲宮，制十二樂，合三十二曲、八十四調。事具樂志。旋宮之義，亡絕已久，世莫能知，一朝復古，自孝孫始也。孝孫尋卒。其後，協律郎張文收復採三禮增損樂章，然因孝孫之本音。

傅仁均，滑州白馬人也。善曆算、推步之術。武德初，太史令庾儉、太史丞傅奕表薦之，高祖因召令改修舊曆。仁均因上表陳七事：

其一曰：「昔洛下閎以漢武太初元年歲在丁丑，創曆起元，元在丁丑。今大唐以戊寅年受命，甲子日登極，所造之曆，卽上元之歲，歲在戊寅，命日又起甲子，以三元之法，一百八十去其積歲，武德元年戊寅爲上元之首，則合璧連珠，懸合於今日。」

其二曰：「堯典爲『日短星昴，以正仲冬』，前代造曆，莫能允合。臣今創法，五十餘年冬至輒差一度，則却檢周、漢，千載無違。」

其三曰：「經書日蝕，毛詩爲先，『十月之交，朔日辛卯』。臣今立法，却推得周幽王六年辛卯朔蝕，即能明其中間，並皆符合。」

其四曰：「春秋命曆序云：『魯僖公五年壬子朔旦冬至。』諸曆莫能符合。臣今造曆，却推僖公五年正月壬子朔旦冬至則同，自斯以降，並無差爽。」

其五曰：「古曆日蝕或在於晦，或在二日；月蝕或在望前，或在望後。臣今立法，月有三大三小，則日蝕常在於朔，月蝕在望前。却驗魯史，並無違爽。」

其六曰：「前代造曆，命辰不從子半，命度不起虛中。臣今造曆，命辰起子半，度起於虛六度，命合辰，得中於子，符陰陽之始，會曆術之宜。」

其七曰：「前代諸曆，月行或有晦猶東見、朔已西朓。臣今以遲疾定朔，永無此病。」

經數月，曆成奏上，號曰戊寅元曆，高祖善之。武德元年七月，詔頒新曆，授仁均員外散騎常侍，賜物二百段。

後中書令封德彝奏曆術差謬，敕吏部郎中祖孝孫考其得失。又太史丞王孝通執甲辰曆法以駁之曰：

案堯典云：「日短星昴，以正仲冬。」孔氏云七宿畢見，舉中者言耳。是知中星無定，故互舉一分兩至之星以爲成驗也。昴西方處中之宿，虛爲北方居中之星，一分各舉中者，卽餘六星可知。若乃仲春舉鳥，仲夏舉火，此一至一分又舉七星之體，則餘二方可見。今仁均專守昴中而爲定朔，執文害意，不亦謬乎！又案月令：仲冬「昏在東壁」。明知昴中則非常準。若言陶唐之代，定是昴中，後代漸差，遂至東壁。然則堯前七千餘載，冬至之日，卽便合翼中，逾遠彌却，尤成不隱。且今驗東壁昏中，日體在斗十有三度；若昏於翼中，日應在井十有三度。夫井極北，去人最近，而斗極南，去人最遠，在井則大熱，在斗乃大寒。然堯前冬至，卽應翻熱，及於夏至，便應反寒。四時倒錯，寒暑易位，以理推尋，必不然矣。又，鄭康成博達之士也，對弟子孫皓云：日永星火，只是大火之次三十度有其中者，非謂心之火星也，實正中也。又平朔、定朔，舊有二家；平望、定望，由來兩術。然三大三小，是定朔、定望之法；一大一小，是平朔、平望之義。且日月之行，有遲有疾，每月一相及，謂之合會，故晦朔無定，由人消息。若定大小合朔者，合會雖定，而蔀元紀首，三端並失。若上合履端之始，下得歸餘於終，合會時有進退，履端又皆允協，則甲辰元曆爲通術矣。

仁均對曰：

宋代祖沖之久立差術，至於隋代張胄玄等，因而修之，雖差度不同，各明其意。今孝通不達宿度之差移，未曉黃道之遷改，乃執南斗爲冬至之恆星，東井爲夏至之常宿，率意生難，豈爲通理？夫太陽行於宿度，如郵傳之過逆旅，宿度每歲既差，黃道隨而變易，豈得以膠柱之說而爲斡運之難乎！

又案易云：「治曆明時。」禮云：「天子玄端，聽朔於南門之外。」尚書云：「正月上日，受終于文祖。」孔氏云：「上日，朔日也。」又云：「季秋月朔，辰不集于房。」孔氏云：「集，合也。不合，則日蝕可知矣。」又云：「先時、不及時，皆殺無赦。」先時，謂朔日不及時也。若有先後之差，是不知定朔之道矣。詩云：「十月之交，朔日辛卯。」又，春秋日蝕三十有五，左丘明云：「不書朔，官失之也。」明聖人之教，不論於晦，唯取朔耳。自春秋以後，去聖久遠，曆術差違，莫能詳正。故秦、漢以來，多非朔蝕，而宋代御史中丞何承天微欲見意，不能詳究，乃爲太史令錢樂之、散騎侍郎皮延宗所抑止。孝通今語，乃是延宗舊辭。承天既非甄明，故有當時之屈。今略陳梗概，申以明之。

夫理曆之本，必推上元之歲，日月如合璧，五星如連珠，夜半甲子朔旦冬至。自此以後，既行度不同，七曜分散，不知何年更得餘分普盡，還復總會之時也？唯日分氣分，得有可盡之理，因其得盡，卽有三端之元。故造經立法者，小餘盡卽爲元首，此乃紀其日數之元，不關合璧之事矣。時人相傳，皆云大小餘俱盡，卽定夜半甲子朔旦冬至者，此不達其意故也。何者？冬至自有常數，朔名由於月起，旣月行遲疾無常，三端豈得卽合？故必須日月相合，與冬至同日者，始可得名爲合朔冬至耳。故前代諸曆，不明其意，乃於大餘正盡之年而立其元法，將以爲常，而不知七曜散行，氣朔不合。今法唯取上元連珠合璧，夜半甲子朔旦冬至，合朔之始以定，一九相因，行至於今日，常取定朔之宜，不論三端之事。皮延宗本來不知，何承天亦自未悟，何得引而相難耶？孝孫以仁均之言爲然。

貞觀初，有益州人陰弘道又執孝通舊說以駁之，終不能屈。李淳風復駁仁均曆十有八事，敕大理卿崔善爲考二家得失，七條改從淳風，餘一十一條並依舊定。仁均後除太史令，卒官。

傅奕，相州鄴人也。尤曉天文曆數。隋開皇中，以儀曹事漢王諒。及諒舉兵，謂奕曰：「今茲熒惑入井，是何祥也？」奕對曰：「天上東井，黃道經其中，正是熒惑行路所涉，不爲怪異；若熒惑入地上井，是爲災也。」諒不悅。及諒敗，由是免誅，徙扶風。高祖爲扶風太守，深禮之。及踐祚，召拜太史丞。太史令庾儉以其父質在隋言占候忤煬帝意，竟死獄中，遂懲其事，又恥以數術進，乃薦奕自代，遂遷太史令。奕既與儉同列，數排毀儉，而儉不之恨，時人多儉仁厚而稱奕之率直。奕所奏天文密狀，屢會上旨，置參旗、井鉞等十二軍之號，奕所定也。武德三年，進漏刻新法，遂行於時。

七年，奕上疏請除去釋教，曰：

佛在西域，言妖路遠，漢譯胡書，恣其假託。故使不忠不孝，削髮而揖君親；遊手遊食，易服以逃租賦。演其妖書，述其邪法，僞啓三塗，謬張六道，恐嚇愚夫，詐欺庸品。凡百黎庶，通識者稀，不察根源，信其矯詐。乃追既往之罪，虛規將來之福。布施一錢，希萬倍之報；持齋一日，冀百日之糧。遂使愚迷，妄求功德，不憚科禁，輕犯憲章。其有造作惡逆，身墜刑網，方乃獄中禮佛，口誦佛經，晝夜忘疲，規免其罪。且生死壽夭，由於自然；刑德威福，關之人主。乃謂貧富貴賤，功業所招，而愚僧矯詐，皆云由佛。竊人主之權，擅造化之力，其爲害政，良可悲矣！

案書云：「惟辟作福，惟辟作威，惟辟玉食。臣有作福、作威、玉食，害于而家，凶于而國，人用側頗僻。」降自犧、農，至于漢、魏，皆無佛法，君明臣忠，祚長年久。漢明帝假託夢想，始立胡神，西域桑門，自傳其法。西晉以上，國有嚴科，不許中國之人，輒行髡髮之事。洎于苻、石，羌胡亂華，主庸臣佞，政虐祚短，皆由佛教致災也。梁武、齊襄，足爲明鏡。昔褒姒一女，妖惑幽王，尚致亡國；況天下僧尼，數盈十萬，翦刻繒綵，裝束泥人，而爲厭魅，迷惑萬姓者乎！今之僧尼，請令匹配，卽成十萬餘戶，產育男女，十年長養，一紀教訓，自然益國，可以足兵。四海免蠶食之殃，百姓知威福所在，則妖惑之風自革，淳朴之化還興。

且古今忠諫，鮮不及禍。竊見齊朝章仇子他上表言：「僧尼徒衆，糜損國家，寺塔奢侈，虛費金帛。」爲諸僧附會宰相，對朝讒毀；諸尼依託妃主，潛行謗讟。子他竟被囚執，刑於都市。及周武平齊，制封其墓。臣雖不敏，竊慕其蹤。

又上疏十一首，詞甚切直。高祖付羣官詳議，唯太僕卿張道源稱奕奏合理。中書令蕭瑀與之爭論曰：「佛，聖人也。奕爲此議，非聖人者無法，請置嚴刑。」奕曰：「禮本於事親，終於奉上，此則忠孝之理著，臣子之行成。而佛踰城出家，逃背其父，以匹夫而抗天子，以繼體而悖所親。蕭瑀非出於空桑，乃遵無父之教。臣聞非孝者無親，其瑀之謂矣！」瑀不能答，但合掌曰：「地獄所設，正爲是人。」高祖將從奕言，會傳位而止。

奕武德九年五月密奏太白見秦分，秦王當有天下，高祖以狀授太宗。及太宗嗣位，召奕賜之食，謂曰：「汝前所奏，幾累於我，然今後但須盡言，無以前事爲慮也。」太宗常臨朝謂奕曰：「佛道玄妙，聖迹可師，且報應顯然，屢有徵驗，卿獨不悟其理，何也？」奕對曰：「佛是胡中桀黠，欺誑夷狄，初止西域，漸流中國。遵尚其教，皆是邪僻小人，模寫莊、老玄言，文飾妖幻之教耳。於百姓無補，於國家有害。」太宗頗然之。

貞觀十三年卒，年八十五。臨終誡其子曰：「老、莊玄一之篇，周、孔六經之說，是爲名教，汝宜習之。妖胡亂華，舉時皆惑，唯獨竊歎，衆不我從，悲夫！汝等勿學也。古人裸葬，汝宜行之。」奕生平遇患，未嘗請醫服藥，雖究陰陽數術之書，而並不之信。又嘗醉臥，蹶然起曰：「吾其死矣！」因自爲墓誌曰：「傅奕，青山白雲人也。因酒醉死，嗚呼哀哉！」其縱達皆此類。注老子，并撰音義，又集魏、晉已來駁佛教者爲高識傳十卷，行於世。

李淳風，岐州雍人也。其先自太原徙焉。父播，隋高唐尉，以秩卑不得志，棄官而爲道士，頗有文學，自號黄冠子。注老子，撰方志圖，文集十卷，並行於代。淳風幼俊爽，博涉羣書，尤明天文、曆算、陰陽之學。貞觀初，以駁傅仁均曆議，多所折衷，授將仕郎，直太史局。尋又上言曰：「今靈臺候儀，是魏代遺範，觀其制度，疏漏實多。臣案虞書稱，舜在璿璣玉衡，以齊七政。則是古以混天儀考七曜之盈縮也。周官大司徒職，以土圭正日景，以定地中。此亦據混天儀日行黃道之明證也。暨于周末，此器乃亡。漢孝武時，洛下閎復造混天儀，事多疏闕。故賈逵、張衡各有營鑄，陸績、王蕃遞加修補，或綴附經星，機應漏水，或孤張規郭，不依日行，推驗七曜，並循赤道。今驗冬至極南，夏至極北，而赤道當定於中，全無南北之異，以測七曜，豈得其眞？黃道渾儀之闕，至今千餘載矣。」

太宗異其說，因令造之，至貞觀七年造成。其制以銅爲之，表裏三重，下據準基，狀如十字，末樹鼇足，以張四表焉。第一儀名曰六合儀，有天經雙規、渾緯規、金常規，相結於四極之內，備二十八宿、十干、十二辰，經緯三百六十五度。第二名三辰儀，圓徑八尺，有璿璣規、黃道規、月遊規〔三〕，天宿矩度，七曜所行，並備于此，轉於六合之內。第三名四遊儀，玄樞爲軸，以連結玉衡遊筩而貫約規矩；又玄樞北樹北辰，南距地軸，傍轉於內；又玉衡在玄樞之間而南北遊，仰以觀天之辰宿，下以識器之晷度。時稱其妙。又論前代渾儀得失之差，著書七卷，名爲法象志以奏之。太宗稱善，置其儀於凝暉閣，加授承務郎。十五年，除太常博士。尋轉太史丞，預撰晉書及五代史，其天文、律曆、五行志皆淳風所作也。又預撰文思博要。二十二年，遷太史令。

初，太宗之世有祕記云：「唐三世之後，則女主武王代有天下。」太宗嘗密召淳風以訪其事，淳風曰：「臣據象推算，其兆已成。然其人已生，在陛下宮內，從今不踰三十年，當有天下，誅殺唐氏子孫殲盡。」帝曰：「疑似者盡殺之，如何？」淳風曰：「天之所命，必無禳避之理。王者不死，多恐枉及無辜。且據上象，今已成，復在宮內，已是陛下眷屬。更三十年，又當衰老，老則仁慈，雖受終易姓，其於陛下子孫，或不甚損。今若殺之，即當復生，少壯嚴毒，殺之立讎。若如此，即殺戮陛下子孫，必無遺類。」太宗善其言而止。

淳風每占候吉凶，合若符契，當時術者疑其別有役使，不因學習所致，然竟不能測也。顯慶元年，復以修國史功封昌樂縣男。先是，太史監候王思辯表稱五曹、孫子十部算經理多踳駁。淳風復與國子監算學博士梁述、太學助教王眞儒等受詔注五曹、孫子十部算經。書成，高宗令國學行用。龍朔二年，改授祕閣郎中。時戊寅曆法漸差，淳風又增損劉焯皇極曆，改撰麟德曆奏之，術者稱其精密。咸亨初，官名復舊，還爲太史令。年六十九卒。所撰典章文物志、乙巳占、祕閣錄，并演齊民要術等凡十餘部，多傳於代。

子諺、孫仙宗，並爲太史令。

呂才，博州淸平人也。少好學，善陰陽方伎之書。貞觀三年，太宗令祖孝孫增損樂章，孝孫乃與明音律人王長通、白明達遞相長短。太宗令侍臣更訪能者，中書令溫彥博奏才聰明多能，眼所未見，耳所未聞，一聞一見，皆達其妙，尤長於聲樂，請令考之。侍中王珪、魏徵又盛稱才學術之妙，徵曰：「才能爲尺十二枚，尺八長短不同，各應律管，無不諧韻。」太宗即徵才，令直弘文館。太宗嘗覽周武帝所撰三局象經，不曉其旨。太子洗馬蔡允恭年少時嘗爲此戲，太宗召問，亦廢而不通，乃召才使問焉。才尋繹一宿，便能作圖解釋，允恭覽之，依然記其舊法，與才正同，由是才遂知名。累遷太常博士。

太宗以陰陽書近代以來漸致訛僞，穿鑿既甚，拘忌亦多，遂命才與學者十餘人共加刊正，削其淺俗，存其可用者。勒成五十三卷，并舊書四十七卷，十五年書成，詔頒行之。才多以典故質正其理，雖爲術者所短，然頗合經義，今略載其數篇。

其敍宅經曰：

易曰：「上古穴居而野處，後世聖人易以宮室，蓋取諸大壯。」迨于殷、周之際，乃有卜宅之文，故詩稱「相其陰陽」，書云「卜惟洛食」，此則卜宅吉凶，其來尚矣。至於近代師巫，更加五姓之說。言五姓者，謂宮、商、角、徵、羽等，天下萬物，悉配屬之，行事吉凶，依此爲法。至如張、王等爲商，武、庾等爲羽，欲似同韻相求；及其以柳姓爲宮，以趙姓爲角，又非四聲相管。其間亦有同是一姓，分屬宮商，後有復姓數字，徵羽不別。

驗於經典，本無斯說，諸陰陽書，亦無此語，直是野俗口傳，竟無所出之處。唯堪輿經，黃帝對於天老，乃有五姓之言。且黃帝之時，不過姬、姜數姓，暨於後代，賜族者多。至如管、蔡、郕、霍、魯、衞、毛、聃、郜、雍、曹、滕、畢、原、酆、郇，並是姬姓子孫；孔、殷、宋、華、向、蕭、亳、皇甫，並是子姓苗裔。自餘諸國，準例皆然。因邑因官，分枝布葉，未知此等諸姓，是誰配屬？又檢春秋，以陳、衞及秦並同水姓，齊、鄭及宋皆爲火姓，或承所出之祖，或繫所屬之星，或取所居之地，亦非宮、商、角、徵，共相管攝。此則事不稽古，義理乖僻者也。

敍祿命曰：

謹案史記，宋忠、賈誼譏司馬季主云：「夫卜筮者，高人祿命以悅人心，矯言禍福以盡人財。」又案王充論衡云：「見骨體而知命祿，覩命祿而知骨體。」此即祿命之書，行之久矣。多言或中，人乃信之。今更研尋，本非實錄。但以積善餘慶，不假建祿之吉；積惡餘殃，豈由刼殺之災。皇天無親，常與善人，禍福之應，其猶影響。故有夏多罪，天命剿絕；宋景修德，妖孛夜移。學也祿在，豈待生當建學，文王勤憂損壽，不關月值空亡。長平坑卒，未聞共犯三刑；南陽貴士，何必俱當六合。歷陽成湖，非獨河魁之上；蜀郡炎燎，豈由災厄之下。今時亦有同年同祿，而貴賤懸殊；共命共胎，而夭壽更異。

案春秋，魯桓公六年七月，魯莊公生。今檢長曆，莊公生當乙亥之歲，建申之月。以此推之，莊公乃當祿之空亡。依祿命書，法合貧賤，又犯勾絞六害，背驛馬三刑，當此生者，並無官爵。火命七月，生當病鄉，爲人尫弱，身合矬陋。今案齊詩譏莊公「猗嗟昌兮，頎若長兮。美目揚兮，巧趨蹌兮」。唯有向命一條，法當長命。依檢春秋，莊公薨時計年四十五矣。此則祿命不驗一也。

又案史記，秦莊襄王四十八年，始皇帝生，宋忠注云：「因正月生，乃名政。」依檢襄王四十八年，歲在壬寅。此年正月生者，命當背祿，法無官爵，假得祿合，奴婢尙少。始皇又當破驛馬三刑，身剋驛馬，法當望官不到；金命正月，生當絕下，爲人無始有終，老而彌吉。今檢史記，始皇乃是有始無終，老更彌凶。唯建命生，法合長壽，計其崩時，不過五十。祿命不驗二也。

又漢武故事，武帝以乙酉之歲七月七日平旦時生。亦當祿空亡下，法無官爵，雖向驛馬，尙隔四辰。依祿命法，少無官榮，老而方盛。今檢漢書，武帝卽位，年始十六，末年已後，戶口減半。祿命不驗三也。

又按後魏書云：孝文皇帝皇興元年八月生。今按長曆，其年歲在丁未。以此推之，孝文皇帝背祿命，并驛馬三刑，身剋驛馬。依祿命書，法無官爵，命當父死中生，法當生不見父。今檢魏書，孝文皇帝身受其父顯祖之禪。禮云：嗣子位定於初喪，踰年之後，方始正號。是以天子無父，事三老也。孝文受禪，異於常禮，躬率天下，以事其親，而祿命云不合識父。祿命不驗四也。

又按沈約宋書云：宋高祖癸亥歲三月生。依此而推，祿之與命，並當空亡。依祿命書，法無官爵，又當子墓中生，唯宜嫡子，假有次子，法當早卒。今檢宋書，高祖長子先被篡弒，次子義隆，享國多年。高祖又當祖祿下生，法得嫡孫財祿。今檢宋書，其孫劉劭、劉濬並爲篡逆，幾失宗祧。祿命不驗五也。

敍葬書曰：

易曰：「古之葬者，衣之以薪，不封不樹，喪期無數。後世聖人易之以棺槨，蓋取諸大過。」禮云：「葬者，藏也，欲使人不得見之。」然孝經云：「卜其宅兆而安厝之。」以其顧復事畢，長爲感慕之所；窀穸禮終，永作魂神之宅。朝市遷變，不得豫測於將來；泉石交侵，不可先知於地下。是以謀及龜筮，庶無後艱，斯乃備於慎終之禮，曾無吉凶之義。暨乎近代以來，加之陰陽葬法，或選年月便利，或量墓田遠近，一事失所，禍及死生，巫者利其貨賄，莫不擅加妨害。遂使葬書一術，乃有百二十家，各說吉凶，拘而多忌。且天覆地載，乾坤之理備焉；一剛一柔，消息之義詳矣。或成於晝夜之道，感於男女之化，三光運於上，四氣通於下，斯乃陰陽之大經，不可失之於斯須也。至於喪葬之吉凶，乃附此爲妖妄。

傳云：「王者七日而殯，七月而葬；諸侯五日而殯，五月而葬；大夫經時而葬；士及庶人踰月而已。」此則貴賤不同，禮亦異數。欲使同盟同軌，赴弔有期，量事制宜，遂爲常式。法既一定，不得違之。故先期而葬，謂之不懷；後期而不葬，譏之殆禮。此則葬有定期，不擇年月，一也。

春秋又云：「丁巳，葬定公，雨，不克葬，至於戊午襄事。」禮經善之。禮記云「卜葬先遠日」者，蓋選月終之日〔三〕，所以避不懷也。今檢葬書，以己亥之日用葬最凶。謹按春秋之際，此日葬者凡有二十餘件。此則葬不擇日，二也。

禮記又云：「周尚赤，大事用平旦；殷尚白，大事用日中；夏尚黑，大事用昏時。」鄭玄注云：「大事者何？謂喪葬也。」此則直取當代所尚，不擇時之早晚。春秋云，鄭卿子產及子太叔葬鄭簡公，於時司墓大夫室當葬路。若壞其室，卽平旦而窆；不壞其室，卽日中而窆。子產不欲壞室，欲待日中。子太叔云：「若至日中而窆，恐久勞諸侯大夫來會葬者。」然子產既云博物君子，太叔乃爲諸侯之選，國之大事，無過喪葬，必是義有吉凶，斯等豈得不用。今乃不問時之得失，唯論人事可否。曾子問云：「葬逢日蝕，捨於路左，待明而行，所以備非常也。」若依葬書，多用乾、艮二時，並是近半夜，此卽文與禮違。今檢禮傳，葬不擇時，三也。

葬書云，富貴官品，皆由安葬所致；年命延促，亦曰墳壠所招。然今按孝經云：「立身行道，則揚名於後世，以顯父母。」易曰：「聖人之大寶曰位，何以守位曰仁。」是以日愼一日，則澤及於無疆，苟德不建，則而人無後，此則非由安葬吉凶而論福祚延促。臧孫有後於魯，不關葬得吉日；若敖絕祀於荆，不由遷厝失所。此則安葬吉凶不可信用，其義四也。

今之喪葬吉凶，皆依五姓便利。古之葬者，並在國都之北，域兆既有常所，何取姓墓之義？趙氏之葬，並在九原；漢之山陵，散在諸處。上利下利，蔑爾不論；大墓小墓，其義安在？及其子孫富貴不絕，或與三代同風，或分六國而王。此則五姓之義，大無稽古；吉凶之理，何從而生？其義五也。

且人臣名位，進退何常，亦有初賤而後貴，亦有始泰而終否。是以子文三已令尹，展禽三黜士師。卜葬一定，更不迴改，冢墓既成，曾不革易，則何因名位無時暫安。故知官爵弘之在人，不由安葬所致，其義六也。

野俗無識，皆信葬書，巫者詐其吉凶，愚人因而徼幸。遂使擗踊之際，擇葬地而希官品；荼毒之秋，選葬時以規財祿。或云辰日不宜哭泣，遂莞爾而對賓客受弔；或云同屬忌於臨壙，乃吉服不送其親。聖人設教，豈其然也？葬書敗俗，一至於斯，其義七也。

太宗又令才造方域圖及教飛騎戰陣圖，皆稱旨，擢授太常丞。永徽初，預修文思博要及姓氏錄。顯慶中，高宗以琴曲古有白雪，近代頓絕，使太常增修舊曲。才上言曰：「臣按禮記及家語云，舜彈五弦之琴，歌南風之詩。是知琴操曲弄，皆合於歌。又張華博物志云：白雪是天帝使素女鼓五十弦瑟曲名。又楚大夫宋玉對襄王云，有客於郢中歌陽春白雪，國中和者數十人。是知白雪琴曲，本宜合歌，以其調高，人和遂寡。自宋玉已來，迄今千祀，未有能歌白雪曲者。臣今準敕，依琴中舊曲，定其宮商，然後教習，並合於歌，輒以御製雪詩爲白雪歌詞。又案古今樂府，奏正曲之後，皆別有送聲，君唱臣和，事彰前史。今取太尉長孫無忌、僕射于志寧、侍中許敬宗等奉和雪詩以爲送聲，合十六節，今悉教訖，並皆合韻。」高宗大悅，更作白雪歌詞十六首，付太常編於樂府。

時右監門長史蘇敬上言，陶弘景所撰本草，事多舛謬。詔中書令許敬宗與才及李淳風、禮部郎中孔志約，并諸名醫，增損舊本，仍令司空李勣總監定之，并圖合成五十四卷，大行於代。

才龍朔中爲太子司更大夫。麟德二年卒。著隋記二十卷，行於時。

子方毅，七歲能誦周易、毛詩，太宗聞其幼敏，召見，甚奇之，賜以綵帛。後爲右衞鎧曹參軍。母終，哀慟過禮，竟以毀卒。布車載喪，隨母輀車而葬。友人郎餘令以白粥玄酒，生芻一束，於路隅奠祭，甚爲時人之所哀惜。

史臣曰：孝孫定音律，仁均正曆數，淳風候象緯，呂才推陰陽，訂於其倫，咸以爲裨、梓、京、管之流也。然旋宮三代之法，秦火籍煬，歷代缺其正音，而云孝孫復始，大可歎也。淳風精於術數，能知女主革命，而不知其人，則所未喻矣。呂才覈拘忌之曲學，皆有經據，不亦賢乎！古人所以存而不議，蓋有意焉。

贊曰：祖、傅、淳、才，彰往考來。裁筠嶰谷，運筭清臺。推迎斡運，圖寫昭回。重黎之後，諸子賢哉！

校勘記

〔一〕沈重　「沈」字各本原作「洗」，據御覽卷五六四改。沈重，見周書卷四五儒林傳，本書卷四六經籍志有沈重撰鍾律五卷。

〔二〕黃道規月遊規　各本原作「道月遊」，據唐會要卷四二補。

〔三〕蓋選月終之日　「蓋」字各本原作「善」，據通典卷一〇五、唐會要卷三六改。

舊唐書卷八十

列傳第三十

褚遂良　韓瑗　來濟　上官儀

褚遂良，散騎常侍亮之子也。大業末，隨父在隴右，薛舉僭號，署爲通事舍人。舉敗歸國，授秦州都督府鎧曹參軍。貞觀十年，自祕書郎遷起居郎。遂良博涉文史，尤工隸書，父友歐陽詢甚重之。太宗嘗謂侍中魏徵曰：「虞世南死後，無人可以論書。」徵曰：「褚遂良下筆遒勁，甚得王逸少體。」太宗即日召令侍書。太宗嘗出御府金帛購求王羲之書迹，天下爭齎古書詣闕以獻，當時莫能辯其眞僞，遂良備論所出，一無舛誤。

十五年，詔有事太山，先幸洛陽，有星孛于太微，犯郎位。遂良言於太宗曰：「陛下撥亂反正，功超前烈，將告成東嶽，天下幸甚。而行至洛陽，彗星輒見，此或有所未允合者也。且漢武優柔數年，始行岱禮，臣愚伏願詳擇。」太宗深然之，下詔罷封禪之事。其年，遷諫議大夫，兼知起居事。太宗嘗問曰：「卿知起居，記錄何事，大抵人君得觀之否？」遂良對曰：「今之起居，古左右史，書人君言事，且記善惡，以爲鑒誡，庶幾人主不爲非法。不聞帝王躬自觀史。」太宗曰：「朕有不善，卿必記之耶？」遂良曰：「守道不如守官，臣職當載筆，君舉必記。」黃門侍郎劉洎曰：「設令遂良不記，天下亦記之矣。」太宗以爲然。

時魏王爲太宗所愛，禮秩如嫡。其年，太宗問侍臣曰：「當今國家何事最急？」中書侍郎岑文本曰：「傳稱『導之以德，齊之以禮』，由斯而言，禮義爲急。」遂良進曰：「當今四方仰德，誰敢爲非？但太子、諸王，須有定分，陛下宜爲萬代法以遺子孫。」太宗曰：「此言是也。朕年將五十，已覺衰怠。既以長子守器東宮，弟及庶子數將五十，心常憂慮，頗在此耳。但自古嫡庶無良佐〔一〕，何嘗不傾敗國家。公等爲朕搜訪賢德，以傅儲宮，爰及諸王，咸求正士。且事人歲久，卽分義情深，非意窺窬，多由此作。」於是限王府官僚不得過四考。

十七年〔二〕，太宗問遂良曰：「舜造漆器，禹雕其俎，當時諫舜、禹者十餘人。食器之間，苦諫何也？」遂良對曰：「雕琢害農事，纂組傷女工。首創奢淫，危亡之漸。漆器不已，必金爲之，金器不已，必玉爲之。所以諍臣必諫其漸，及其滿盈，無所復諫。」太宗以爲然，因曰：「夫爲人君，不憂萬姓而事奢淫，危亡之機可反掌而待也。」

時皇子年幼者多任都督、刺史，遂良上疏曰：「昔兩漢以郡國理人，除郡以外，分立諸子，割土分疆，雜用周制。皇唐州縣，粗依秦法。皇子幼年，或授刺史，陛下豈不以王之骨肉，鎮扞四方？此之造制，道高前烈。如臣愚見，有小未盡。何者？刺史郡帥，民仰以安。得一善人，部內蘇息；遇一不善，合州勞弊。是以人君愛恤百姓，常爲擇賢。或稱河潤九里，京師蒙福；或人興歌詠，生爲立祠。漢宣帝云：『與我共理者，惟良二千石。』如臣愚見，陛下兒子內年齒尚幼未堪臨人者，且留京師，教以經學。一則畏天之威，不敢犯禁；二則觀見朝儀，自然成立。因此積習，自知爲人。審堪臨州，然後遣出。臣謹按漢明、章、和三帝，能友愛子弟，自茲已降，取爲準的。封立諸王，雖各有國土，年尚幼小者，召留京師，訓以禮法，垂以恩惠。訖三帝世，諸王數十百人，唯二王稍惡，自餘餐和染教，皆爲善人。則前事已驗，惟陛下詳察。」太宗深納之。

其年，太子承乾以罪廢，魏王泰入侍，太宗面許立爲太子，因謂侍臣曰：「昨青雀自投我懷云：『臣今日始得與陛下爲子，更生之日也。臣唯有一子，臣百年之後，當爲陛下殺之，傳國晉王。』父子之道，故當天性，我見其如此，甚憐之。」遂良進曰：「陛下失言。伏願審思，無令錯誤也。安有陛下百年之後，魏王執權爲天下之主，而能殺其愛子，傳國於晉王者乎？陛下昔立承乾爲太子，而復寵愛魏王，禮數或有踰於承乾者，良由嫡庶不分，所以至此。殷鑒不遠，足爲龜鏡。陛下今日既立魏王，伏願陛下別安置晉王，始得安全耳。」太宗涕泗交下曰：「我不能。」卽日召長孫無忌、房玄齡、李勣與遂良等定策，立晉王爲皇太子。

時頻有飛雉集於宮殿之內，太宗問羣臣曰：「是何祥也？」對曰：「昔秦文公時，有童子化爲雉，雌者鳴於陳倉，雄者鳴於南陽。童子曰：得雄者王，得雌者霸。文公遂以爲寶雞。後漢光武得雄，遂起南陽而有四海。陛下舊封秦王，故雄雉見於秦地，此所以彰表明德也。」太宗悅曰：「立身之道，不可無學，遂良博識，深可重也。」尋授太子賓客。

時薛延陀遣使請婚，太宗許以女妻之，納其財聘，旣而不與。遂良上疏曰：

臣聞信爲國本，百姓所歸，是以文王許枯骨而不違，仲尼寧去食而存信。延陀曩歲乃一俟斤耳，値神兵北指，盪平沙塞，狼山、瀚海，萬里蕭條，陛下兵加諸外而恩起於內，以爲餘寇奔波，須立酋長，璽書鼓纛，立爲可汗。其懷恩光，仰天無極，而餘方戎狄，莫不聞知，以共沐和風，同飡恩信。頃者頻年遣使，請婚大國，陛下復降鴻私，許其姻媾。於是報吐蕃，告思摩，示中國，五尺童子人皆知之。於是御幸北門，受其獻食，于時百僚端笏，戎夷左衽，虔奉歡宴，皆承德音，口歌手舞，樂以終日。百官會畢，亦各有言，咸以爲陛下欲得百姓安寧，不欲邊境交戰，遂不惜一女而妻可汗，預在含生，所以感德。今一朝生進退之意，有改悔之心，臣爲國家惜茲聲聽。

君子不失色於物，不失口於人。晉文公圍原，命三日糧，原不降，命去之。諜出曰：

「原將降矣。」軍吏請待之，公曰：「信，國之寶也，民之庇也。得原失信，何以庇之？」陛下慮生意表，信在言前，今者臨事，忽然乖殊，所惜尤少，所失滋多。情既不通，方生嫌隙，一方所以相畏忌，邊境不得無風塵，西州、朔方，能無勞擾？彼胡以主被欺而心怨，此士以此無信而懷慚，不可以訓戎兵，不可以勵軍事。伏惟陛下以聖德神功，廓淸四表，自君臨天下，十有七載，以仁恩而結庶類，以信義而撫戎夷，莫不欣然，負之無力。其見在之人，皆思報厚德；其所生胤嗣，亦望報陛下子孫。今者得一公主配之，以成陛下之信，有始有卒，其唯聖人乎！

且又龍沙以北，部落無算，中國擊之，終不能盡，亦由可比敗，芮芮興，突厥亡，延陀盛。時以古人處外實內，懷之以德，爲惡在夷不在華，失信在彼不在此。伏惟陛下聖德無涯，威靈遠震，遂平高昌，破吐渾，立延陀，滅頡利。輕刑薄賦，庶事無壅，菽粟豐賤，祥符累臻。此則堯、舜、禹、湯不及陛下遠矣。伏願旁垂愷悌，廣茲含育，而常嗔絕域，有意遠藩，非偃伯興文之道，非止戈爲武之義。臣以庸暗，忝居左右，敢獻瞽言，不勝戰懼。

時太宗欲親征高麗，顧謂侍臣曰：「高麗莫離支賊殺其王，虐用其人。夫出師弔伐，當乘機便，今因其弑虐，誅之甚易。」遂良對曰：「陛下兵機神算，人莫能知。昔隋末亂離，手平寇亂。及北狄侵邊，西蕃失禮，陛下欲命將擊之，羣臣莫不苦諫，陛下獨斷進討，卒並誅夷。海內之人，徼外之國，畏威懾伏，爲此舉也。今陛下將興師遼東，臣意熒惑。何者？陛下神武，不比前代人君，兵旣渡遼，指期克捷，萬一差跌，無以威示遠方，若再發忿兵，則安危難測。」太宗深然之。兵部尚書李勣曰：「近者延陀犯邊，陛下必欲追擊，此時陛下取魏徵之言，遂失機會。若如聖策，延陀無一人生還，可五十年間疆埸無事。」帝曰：「誠如卿言，由魏徵誤計耳。朕不欲以一計不當而尤之，後有良算，安肯矢謀。」由是從勣之言，經畫渡遼之師。遂良以太宗銳意三韓，懼其遺悔，翌日上疏諫曰：

臣聞有國家者譬諸身，兩京等於心腹，四境方乎手足，他方絕域若在身外。臣近於坐下，伏奉口敕，布語臣下，云自欲伐遼。臣數夜思量，不達其理。高麗王爲陛下之所立，莫離支輒殺其主，陛下討逆收地，斯實乘機。關東賴陛下德澤，久無征戰，但命二、三勇將發兵四、五萬，飛石輕梯，取如迴掌。夫聖人有作，必履常規，貴能克平兇亂，駕馭才傑。惟陛下弘兩儀之道，扇三五之風，提厲人物，皆思効命。昔侯君集、李靖，所謂庸夫，猶能掃萬里之高昌，平千載之突厥，皆是陛下發蹤指示，聲歸聖明。臣旁求史籍，訖乎近代，爲人之主，無自伐遼，人臣往征，則有之矣。漢朝則荀彘、楊僕，魏代則毌丘儉、王頎；司馬懿猶爲人臣，慕容眞僭號之子，皆爲其主長驅高麗，虜其人民，削平城壘。陛下立功同於天地，美化包於古昔，自當超邁於百王，豈止俯同於六子。陛下昔翦平寇逆，大有爪牙，年齒未衰，猶堪任用，匪唯陛下之所使，亦何行而不克。

方今太子新立，年實幼少，自餘藩屏，陛下所知。今一旦棄金湯之全，渡遼海之外，臣忽三思，煩愁並集。大魚依於巨海，神龍據於川泉，此謂人君不可輕而遠也。且以長遼之左，或遇霖淫，水潦騰波，平地數尺。夫帶方、玄菟，海途深渺，非萬乘所宜行踐。東京、太原，謂之中地，東撝可以爲聲勢，西指足以摧延陀，其於西京，逕路非遠。爲其節度，以設軍謀，繫莫離支頸，獻皇家之廟。此實處安全之上計，社稷之根本，特乞天慈，一垂省察。

太宗不納。十八年，拜黃門侍郎，參綜朝政。

高麗莫離支遣使貢白金，遂良言於太宗曰：「莫離支虐弒其主，九夷所不容，陛下以之興兵，將事弔伐，爲遼山之人報主辱之恥。古者，討弒君之賊，不受其賂。昔宋督遺魯君以郜鼎，桓公受之於太廟，臧哀伯諫曰：『君人者昭德塞違，今滅德立違，而置其賂器於太廟，百官象之，其又何誅焉？』武王克商，遷九鼎於洛邑，義士猶或非之，而況將昭違亂之賂器，置諸太廟，其若之何？』夫春秋之書，百王取法，若受不臣之筐篚，納弒逆之朝貢，不以爲愆，何所致伐？臣謂莫離支所獻，自不得受。」太宗納焉，以其使屬吏。

太宗既滅高昌，每歲調發千餘人防遏其地，遂良上疏曰：

臣聞古者哲后，必先事華夏而後夷狄，務廣德化，不事遐荒。是以周宣薄伐，至境而止；始皇遠塞，中國分離。漢武負文、景之聚財，玩士馬之餘力，始通西域，初置校尉。軍旅連出，將三十年。復得天馬於宛城，採蒲萄於安息。而海內虛竭，生人失所，租及六畜，算至舟車，因之凶年，盜賊並起。搜粟都尉桑弘羊復希主意，遣士卒遠田輪臺，築城以威西域。帝翻然追悔，情發於中，棄輪臺之野，下哀痛之詔，人神感悅，海內乃康。向使武帝復用弘羊之言，天下生靈皆盡之矣。是以光武中興，不踰葱嶺；孝章卽位，都護來歸。

陛下誅滅高昌，威加西域，收其鯨鯢，以爲州縣。然則王師初發之歲，河西供役之年，飛芻輓粟，十室九空，數郡蕭然，五年不復。陛下歲遣千餘人遠事屯戍，終年離別，萬里思歸。去者資裝，自須營辦，既賣菽粟，傾其機杼。經途死亡，復在其外，兼遣罪人，增其防遏。彼罪人者，生於販肆，終朝惰業，犯禁違公，止能擾於邊城，實無益於行陣。所遣之內，復有逃亡，官司捕捉，爲國生事。高昌途路，沙磧千里，多風冰冽，夏風如焚，行人去來，遇之多死。易云：「安不忘危，理不忘亂。」設令張掖塵飛，酒泉烽舉，陛下豈能得高昌一人菽粟而及事乎？終須發隴右諸州，星馳電擊。由斯而言，此河西者方於心腹，彼高昌者他人手足，豈得糜費中華，以事無用？書曰：「不作無益害有益。」其此之謂乎！

陛下道映先天，威行無外，平頡利於沙塞，滅吐渾於西海。突厥餘落，爲立可汗；吐渾遺甿，更樹君長。復立高昌，非無前例，此所謂有罪而誅之，既伏而立之。四海百蠻，誰不聞見，蠕動懷生，畏威慕德。宜擇高昌可立者立之，徵給首領，遣還本國，負戴洪恩，長爲藩翰。中國不擾，既富且寧，傳之子孫，以貽永世。

二十年，太宗於寢殿側別置一院，令太子居，絕不令往東宮。遂良復上疏諫曰：

臣聞周世問安，三至必退；漢儲視膳，五日乃來。前賢作法，規模弘遠。禮曰：男子十年出就外傅，出宿於外，學書計也。然則古之達者，豈無慈心，減茲私愛，欲使成立。凡人尙猶如此，況君之世子乎。自當春誦夏絃，親近師傅，體人間之庶事，適君臣之大道，使翹足延首，皆聆善聲。若獻歲之有陽春，玄天之有日月，弘此懿德，乃作元良。伏惟陛下道育三才，功包九有，親樹太子，莫不欣欣。既云廢昏立明，須稱天下瞻望〔三〕，而教成之道，實深乖闕。不離膝下，常居宮內，保傅之說無暢，經籍之談蔑如。且朋友不可以深交，深交必有怨；父子不可以滯愛，滯愛或生愆。伏願遠覽殷、周，近遵漢、魏，不可頓革，事須階漸。嘗計旬日，半遣還宮，專學藝以潤身，布芳聲於天下，則微臣雖死，猶日生年。

太宗從之。

遂良前後諫奏及陳便宜書數十上，多見採納。其年，加銀青光祿大夫。二十一年，以本官檢校大理卿，尋丁父憂解。明年，起復舊職，俄拜中書令。

二十三年，太宗寢疾，召遂良及長孫無忌入臥內，謂之曰：「卿等忠烈，簡在朕心。昔漢武寄霍光，劉備託葛亮，朕之後事，一以委卿。太子仁孝，卿之所悉，必須盡誠輔佐，永保宗社。」又顧謂太子曰：「無忌、遂良在，國家之事，汝無憂矣。」仍命遂良草詔。高宗卽位，賜爵河南縣公。永徽元年，進封郡公。尋坐事出爲同州刺史。三年，徵拜吏部尚書、同中書門下三品，監修國史，加光祿大夫。其月，又兼太子賓客。四年，代張行成爲尚書右僕射，依舊知政事。

六年，高宗將廢皇后王氏，立昭儀武氏爲皇后，召太尉長孫無忌、司空李勣、尚書左僕射于志寧及遂良以籌其事。將入，遂良謂無忌等曰：「上意欲廢中宮，必議其事，遂良今欲陳諫，衆意如何？」無忌曰：「明公必須極言，無忌請繼焉。」及入，高宗難於發言，再三顧謂無忌曰：「莫大之罪，絕嗣爲甚。皇后無胤息，昭儀有子，今欲立爲皇后，公等以爲何如？」

遂良曰：「皇后出自名家，先朝所娶，伏事先帝，無愆婦德。先帝不豫，執陛下手以語臣曰：『我好兒好婦，今將付卿。』陛下親承德音，言猶在耳。皇后自此未聞有愆，恐不可廢。臣今不敢曲從，上違先帝之命，特願再三思審。愚臣上忤聖顏，罪合萬死，但願不負先朝厚恩，何顧性命。」遂良致笏於殿陛，曰：「還陛下此笏。」仍解巾叩頭流血。帝大怒，令引出。長孫無忌曰：「遂良受先朝顧命，有罪不加刑。」翌日，帝謂李勣曰：「册立武昭儀之事，遂良固執不從。遂良既是受顧命大臣，事若不可，當且止也。」勣對曰：「此乃陛下家事，不合問外人。」帝乃立昭儀爲皇后，左遷遂良潭州都督。顯慶二年，轉桂州都督。未幾，又貶爲愛州刺史。明年，卒官，年六十三。

遂良卒後二歲餘，許敬宗、李義府奏言長孫無忌所構逆謀，並遂良扇動，乃追削官爵，子孫配流愛州。弘道元年二月，高宗遺詔放還本郡。神龍元年，則天遺制復遂良及韓瑗爵位。

韓瑗，雍州三原人也。祖紹，隋太僕少卿。父仲良，武德初爲大理少卿，受詔與郎楚之等掌定律令。仲良言於高祖曰：「周代之律，其屬三千，秦法已來，約爲五百。若遠依周制，繁紊更多。且官吏至公，自當奉法，苟若徇己，豈顧刑名？請崇寬簡，以允惟新之望。」高祖然之。於是採定開皇律行之，時以爲便。貞觀中，位至刑部尚書、秦州都督府長史、潁川縣公。

瑗少有節操，博學有吏才。貞觀中，累至兵部侍郎，襲父潁川公。永徽三年，拜黃門侍郎。四年，與中書侍郎來濟皆同中書門下三品，監修國史。五年，加銀青光祿大夫。六年，遷侍中，其年兼太子賓客。

時高宗欲廢王皇后，瑗涕泣諫曰：「皇后是陛下在藩府時先帝所娶，今無愆過，欲行廢黜，四海之士，誰不惕然。且國家屢有廢立，非長久之術。願陛下爲社稷大計，無以臣愚不垂採察。」帝不納。明日，瑗又諫，悲泣不能自勝，帝大怒，促令引出。尋而尚書左僕射褚遂良以忤旨左授潭州都督，瑗復上疏理之曰：

古之聖王，立諫鼓，設謗木，冀欲聞逆耳之言，甘苦口之議，發揚大化，裨益洪猷，垂令譽於將來，播休聲於不朽者也。伏見詔書以褚遂良爲潭州都督，臣夙夜思之，用增感激。臣識慚知遠，業謝通經，載撫愚情，誠爲未可。

遂良運偶昇平，道昭前烈，束髮從宦，方淹累稔。趨侍陛下，俄歷歲年，不聞涓滴之愆，常覩勤勞之効。竭忠誠於早歲，罄直道於茲年，體國忘家，捐身徇物，風霜其操，鐵石其心。誠可重於皇明，詎專方於曩昔。且先帝納之於帷幄，寄之以心膂，德逾水石，義冠舟車，公家之利，言無不可。及纏悲四海，遏密八音，竭忠國家，親承顧託，一德無二，千古懍然。此不待臣言，陛下備知之矣，臣嘗有此心，未敢聞奏。且萬姓失業，旰食忘勞；一物不安，納隍軫慮。在於微細，寧得過差。況社稷之舊臣，陛下之賢佐，無聞罪狀，斥去朝廷，內外甿黎，咸嗟舉措。觀其近日言事，披誠懇切，詎肯後陛下之德異於堯、舜，懼陛下之過塵於史册。而乃深遭厚謗，重負醜言，可以痛志士之心，損陛下之明也。

臣聞晉武弘裕，不貽劉毅之誅；漢祖深仁，無恚周昌之直。而遂良被遷，已經寒暑，違忤陛下，其罰塞焉。伏願緬鑒無辜，稍寬非罪，俯矜微款，以順人情。

疏奏，帝謂瑗曰：「遂良之情，朕亦知之矣。然其悖戾犯上，以此責之，朕豈有過，卿言何若是之深也！」瑗對曰：「遂良可謂社稷忠臣，臣恐以諛佞之輩，蒼蠅點白，損陷忠貞。昔微子去之而殷國以亡，張華不死而綱紀不亂，國之欲謝，善人其衰。今陛下富有四海，八紘清泰，忽驅逐舊臣，而不垂省察乎！伏願違彼覆車，以收往過，垂勸誡於事君，則羣生幸甚。」帝竟不納。

瑗以言不見用，憂憤上表，請歸田里，詔不許。顯慶二年，許敬宗、李義府希皇后之旨，誣奏瑗與褚遂良潛謀不軌，以桂州用武之地，故授遂良桂州刺史，實以爲外援。於是更貶遂良爲愛州刺史，左授瑗振州刺史。四年，卒官，年五十四。明年，長孫無忌死，敬宗等又奏瑗與無忌通謀，遣使殺之。及使至，瑗已死，更發棺驗屍而還，籍沒其家，子孫配徙嶺表。神龍元年，則天遺制令復其官爵。

來濟，揚州江都人，隋左翊衞大將軍榮國公護子也。宇文化及之難，闔門遇害。濟幼逢家難，流離艱險，而篤志好學，有文詞，善談論，尤曉時務。舉進士。貞觀中累轉通事舍人。太子承乾之敗，太宗謂侍臣曰：「欲何以處承乾？」羣臣莫敢對，濟進曰：「陛下上不失作慈父，下得盡天年，卽爲善矣。」帝納其言。俄除考功員外郎。十八年，初置太子司議郎，妙選人望，遂以濟爲之，仍兼崇賢館直學士。尋遷中書舍人，與令狐德棻等撰晉書。

永徽二年，拜中書侍郎，兼弘文館學士，監修國史。四年，同中書門下三品。五年，加銀青光祿大夫，以修國史功封南陽縣男，賜物七百段。六年，遷中書令、檢校吏部尚書。

時高宗欲立昭儀武氏爲宸妃，濟密表諫曰：「宸妃古無此號，事將不可。」武皇后旣立，濟等懼不自安，后乃抗表稱濟忠公，請加賞慰，而心實惡之。顯慶元年，兼太子賓客，進爵爲侯，中書令如故。二年，又兼太子詹事。尋而許敬宗等奏濟與褚遂良朋黨構扇，左授台州刺史。五年，徙庭州刺史。龍朔二年，突厥入寇，濟總兵拒之，謂其衆曰：「吾嘗挂刑網，蒙赦性命，當以身塞責，特報國恩。」遂不釋甲胄赴賊，沒於陣。時年五十三，贈楚州刺史，給靈輿遞還鄉。有文集三十卷，行於代。

濟兄恆，有學行，與濟齊名。上元中，官至黃門侍郎、同中書門下三品。

上官儀，本陝州陝人也。父弘，隋江都宮副監，因家于江都。大業末，弘爲將軍陳稜所殺，儀時幼，藏匿獲免。因私度爲沙門，遊情釋典，尤精三論，兼涉獵經史，善屬文。貞觀初，楊仁恭爲都督，深禮待之。舉進士。太宗聞其名，召授弘文館直學士，累遷祕書郎。時太宗雅好屬文，每遣儀視草，又多令繼和，凡有宴集，儀嘗預焉。俄又預撰晉書成，轉起居郎，加級賜帛。高宗嗣位，遷祕書少監。龍朔二年，加銀青光祿大夫、西臺侍郎、同東西臺三品，兼弘文館學士如故。本以詞彩自達，工於五言詩，好以綺錯婉媚爲本。儀既貴顯，故當時多有效其體者，時人謂爲上官體。儀頗恃才任勢，故爲當代所嫉。麟德元年，宦者王伏勝與梁王忠抵罪，許敬宗乃構儀與忠通謀，遂下獄而死，家口籍沒。子庭芝，歷位周王府屬，與儀俱被殺。庭芝有女，中宗時爲昭容，每侍帝草制誥，以故追贈儀爲中書令、秦州都督、楚國公，庭芝黃門侍郎、岐州刺史、天水郡公，仍令以禮改葬。

史臣曰：褚河南上書言事，亹亹有經世遠略。魏徵、王珪之後，骨鯁風彩，落落負王佐器者，殆難其人，名臣事業，河南有焉。昔齊人饋樂而仲尼去，戎王溺妓而由余奔，婦人之言，聖哲懼罹其禍，況二佞據衡軸之地，爲正人之魑魅乎！古之志士仁人，一言相期，死不之悔，況於君臣之間，受託孤之寄，而以利害禍福，忘平生之言哉！而韓、來諸公，可謂守死善道，求福不回者焉。

贊曰：褚公之言，和樂愔愔。鍾石在簴，動成雅音。二猘雙吠，三賢一心。人皆觀望，我不浮沉。

校勘記

〔一〕但自古嫡庶無良佐　「自」「佐」二字各本原無，據唐會要卷四補。

〔二〕十七年　「十」字各本原無，據通鑑卷一九六補。

〔三〕須稱天下瞻望　「下」字各本原作「地」，據册府卷三二七、英華卷六九五改。

舊唐書卷八十一

列傳第三十一

崔敦禮　盧承慶　劉祥道　李敬玄　李義琰　孫處約　樂彥瑋　趙仁本

崔敦禮，雍州咸陽人，隋禮部尚書仲方孫也。其先本居博陵，世爲山東著姓，魏末徙關中。敦禮本名元禮，高祖改名焉。頗涉文史，重節義，嘗慕蘇子卿之爲人。武德中，拜通事舍人。九年，太宗使敦禮往幽州召廬江王瑗。瑗舉兵反，執敦禮，問京師之事，敦禮竟無異詞。太宗聞而壯之，遷左衞郎將，賜以良馬及黃金雜物。

貞觀元年，擢拜中書舍人，遷兵部侍郎，頻使突厥。累轉靈州都督。二十年，徵爲兵部尚書。又奉詔安撫迴紇、鐵勒部落。時延陀寇邊，敦禮與英國公李勣擊破之。又有瀚海都督迴紇吐迷度爲其下所殺，詔敦禮往就部落綏輯之，因立其嗣子而還。敦禮深識蕃情，凡所奏請，事多允會。

永徽四年，代高季輔爲侍中，累封固安縣公，仍修國史。六年，加光祿大夫，代柳奭爲中書令，尋又兼檢校太子詹事。敦禮以老疾屢陳乞請退。顯慶元年，拜太子少師，仍同中書門下三品。敕召其子定襄都督府司馬餘慶使侍其疾。尋卒，年六十餘。高宗舉哀於東雲龍門，賜東園祕器，贈開府儀同三司、幷州大都督，陪葬昭陵，賻絹布八百段、米粟八百石，諡曰昭。

子餘慶，官至兵部尚書。敦禮孫貞愼，神龍初爲兵部侍郎。

盧承慶，幽州范陽人。隋武陽太守思道孫也。父赤松，大業末爲河東令，與高祖有舊，聞義師至霍邑，棄縣迎接，拜行臺兵部郎中。武德中，累轉率更令，封范陽郡公，尋卒。

承慶美風儀，博學有才幹，少襲父爵。貞觀初，爲秦州都督府戶曹參軍，因奏河西軍事，太宗奇其明辯，擢拜考功員外郎。累遷民部侍郎。太宗嘗問歷代戶口多少之數，承慶敍夏、殷以後迄于周、隋，皆有依據，太宗嗟賞久之。尋令兼檢校兵部侍郎，仍知五品選事。承慶辭曰：「選事職在尚書，臣今掌之，便是越局。」太宗不許，曰：「朕今信卿，卿何不自信也？」俄歷雍州別駕、尚書左丞。

永徽初，爲褚遂良所構，出爲益州大都督府長史。遂良俄又求索承慶在雍州舊事奏之，由是左遷簡州司馬。歲餘，轉洪州長史。會高宗將幸汝州之溫湯，擢承慶爲汝州刺史，入爲光祿卿。顯慶四年，代杜正倫爲度支尚書，仍同中書門下三品。尋坐度支失所，出爲潤州刺史，再遷雍州長史，加銀青光祿大夫。

總章二年，代李乾祐爲刑部尚書，以年老請致仕，許之，仍加金紫光祿大夫。三年，病卒，年七十六。臨終誡其子曰：「死生至理，亦猶朝之有暮。吾終，斂以常服；晦朔常饌，不用牲牢；墳高可認，不須廣大；事辦卽葬，不須卜擇；墓中器物，瓷漆而已；有棺無槨，務在簡要；碑誌但記官號、年代，不須廣事文飾。」贈幽州都督，謚曰定。

弟承業，亦有學識。貞觀末，官至雍州長史、檢校尚書左丞。兄弟相次居此任，時人榮之。俄坐承慶事左遷忠州刺史。顯慶初，復爲雍州長史。前後皆有能名。三遷左肅機，兼掌司列選事，賜爵魏縣子。總章中，卒於揚州大都督府長史，贈洛州刺史，謚曰簡。

承業弟承泰，齊州長史。承泰子齊卿，長安初，爲雍州錄事參軍。時則天令雍州長史薛季昶擇僚吏堪爲御史者〔一〕，季昶以問齊卿，薦長安尉盧懷慎李休光、萬年尉李乂崔湜、咸陽丞倪若水、盩厔尉田崇辟、新豐尉崔日用，後皆至大官。齊卿，開元初爲幽州刺史，時張守珪爲果毅，齊卿禮接之，謂曰：「十年內當知節度。」果如其言，時人謂齊卿有人倫之鑒。齊卿好酒，飲至斗餘不亂，寬厚可親，士友以此善之。累遷太子詹事，封廣陽縣公，尋卒。

承慶弟孫藏用，別有傳。

劉祥道，魏州觀城人也。父林甫，武德初爲內史舍人，時兵機繁速，庶事草創，高祖委林甫專典其事，以才幹見稱。尋詔與中書令蕭瑀等撰定律令，林甫因著律議萬餘言。久之，擢拜中書侍郎，賜爵樂平男。貞觀初，再遷吏部侍郎。初，隋代赴選者，以十一月爲始，至春即停，選限既促，選司多不究悉。時選人漸衆，林甫奏請四時聽選，隨到注擬，當時甚以爲便。時天下初定，州府及詔使多有赤牒授官，至是停省，盡來赴集，將萬餘人，林甫隨才銓擢，咸得其宜。時人以林甫典選，比隋之高孝基。三年，病卒，臨終上表薦賢，太宗甚嘉悼之，賜絹二百五十匹。

祥道少襲父爵。永徽初，歷中書舍人、御史中丞、吏部侍郎。顯慶二年，遷黃門侍郎，仍知吏部選事。祥道以銓綜之術猶有所闕，乃上疏陳其得失。其一曰：

今之選司取士，傷多且濫：每年入流數過一千四百，傷多也；雜色入流，不加銓簡，是傷濫也。經明行修之士，猶或罕有正人，多取胥徒之流，豈能皆有德行。即知共釐務者，善人少而惡人多。有國以來，已四十載，尚未刑措，豈不由此乎！但服膺先王之道者，奏第然始付選；趨走几案之間者，不簡便加祿秩。稽古之業，雖則難知，斗筲之材，何其易進？其雜色應入流人，望令曹司試判訖，簡爲四等奏聞。第一等付吏部，第二等付兵部，次付主爵，次付司勳。其行署等私犯公坐情狀可責者，雖經赦降，亦量配三司；不經赦降者，放還本貫。冀入流不濫，官無冗雜，且令胥徒之輩，漸知勸勉。

其二曰：

古之選者，爲官擇人，不聞取人多而官員少。今官員有數，入流無限，以有數供無限，遂令九流繁總，人隨歲積。謹約準所須人，量支年別入流者。今內外文武官一品以下，九品已上，一萬三千四百六十五員，略舉大數，當一萬四千人。壯室而仕，耳順而退，取其中數，不過支三十年。此則一萬四千人，三十年而略盡。若年別入流者五百人，經三十年便得一萬五千人，定須者一萬三千四百六十五人，足充所須之數。況三十年之外，在官者猶多，此便有餘，不慮其少。今年常入流者，遂逾一千四百，計應須數外，其餘兩倍。又常選放還者，仍停六七千人，更復年別新加，實非處置之法。

其三曰：儒爲教化之本，學者之宗，儒教不興，風俗將替。今庠序遍於四海，儒生溢於三學，誘掖之方，理實爲備，而獎進之道，事或未周。但永徽已來，于今八載，在官者以善政粗聞，論事者以一言可採，莫不光被綸音，超升不次。而儒生未聞恩及，臣故以爲獎進之道未周。

其四曰：國家富有四海，已四十年，百姓官僚，未有秀才之舉。豈今人之不如昔人，將薦賢之道未至？寧可方稱多士，遂間斯人。望六品已下，爰及山谷，特降綸言，更審搜訪，仍量爲條例，稍加優獎。不然，赫赫之辰，斯舉遂絕，一代盛事，實爲朝廷惜之。

其五曰：唐、虞三載考績，黜陟幽明。兩漢用人，亦久居其職。所以因官命氏，有倉、庾之姓。魏、晉以來，事無可紀。今之在任，四考卽遷。官人知將秩滿，必懷去就；百姓見有遷代，能無苟且。以去就之人，臨苟且之輩，責以移風易俗，其可得乎！望經四考，就任加階，至八考滿，然後聽選。還淳反樸，雖未敢必期；送故迎新，實稍減勞弊。

其六曰：

尚書省二十四司及門下中書都事、主書、主事等〔三〕，比來選補，皆取舊任流外有刀筆之人。縱欲參用士流，皆以儔類爲恥，前後相承，遂成故事。但掖省崇峻，王言祕密，尚書政本，人物攸歸，而多用胥徒，恐未盡銓衡之理。望有釐革，稍淸其選。

明年，中書令杜正倫亦言入流人多，爲政之弊。高宗遣祥道與正倫詳議其事。時公卿已下憚於改作，事竟不行。

祥道尋以修禮功，進封陽城縣侯。四年，遷刑部尚書，每覆大獄，必獻欷累歎，奏決之日，爲之再不食。龍朔元年，權檢校蒲州刺史。三年，兼檢校雍州長史，俄遷右相。祥道性謹愼，既居宰相，深懷憂懼，數自陳老疾，請退就閑職。俄轉司禮太常伯，罷知政事。麟德二年，將有事於泰山，有司議依舊禮，皆以太常卿爲亞獻，光祿卿爲終獻。祥道駁曰：「昔在三代，六卿位重，故得佐祠。漢、魏以來，權歸臺省，九卿皆爲常伯屬官。今登封大禮，不以八座行事，而用九卿，無乃徇虛名而忘實事乎！」高宗從其議，竟以司徒徐王元禮爲亞獻，祥道爲終獻。事畢，進爵廣平郡公。乾封元年，又上表乞骸骨，優制加金紫光祿大夫，聽致仕。其年卒，年七十一，贈幽州都督，謚曰宣。子齊賢襲爵。

齊賢，初自侍御史出爲晉州司馬，高宗聞其方正，甚禮之。時將軍史興宗嘗從帝於苑中弋獵，因言晉州出好鷂，劉齊賢見爲司馬，請使捕之。帝曰：「劉齊賢豈是覓鷂人耶！卿何以此待之？」遂止。齊賢後避章懷太子名，改名景先。永淳中，累遷黃門侍郎、同中書門下平章事。則天臨朝，代裴炎爲侍中。及裴炎下獄，景先與鳳閣侍郎胡元範抗詞明其不反，則天甚怒之。炎既誅死，景先左遷普州刺史，未到，又貶授吉州長史。永昌年，爲酷吏所陷，繫於獄，自縊死，仍籍沒其家。景先自祖、父三代皆爲兩省侍郎及典選，又叔父吏部郎中應道、從父弟禮部侍郎令植等八人，前後爲吏部郎中員外，有唐已來，無有其比云。

李敬玄，亳州譙人也。父孝節，穀州長史。敬玄博覽羣書，特善五禮。貞觀末，高宗在東宮，馬周啓薦之，召入崇賢館，兼預侍讀，仍借御書讀之。敬玄雖風格高峻，有不可犯之色，然勤於造請，不避寒暑，馬周及許敬宗等皆推薦延譽之。乾封初，歷遷西臺舍人、弘文館學士。

總章二年，累轉西臺侍郎，兼太子右中護、同東西臺三品，兼檢校司列少常伯。時員外郎張仁禕有時務才，敬玄以曹事委之。仁禕始造姓曆，改修狀樣、銓曆等程式，處事勤勞，遂以心疾而卒。敬玄因仁禕之法，典選累年，銓綜有序。自永徽以後，選人轉多，當其任者，罕聞稱職，及敬玄掌選，天下稱其能。預選者歲有萬餘人，每於街衢見之，莫不知其姓名。其被放有訴者，卽口陳其書判失錯及身負殿累，略無差殊。時人咸服其強記，莫之敢欺。選人有杭州參軍徐太玄者，初在任時，同僚有張惠犯贓至死，太玄哀其母老，乃詣獄自陳與惠同受。惠贓數既少，遂得減死，太玄亦坐免官，不調十餘年。敬玄知而大嗟賞之，擢授鄭州司功參軍，太玄由是知名，後官至祕書少監、申王師，以德行爲時所重。敬玄賞鑒多此類也。咸亨二年，授中書侍郎，餘並如故。三年，加銀青光祿大夫，行吏部侍郎，依舊兼太子右庶子、同中書門下三品。四年，監修國史。上元二年，拜吏部尙書，仍依舊兼太子左庶子，監修國史、同中書門下三品。

敬玄久居選部，人多附之。前後三娶，皆山東士族，又與趙郡李氏合譜，故臺省要職，多是其同族婚媾之家。高宗知而不悅，然猶不彰其過。儀鳳元年，代劉仁軌爲中書令。調露二年，吐蕃入寇，仁軌先與敬玄不協，遂奏請敬玄鎭守西邊。敬玄自以素非邊將之才，固辭。高宗謂曰：「仁軌若須朕，朕卽自往，卿不得辭也。」竟以敬玄爲洮河道大總管，兼安撫大使，仍檢校鄯州都督，率兵以禦吐蕃。及將戰，副將工部尙書劉審禮先鋒擊之。敬玄聞賊至，狼狽却走。審禮既無繼援，遂沒于陣。俄有詔留敬玄於鄯州防禦，敬玄累表稱疾，乞還醫療，許之。既入見，驗疾不重，高宗責其詐妄，又積其前後愆失，貶授衡州刺史。稍遷揚州大都督府長史。永淳元年卒，年六十八，贈兗州都督。撰禮論六十卷、正論三卷、文集三十卷。

子思沖，神龍初，歷工部侍郎、左羽林軍將軍，從節愍太子誅武三思，事敗見殺，籍沒其家。

敬玄弟元素，亦有吏才，初爲武德令。時懷州刺史李文暕將調率金銀造常滿樽以獻，百姓甚弊之，官吏無敢異議者。元素抗詞固執，文暕乃損其制度，以家財營之。延載元年，自文昌左丞遷鳳閣侍郎、鳳閣鸞臺平章事，加銀青光祿大夫。萬歲通天二年，坐與洛州錄事參軍綦連耀交結，爲武懿宗所陷，被殺。神龍初雪免。

李義琰，魏州昌樂人，常州刺史玄道族孫也。其先自隴西徙山東，世爲著姓。父玄德，瘿陶令。義琰少舉進士，累補太原尉。時李勣爲并州都督，僚吏皆望風懾懼，義琰獨廷折曲直，勣甚禮之。義琰，麟德中爲白水令，有能名，拜司刑員外郎。上元中，累遷中書侍郎，又授太子右庶子、同中書門下三品。時天后預知國政，高宗嘗欲下詔令后攝知國事，義琰與中書令郝處俊固爭，以爲不可，事竟寢。義琰身長八尺，博學多識，高宗每有顧問，言皆切直。章懷太子之廢也，高宗慰勉官僚，盡捨罪，令復其位，庶子薛元超等皆舞蹈謝恩，義琰獨引罪涕泣，時論美之。

義琰宅無正寢，弟義璡爲岐州司功參軍，乃市堂材送焉。及義璡來覲，義琰謂曰：「以吾爲國相，豈不懷愧，更營美室，是速吾禍，此豈愛我意哉！」義璡曰：「凡人仕爲丞尉，卽營第宅，兄官高祿重，豈宜卑陋以逼下也？」義琰曰：「事難全遂，物不兩興。既有貴仕，又廣其宇，若無令德，必受其殃。吾非不欲之，懼獲戾也。」竟不營構，其木爲霖雨所腐而棄之。

義琰後改葬父母，使舅氏移其舊塋，高宗知而怒曰：「豈以身在樞要，凌蔑外家，此人不可更知政事。」義琰聞而不自安，以足疾上疏乞骸骨，乃授銀青光祿大夫，聽致仕。乃將歸東都田里，公卿已下祖餞於通化門外，時人以比漢之二疏。垂拱初，起爲懷州刺史。義琰自以失則天意，恐禍及，固辭不拜。四年，卒於家。

義琰從祖弟義琛，永淳初，爲雍州長史。時關輔大飢，高宗令貧人散於商、鄧逐食。義琛恐黎人流轉，因此不還，固爭之。由是忤旨，出爲梁州都督，轉岐州刺史，稱爲良吏。卒官。

高宗時宰相，又有孫處約、樂彥瑋、趙仁本，並有名跡。

孫處約者，汝州郟城人也。貞觀中，爲齊王祐記室。祐既失德，處約數上書諫之。祐既誅，太宗親檢其家文疏，得處約諫書，甚嗟賞之。累轉中書舍人。其年，中書令杜正倫奏請更授一舍人，與處約同知制誥，高宗曰：「處約一人足辦我事，何須多也。」處約以預修太宗實錄成，賜物七百段。三遷中書侍郎，與李勣、許敬宗同知國政。尋避中宮諱，改名茂道。坐事左轉司禮少常伯。顯慶中，拜少司成，以老疾請致仕，許之，尋卒。

子佺，睿宗時爲左羽林大將軍，征契丹戰歿。

樂彥瑋者，雍州長安人。顯慶中，爲給事中。時故侍中劉洎之子詣闕上言洎貞觀末爲褚遂良所譖枉死，稱冤請雪，中書侍郎李義府又左右之。高宗以問近臣，衆希義府之旨，皆言其枉。彥瑋獨進曰：「劉洎大臣，舉措須合軌度，人主暫有不豫，豈得卽擬負國。先朝所責，未是不愜。且國君無過舉，若雪洎之罪，豈可謂先帝用刑不當乎？」然其言，遂寢其事。彥瑋尋丁憂，起爲唐州刺史。及入辭，高宗記其言直，復拜東臺舍人。累遷西臺侍郎、同東西臺三品。乾封元年，代劉仁軌爲大司憲，官名復舊，改爲御史大夫。上元三年卒，贈秦州都督。永昌年，以子思晦貴，重贈揚州大都督。思晦，則天時官至鸞臺侍郎，兼檢校天官尚書、同鳳閣鸞臺三品，爲酷吏所殺。

趙仁本者，陝州河北人也。貞觀中，累轉殿中侍御史。自義寧已來，詔敕皆手自纂錄，臨事皆暗記之，甚爲當時所伏。會有敕差一御史遠使，同列遞相辭託，仁本越次請行，言於治書侍御史馬周曰：「食君之祿，死君之事，雖復跋涉艱險，所不敢辭也。」及迴，事又稱旨，擢吏部員外郎。乾封中，歷遷東臺侍郎、同東西臺三品，尋轉司列少常伯，知政事如故。時許敬宗爲右相，頗任權勢，仁本拒其請託，遂爲敬宗所搆，俄授尚書左丞，罷知政事。咸亨初卒官。

史臣曰：崔、盧數公，皆以忠淸文行，致位樞要，恪恭匪懈，以保名位，誠所謂持盈守成，太平之君子。然敬玄之擢太玄，可謂能舉善者矣。義琰廢材而不營第舍，可謂有儉德矣。彥瑋獨遏姦臣，仁本請當遠使，終昇輔相，不亦宜乎！

贊曰：盧、劉兩族，奕世名卿。二李、二樂，俱號公淸。權臣獨抗，美第不營。以兹輔弼，無愧德聲。

校勘記

〔一〕薛季昶　「昶」字各本原作「旭」，據本書卷一八五上薛季昶傳、新書卷一〇六盧承慶傳改。

〔二〕尚書省二十四司及門下中書都事主書主事等　「門下」下各本原有「省」字，據冊府卷四七三刪。

舊唐書卷八十二

列傳第三十二

許敬宗　李義府 少子湛

許敬宗，杭州新城人，隋禮部侍郎善心子也。其先自高陽南渡，世仕江左。敬宗幼善屬文，舉秀才，授淮陽郡司法書佐，俄直謁者臺，奏通事舍人事。江都之難，善心爲宇文化及所害，敬宗流轉投於李密，密以爲元帥府記室，與魏徵同爲管記。武德初，赤牒擬漣州別駕。太宗聞其名，召補秦府學士。貞觀八年，累除著作郎，兼修國史，遷中書舍人。十年，文德皇后崩，百官縗絰。率更令歐陽詢狀貌醜異，衆或指之，敬宗見而大笑，爲御史所劾，左授洪州都督府司馬。累遷給事中，兼修國史。十七年，以修武德、貞觀實錄成，封高陽縣男，賜物八百段，權檢校黃門侍郎。高宗在春宮，遷太子右庶子。十九年，太宗親伐高麗，皇太子定州監國，敬宗與高士廉等共知機要。中書令岑文本卒於行所，令敬宗以本官檢校中書侍郎。太宗大破遼賊於駐蹕山，敬宗立於馬前受旨草詔書，詞彩甚麗，深見嗟賞。

先是，庶人承乾廢黜，宮僚多被除削，久未收敍。敬宗上表曰：「臣聞先王愼罰，務在於恤刑；往哲寬仁，義在於宥過。聖人之道，莫尙于茲。竊見廢宮官僚〔二〕，五品以上，除名棄斥，頗歷歲時。但庶人疇昔之年，身處不疑之地，苞藏悖逆，陰結宰臣，所預姦謀，多連宗戚。禍生慮表〔三〕，非可防萌，宮內官僚，迥無關預。今乃投鼠及器，孰謂無冤？焚山毀玉，稍同遷怒。伏尋先典，例有可原。昔吳國陪臣，則爰絲不坐於劉濞；昌邑中尉，則王吉免緣於海昏。譬諸欒布，乃策名於彭越；比乎田叔，亦委質於張敖。主以凶逆，陷其誅夷；臣以賢良，荷彼收擢。歷觀往代，此類尤多；近者有隋，又遵斯義。楊勇之廢，罪止加於佞人，李綱之徒，皆不預於刑網。古今裁其折衷，史籍稱爲美談。而今張玄素、令狐德棻、趙弘智、裴宣機、蕭鈞等，並砥節勵操，有雅望於當朝；經明行修，播令名於天下。或以直言而遭簞扑，或以忤意而見猜嫌，一概雷同，並罹天憲，恐於王道，傷在未弘。」由是玄素等稍得敍用。

二十一年，加銀青光祿大夫。高宗嗣位，代于志寧爲禮部尙書。敬宗嫁女與蠻酋馮盎之子，多納金寶，爲有司所劾，左授鄭州刺史。永徽三年，入爲衞尉卿，加弘文館學士，兼修國史。六年，復拜禮部尙書。

高宗將廢皇后王氏而立武昭儀，敬宗特贊成其計。長孫無忌、褚遂良、韓瑗等並直言忤旨，敬宗與李義府潛加誣構，並流死於嶺外。顯慶元年，加太子賓客，尋册拜侍中，監修國史。三年，進封郡公，尋贈其父善心爲冀州刺史。高宗因於古長安城遊覽，問侍臣曰：「朕觀故城舊基，宮室似與百姓雜居，自秦、漢已來，幾代都此？」敬宗對曰：「秦都咸陽，郭邑連跨渭水，故云『渭水貫都，以象天河』。至漢惠帝始築此城，其後苻堅、姚萇、後周並都之。」帝又問：「昆明池是漢武帝何年中開鑿？」敬宗對曰：「武帝遣使通西南夷，而爲昆明滇池所閉〔三〕，欲伐昆明國，故因鎬之舊澤，以穿此池，用習水戰，元狩三年事也。」帝因令敬宗與弘文館學士具檢秦、漢已來歷代宮室處所以奏。其年，代李義府爲中書令，任遇之重，當朝莫比。龍朔二年，從新令改爲右相，加光祿大夫。三年，册拜太子少師、同東西臺三品，並依舊監修國史。乾封初，以敬宗年老，不能行步，特令與司空李勣每朝日各乘小馬入禁門至內省。

敬宗自掌知國史，記事阿曲。初，虞世基與敬宗父善心同爲宇文化及所害，封德彝時爲內史舍人，備見其事，因謂人曰：「世基被誅，世南匍匐而請代；善心之死，敬宗舞蹈以求生。」人以爲口實，敬宗深銜之，及爲德彝立傳，盛加其罪惡。敬宗嫁女與左監門大將軍錢九隴，本皇家隸人，敬宗貪財與婚，乃爲九隴曲叙門閥，妄加功績，并升與劉文靜、長孫順德同卷。敬宗爲子娶尉遲寶琳孫女爲妻，多得賂遺，及作寶琳父敬德傳，悉爲隱諸過咎。太宗作威鳳賦以賜長孫無忌，敬宗改云賜敬德。白州人龐孝泰，蠻酋凡品，率兵從征高麗，賊知其懦，襲破之。敬宗又納其寶貨，稱孝泰頻破賊徒，斬獲數萬，漢將驍健者，唯蘇定方與龐孝泰耳，曹繼叔、劉伯英皆出其下。虛美隱惡如此。初，高祖、太宗兩朝實錄，其敬播所修者，頗多詳直，敬宗又輒以己愛憎曲事删改，論者尤之。然自貞觀已來，朝廷所修五代史及晉書、東殿新書、西域圖志、文思博要、文館詞林、累璧、瑤山玉彩、姓氏錄、新禮，皆總知其事，前後賞賚，不可勝紀。

敬宗好色無度。其長子昂頗有才藻，歷位太子舍人，母裴氏早卒。裴侍婢有姿色，敬宗嬖之，以爲繼室，假姓虞氏。昂素與通，烝之不絕。敬宗怒黜虞氏，加昂以不孝，奏請流于嶺外。顯慶中，表乞昂還，除虔化令，尋卒。咸亨元年，抗表乞骸骨，詔聽致仕，仍加特進，俸祿如舊。三年薨，年八十一。高宗爲之舉哀，廢朝三日，詔文武百官就第赴哭，册贈開府儀同三司、揚州大都督，陪葬昭陵。文集八十卷。

太常將定謚，博士袁思古議曰：「敬宗位以才昇，歷居清級，然棄長子於荒徼，嫁少女於夷落。聞詩學禮，事絕於趨庭；納采問名，唯聞於黷貨。白圭斯玷，有累清塵，易名之典，須憑實行。按謚法『名與實爽曰繆』，請謚爲『繆』。」敬宗孫太子舍人彥伯不勝其恥，與思古大相忿競，又稱思古與許氏先有嫌隙，請改謚官。太常博士王福畤議曰：「謚者，飾終之稱也，得失一朝，榮辱千載。若使嫌隙是實，卽合據法推繩；如其不虧直道，義不可奪，官不可侵，二三其德，何以言禮？福畤忝當官守，匪躬之故。若順風阿意，背直從曲，更是甲令虛設，將謂禮院無人，何以激揚雅道，顧視同列！請依思古謚議爲定。」戶部尙書戴至德謂福畤曰：「高陽公任遇如此，何以定謚爲『繆』？」答曰：「昔晉司空何曾薨，太常博士秦秀謚爲繆醜公。何曾旣忠且孝，徒以日食萬錢，所以貶爲繆醜。況敬宗忠孝不逮於曾，飲食男女之累，有逾於何氏，而謚之爲『繆』，無負於許氏矣。」時有詔令尙書省五品已上重議〔四〕，禮部尙書楊思敬議稱〔五〕：「按謚法『旣過能改曰恭』，請謚曰『恭』。」詔從其議。

彥伯，昂之子，起家著作郎。敬宗末年文筆，多令彥伯代作。又納婢妾讒言，奏流於嶺表，後遇赦得還，除太子舍人。早卒，有集十卷。

李義府，瀛州饒陽人也。其祖爲梓州射洪縣丞，因家於永泰。貞觀八年，劍南道巡察大使李大亮以義府善屬文，表薦之。對策擢第，補門下省典儀。黃門侍郎劉洎、持書御史馬周皆稱薦之，尋除監察御史。又敕義府以本官兼侍晉王。及昇春宮，除太子舍人，加崇賢館直學士，與太子司議郎來濟俱以文翰見知，時稱來、李。義府嘗獻承華箴，其辭曰：

邃初冥昧，元氣氤氳。二儀始闢，三才既分。司乾立宰，出震爲君。化昭淳朴，道映典墳。功成揖讓，事極華、勛。肇興夏啓，降及姬文。咸資繼德，永樹高芬。百代沿襲，千齡奉聖。粤若我后，丕承寶命。允穆三階，爰齊七政。時雍化洽，風移俗盛。載崇國本，式延家慶。震維標德，離言體正。寄切宗祧，事隆監撫。思皇茂則，敬詢端輔。業光啓、誦，藝優干羽。九載崇儒，三朝問豎。歷選儲儀，遺文在斯。望試登俎，高諭喬枝。俯容思順，非禮無施。前修盛業，來哲通規。飭躬是蹈，則叡問風馳；立志或爽，則玄猷日虧。無恃尊極，修途難測；無恃親賢，失德靡全。勿輕小善，積小而名自闡；勿輕微行，累微而身自正。佞諛有類，邪巧多方。其萌不絕，其害必彰。監言斯屏，儲業攸昌。竊惟令嗣，有殊前事。雖以貴以賢，而非長非次。皇明睠德，超倫作貳。匪懋聲華，莫酬恩異。匪崇徽烈，莫符天志。勉之又勉，光茲守器。下臣司箴，敢告近侍。

太子表上其文，優詔賜帛四十匹，又令預撰晉書。

高宗嗣位，遷中書舍人。永徽二年，兼修國史，加弘文館學士。高宗將立武昭儀爲皇后，義府嘗密申協贊，尋擢拜中書侍郎、同中書門下三品，監修國史，賜爵廣平縣男。義府貌狀温恭，與人語必嬉怡微笑，而褊忌陰賊。旣處權要，欲人附己，微忤意者，輒加傾陷。故時人言義府笑中有刀，又以其柔而害物，亦謂之「李貓」。

顯慶元年，以本官兼太子右庶子，進爵爲侯。有洛州婦人淳于氏，坐姦繫於大理，義府聞其姿色，囑大理丞畢正義求爲別宅婦，特爲雪其罪。卿段寶玄疑其故，遽以狀聞，詔令按其事，正義惶懼自縊而死。侍御史王義方廷奏義府犯狀，因言其初容貌爲劉洎、馬周所幸，由此得進，言詞猥褻。帝怒，出義方爲萊州司戶，而不問義府姦濫之罪。義府云：「王御史妄相彈奏，得無愧乎？」義方對云：「仲尼爲魯司寇七日，誅少正卯於兩觀之下；義方任御史旬有六日，不能去姦邪於雙闕之前，實以爲愧。」尋兼太子左庶子。

二年，代崔敦禮爲中書令，兼檢校御史大夫，監修國史、學士並如故。尋加太子賓客，進封河間郡公。三年，又追贈其父德晟爲魏州刺史，諸子孩抱者並列淸官，詔爲造甲第，榮寵莫之能比。而義府貪冒無厭，與母、妻及諸子、女婿賣官鬻獄，其門如市。多引腹心，廣樹朋黨，傾動朝野。初，杜正倫爲中書侍郎，義府時任典儀，至是乃與正倫同爲中書令。正倫每以先進自處，不下義府，而中書侍郎李友益密與正倫共圖議義府，更相伺察。義府知而密令人封奏其事。正倫與義府訟於上前，各有曲直。上以大臣不和，兩責之，左貶義府爲普州刺史，正倫爲橫州刺史，友益配流峯州。四年，復召義府兼吏部尙書、同中書門下三品，自餘官封如故。

龍朔元年，丁母憂去職。二年，起復爲司列太常伯、同東西臺三品。義府尋請改葬其祖父，營墓於永康陵側。三原令李孝節私課丁夫車牛，爲其載土築墳，晝夜不息。於是高陵、櫟陽、富平、雲陽、華原、同官、涇陽等七縣以孝節之故，懼不得已，悉課丁車赴役。高陵令張敬業恭勤怯懦，不堪其勞，死於作所。王公已下，爭致贈遺，其羽儀、導從、輀輴、器服，並窮極奢侈。又會葬車馬、祖奠供帳，自灞橋屬於三原，七十里間，相繼不絕。武德已來，王公葬送之盛，未始有也。

義府本無藻鑑才，怙武后之勢，專以賣官爲事，銓序失次，人多怨讟。時殷王初出閤，又以義府兼王府長史。三年，遷右相，殷王府長史仍知選事並如故。義府入則諂言自媚，出則肆其姦宄，百僚畏之，無敢言其過者。帝頗知其罪失，從容誡義府云：「聞卿兒子、女婿皆不謹慎，多作罪過，我亦爲卿掩覆，未即公言，卿可誡勗，勿令如此。」義府勃然變色，腮頸俱起，徐曰：「誰向陛下道此？」上曰：「但我言如是，何須問我所從得耶！」義府睆然，殊不引咎，緩步而去，上亦優容之。

初，五禮儀注自前代相沿，吉凶畢舉，太常博士蕭楚材、孔志約以皇室凶禮爲預備凶事，非臣子所宜言之，義府深然之，於是悉刪而焚焉。義府既貴之後，又自言本出趙郡，始與諸李敍昭穆，而無賴之徒苟合，藉其權勢，拜伏爲兄叔者甚衆。給事中李崇德初亦與同譜敍昭穆，及義府出爲普州刺史，遂即除削。義府聞而銜之，及重爲宰相，乃令人誣構其罪，竟下獄自殺。初，貞觀中，太宗命吏部尚書高士廉、御史大夫韋挺、中書侍郎岑文本、禮部侍郎令狐德棻等及四方士大夫諳練門閥者修氏族志，勒成百卷，升降去取，時稱允當，頒下諸州，藏爲永式。義府恥其家代無名，乃奏改此書，專委禮部郎中孔志約、著作郎楊仁卿、太子洗馬史玄道、太常丞呂才重修。志約等遂立格云：「皇朝得五品官者，皆升士流。」於是兵卒以軍功致五品者，盡入書限，更名爲姓氏錄。由是搢紳士大夫多恥被甄敍，皆號此書爲「勳格」。義府仍奏收天下氏族志本焚之。關東魏、齊舊姓，雖皆淪替，猶相矜尚，自爲婚姻。義府爲子求婚不得，乃奏隴西李等七家，不得相與爲婚。

陰陽占候人杜元紀爲義府望氣，云「所居宅有獄氣，發積錢二千萬乃可厭勝」。義府信之，聚斂更急切。義府居母服，有制朔望給哭假，義府輒微服與元紀凌晨共出城東，登古塚候望，哀禮都廢。由是人皆言其窺覘災眚，陰懷異圖。義府又遣其子右司議郎津召長孫無忌之孫延，謂曰：「相爲得一官，數日詔書當出。」居五日，果授延司津監，乃取延錢七百貫。於是右金吾倉曹參軍楊行穎表言義府罪狀，制下司刑太常伯劉祥道與侍御詳刑對推其事，仍令司空李勣監焉。按皆有實，乃下制曰：「右相、行殷王府長史、河間郡公李義府洩禁中之語，鬻寵授之朝恩；交占候之人，輕朔望之哀禮。蓄邪黷貨，實玷衣冠；稔惡嫉賢，載虧政道。特以任使多年，未忍便加重罰，宜從遐棄，以肅朝倫。可除名長流嶲州。其子太子右司議郎津，專恃權門，罕懷忌憚，姦淫是務，賄賂無厭，交遊非所，潛報機密，亦宜明罰，屏跡荒裔。可除名長流振州。」義府次子率府長史洽、千牛備身洋、子婿少府主簿柳元貞等，皆憑恃受贓，並除名長流廷州。朝野莫不稱慶，時人爲之語曰：「今日巨唐年，還誅四凶族。」四凶者，謂洽及柳元貞等四人也。或作河間道行軍元帥劉祥道破銅山大賊李義府露布，牓之通衢。義府先多取人奴婢，及敗，一時奔散，各歸其家，露布稱「混奴婢而亂放，各識家而競入」者，謂此也。

乾封元年，大赦，長流人不許還，義府憂憤發疾卒，年五十餘。文集三十卷，傳於代，又著宦遊記二十卷，尋亡失。自義府流放後，朝士常憂懼，恐其復來，及聞其死，於是始安。

上元元年，大赦，義府妻子得還洛陽。如意元年，則天以義府與許敬宗、御史大夫崔義玄、中書舍人王德儉、大理正侯善業、大理丞袁公瑜等六人，在永徽中有翊贊之功，追贈義府揚州大都督，義玄益州大都督，德儉魏州刺史，公瑜江州刺史。長安元年，又賜義府子左千牛衞將軍湛及敬宗諸子實封各三百戶，義玄子司賓卿基、德儉子殿中監璿實封各二百五十戶，善業子太子右庶子知一、公瑜子殿中丞忠臣實封各二百戶。睿宗卽位，景雲元年，並停義府等六家實封。

義府少子湛，年六歲時，以父貴授周王文學。神龍初，累遷右散騎常侍，襲封河間郡公。時鳳閣侍郎張柬之將誅張易之兄弟，遂引湛爲左羽林將軍，令與敬暉等啓請皇太子，備陳將誅易之兄弟意，太子許之。及兵發，湛與右羽林大將軍李多祚等詣東宮迎皇太子，拒而不時出，湛進啓曰：「逆豎反道亂常，將圖不軌，宗社危敗，實在須臾。湛等諸將與南衙執事克期誅翦，伏願殿下暫至玄武門，以副衆望。」太子曰：「凶豎悖亂，誠合誅夷，然聖躬不豫，慮有驚動。公等且止，以俟後圖。」湛曰：「諸將棄家族，共宰相同心戮力，匡輔社稷，殿下奈何不哀其懇誠而欲陷之鼎鑊？湛等微命，雖不足惜，殿下速出自止遏。」太子乃馳馬就路。湛從至玄武門，斬關而入，率所部兵直至則天所寢長生殿，環繞侍衞。因奏：「臣等奉令誅逆賊易之、昌宗，恐有漏洩，遂不獲預奏。輒陳兵禁掖，是臣等死罪。」則天謂湛曰：「卿亦是誅易之軍將耶？我於汝父子恩不少，何至是也！」則天移就上陽宮，因留湛宿衞。中宗卽位，拜右羽林大將軍，進封趙國公，加實封通前滿五百戶。頃之，復授左散騎常侍，累轉左領軍衞大將軍。開元初卒。崔義玄別有傳。

史臣曰：許高陽武德之際，已爲文皇入館之賓，垂三十年，位不過列曹尹，而馬周、劉洎起羈旅徒步，六七年間，皆登宰執。考其行實，則高陽之文學宏奧，周、洎無以過之，然而太宗任遇相殊者，良以高陽才優而行薄故也。及屬嗣君沖暗，嬖妾姦邪，阿附豺狼，窺圖權軸，人之兇險，一至於斯。仲尼所謂「雖有周公之才，不足觀也」。義府才思精密，所謂「猩猩能言」，鄙哉！

贊曰：貞觀文士，高陽、河間。圖形學館，染翰書山。進身以筆，得位由姦。爲虎傅翼，郎又胡顏。

校勘記

〔一〕竊見廢宮官僚　「宮」、「僚」二字各本原無，據英華卷六一七、全唐文卷一五一補。

〔二〕禍生慮表　「慮」字各本原作「膚」，據唐會要卷五四、英華卷六一七、全唐文卷一五一改。

〔三〕爲昆明滇池所閉　「閉」字各本原作「開」，據冊府卷一〇四改。

〔四〕五品已上重議　「已上」各本原作「已下」，據唐會要卷七九、冊府卷五九五改。

〔五〕楊思敬　各本原作「袁思敬」，據本書卷六二楊恭仁傳、唐會要卷七九、冊府卷五九五改。

舊唐書卷八十三

列傳第三十三

郭孝恪　張儉　蘇定方　薛仁貴　程務挺　張士貴
趙道興

郭孝恪，許州陽翟人也。少有志節。隋末，率鄉曲數百人附於李密，密大悅之，謂曰：「昔稱汝、潁多奇士，故非謬也。」令與徐勣守黎陽。後密敗，勣令孝恪入朝送款，封陽翟郡公，拜宋州刺史。令與徐勣經營武牢已東，所得州縣，委以選補。其後，竇建德率衆來援王世充，孝恪於青城宮進策於太宗曰：「世充日蹙月迫，力盡計窮，懸首面縛，翹足可待。建德遠來助虐，糧運阻絕，此是天喪之時。請固武牢，屯軍氾水，隨機應變，則易爲克殄。」太宗然其計。及破建德，平世充，太宗於洛陽置酒高會諸將曰：「郭孝恪謀擒建德之策，王長先龍門下米之功，皆出諸人之右也。」歷遷貝、趙、江、涇四州刺史，所在有能名，入爲太府少卿，轉左驍衞將軍。

貞觀十六年，累授金紫光祿大夫，行安西都護、西州刺史。其地高昌舊都，士流與流配及鎭兵雜處，又限以沙磧，與中國隔絕，孝恪推誠撫御，大獲其歡心。初，王師之滅高昌也，制以高昌所虜焉耆生口七百盡還之。焉耆王尋叛歸欲谷可汗，朝貢稀至。令孝恪伺其機便，因表請擊之。以孝恪爲安西道行軍總管〔一〕，率步騎三千出銀山道以伐焉耆。孝恪夜襲其城，虜其王龍突騎支。太宗大悅，璽書勞之曰：「卿破焉耆，虜其僞王，功立威行，深副所委。但焉耆絕域，地阻天山，恃遠憑深，敢懷叛逆。卿望崇位重，報効情深，遠涉沙場，龔行罰罪。取其堅壁，曾不崇朝；再廓遊魂，遂無遺寇。緬思竭力，必大艱辛，超險成功，深足嘉尙。」

俄又以孝恪爲崑丘道副大總管以討龜茲，破其都城，孝恪自留守之，餘軍分道別進，龜茲國相那利率衆遁逃。孝恪以城外未賓，乃出營於外，有龜茲人來謂孝恪曰：「那利爲相，人心素歸，今亡在野，必思爲變。城中之人，頗有異志，公宜備之。」孝恪不以爲虞。那利等果率衆萬餘，陰與城內降胡表裏爲應。孝恪失於警候，賊將入城鼓譟，孝恪始覺之，乃率部下千餘人入城，與賊合戰。城中人復應那利，攻孝恪。孝恪力戰而入，至其王所居，旋復出，戰於城門，中流矢而死，孝恪子待詔亦同死於陣。賊竟退走，將軍曹繼叔復拔其城。

太宗聞之，初責孝恪不加警備，以致顚覆；後又憐之，爲其家舉哀。高宗卽位，追贈安西都護、陽翟郡公，待詔贈游擊將軍，仍賻物三百段。孝恪性奢侈，僕妾器玩，務極鮮華，雖在軍中，牀帳完具。嘗以遺行軍大總管阿史那社爾，社爾一無所受。太宗聞之曰：「二將優劣之不同也。郭孝恪今爲寇虜所屠，可謂自貽伊咎耳。」

次子待封，高宗時，官至左豹韜衞將軍。咸亨中，與薛仁貴率兵討吐蕃於大非川，戰敗，減死除名。

少子待聘，長安中官至宋州刺史。

張儉，雍州新豐人，隋相州刺史、皖城公威之孫也。父植，車騎將軍、連城縣公。儉卽高祖之從甥也。貞觀初，以軍功累遷朔州刺史。時頡利可汗自恃強盛，每有所求，輒遣書稱敕，緣邊諸州，遞相承稟。及儉至，遂拒不受，太宗聞而嘉之。儉又廣營屯田，歲致穀十萬斛，邊糧益饒。及遭霜旱，勸百姓相贍，遂免飢餒，州境獨安。

後檢校勝州都督，以母憂去職。儉前在朔州，屬李靖平突厥之後，有思結部落，貧窮離散，儉招慰安集之。其不來者，或居磧北，既親屬分住，私相往還，儉並不拘責，但存綱紀，羈縻而已。及儉移任，州司謂其將叛，遽以奏聞。朝廷議發兵進討，仍起儉爲使，就觀動靜。儉單馬推誠，入其部落，召諸首領，布以腹心，咸匍匐啓顙而至，便移就代州。卽令檢校代州都督。儉遂勸其營田，每年豐熟。慮其私蓄富實，易生驕侈，表請和糴，擬充貯備，蕃人喜悅，邊軍大收其利。遷營州都督，兼護東夷校尉。

太宗將征遼東，遣儉率蕃兵先行抄掠。儉軍至遼西，爲遼水汎漲，久而未渡，太宗以爲畏懦，召還。儉詣洛陽謁見，面陳利害，因說水草好惡，山川險易，太宗甚悅，仍拜行軍總管，兼領諸蕃騎卒，爲六軍前鋒。時有獲高麗候者，稱莫離支將至遼東，詔儉率兵自新城路邀擊之，莫離支竟不敢出。儉因進兵渡遼，趨建安城，賊徒大潰，斬首數千級。以功累封皖城郡公，賞賜甚厚。其後，改東夷校尉爲東夷都護，仍以儉爲之。永徽初，加金紫光祿大夫。四年，卒於官，年六十，謚曰密。

儉兄大師，累以軍功仕至太僕卿、華州刺史、武功縣男。

儉弟延師，永徽初，累授左衞大將軍，封范陽郡公。延師廉謹周愼，典羽林屯兵前後三十餘年，未嘗有過，朝廷以此稱之。龍朔三年，卒官，贈荆州都督，謚曰敬，陪葬昭陵。

唐制三品已上，門列棨戟，儉兄弟三院門皆立戟，時人榮之，號爲「三戟張家」。

蘇定方，冀州武邑人也。父邕，大業末，率鄉閭數千人爲本郡討賊。定方驍悍多力，膽氣絕倫，年十餘歲，隨父討捕，先登陷陣。父卒，郡守又令定方領兵，破賊首張金稱于郡南，手斬金稱，又破楊公卿于郡西，追奔二十餘里，殺獲甚衆，鄉黨賴之。後仕竇建德，建德將高雅賢甚愛之，養以爲子。雅賢俄又爲劉黑闥攻陷城邑，定方每有戰功。及黑闥、雅賢死，定方歸鄉里。

貞觀初，爲匡道府折衝，隨李靖襲突厥頡利于磧口。靖使定方率二百騎爲前鋒，乘霧而行，去賊一里許，忽然霧歇，望見其牙帳，馳掩殺數十百人。頡利及隋公主狼狽散走，餘衆俯伏，靖軍既至，遂悉降之。軍還，授左武候中郎將。

永徽中，轉左衞勳一府中郎將，從左衞大將軍程知節征賀魯，爲前軍總管。至鷹娑川，突厥有二萬騎來拒，總管蘇海政與戰，互有前卻。既而突厥別部鼠尼施等又領二萬餘騎續至。定方正歇馬，隔一小嶺，去知節十許里，望見塵起，率五百騎馳往擊之，賊衆大潰，追奔二十里，殺千五百餘人，獲馬二千匹，死馬及所棄甲仗，緜亙山野，不可勝計。副大總管王文度害其功，謂知節曰：「雖云破賊，官軍亦有死傷，蓋決成敗法耳〔三〕，何爲此事？自今正可結爲方陣，輜重並納腹中，四面布隊，人馬被甲，賊來即戰，自保萬全。無爲輕脫，致有傷損。」又矯稱別奉聖旨，以知節恃勇輕敵，使文度爲其節制，遂收軍不許深入。終日跨馬，被甲結陣，由是馬多瘦死，士卒疲勞，無有戰志。定方謂知節曰：「本來討賊，今乃自守，馬餓兵疲，逢賊卽敗。怯懦如此，何功可立！又公爲大將，閫外之事不許自專，別遣軍副專其號令，理必不然。須囚縶文度，飛表奏之。」知節不從。至恆篤城〔三〕，有胡降附，文度又曰：「比我兵迴，彼還作賊，不如盡殺，取其資財。」定方曰：「如此自作賊耳，何成伐叛？」文度不從。及分財，唯定方一無所取。師還，文度坐處死，後得除名。

明年，擢定方爲行軍大總管，又征賀魯，以任雅相、迴紇婆潤爲副。自金山之北，指處木昆部落，大破之。其俟斤嬾獨祿以衆萬餘帳來降，定方撫之，發其千騎進至突騎施部。賀魯率胡祿屋闕啜、懾舍提暾啜、鼠尼施處半啜、處木昆屈律啜、五弩失畢兵馬，衆且十萬，來拒官軍，定方率迴紇及漢兵萬餘人擊之。賊輕定方兵少，四面圍之，定方令步卒據原，攢矟外向，親領漢騎陣於北原。賊先擊步軍，三衝不入，定方乘勢擊之，賊遂大潰，追奔三十里，殺人馬數萬。明日，整兵復進。於是胡祿屋等、五弩失畢悉衆來降，賀魯獨與處木昆屈律啜數百騎西走。餘五咄六聞賀魯敗，各向南道降于步眞，於是西蕃悉定。唯賀魯及咥運率其牙內餘衆而奔，定方追之，復大戰於伊麗水上，殺獲略盡。賀魯及咥運十餘騎逼夜亡走，定方遣副將蕭嗣業追捕之，至於石國，擒之而還。高宗臨軒，定方戎服操賀魯以獻，列其地爲州縣，極於西海。定方以功遷左驍衞大將軍，封邢國公，又封子慶節爲武邑縣公。

俄有思結闕俟斤都曼先鎭諸胡，擁其所部及疏勒、朱俱般、葱嶺三國復叛，詔定方爲安撫大使，率兵討之。至葉葉水，而賊保馬頭川。於是選精卒一萬人、馬三千匹馳掩襲之，一日一夜行三百里，詰朝至城西十里。都曼大驚，率兵拒戰於城門之外，賊師敗績，退保馬保城，王師進屯其門。入夜，諸軍漸至，四面圍之，伐木爲攻具，布列城下。都曼自知不免，面縛開門出降。俘還至東都，高宗御乾陽殿，定方操都曼特勤獻之，葱嶺以西悉定。以功加食邢州鉅鹿眞邑五百戶。

顯慶五年，從幸太原，制授熊津道大總管，率師討百濟。定方自城山濟海，至熊津江口，賊屯兵據江。定方升東岸，乘山而陣，與之大戰，揚帆蓋海，相續而至。賊師敗績，死者數千人，自餘奔散。遇潮且上，連舳入江，定方於岸上擁陣，水陸齊進，飛楫鼓譟，直趣眞都。去城二十許里，賊傾國來拒，大戰破之，殺虜萬餘人，追奔入郭。其王義慈及太子隆奔于北境，定方進圍其城。義慈次子泰自立爲王，嫡孫文思曰：「王與太子雖並出城，而身見在；叔總兵馬，卽擅爲王，假令漢兵退，我父子當不全矣。」遂率其左右投城而下，百姓從之，泰不能止。定方命卒登城建幟，於是泰開門頓顙。其大將禰植又將義慈來降，太子隆幷與諸城主皆同送款。百濟悉平，分其地爲六州。俘義慈及隆、泰等獻于東都。

定方前後滅三國，皆生擒其主，賞賜珍寶，不可勝計，仍拜其子慶節爲尚輦奉御。定方俄遷左武衞大將軍。乾封二年卒，年七十六。高宗聞而傷惜，謂侍臣曰：「蘇定方於國有功，例合褒贈，卿等不言，遂使哀榮未及。興言及此，不覺嗟悼。」遽下詔贈幽州都督，謚曰莊。

薛仁貴，絳州龍門人。貞觀末，太宗親征遼東，仁貴謁將軍張士貴應募，請從行。至安地，有郎將劉君昂爲賊所圍甚急，仁貴往救之，躍馬徑前，手斬賊將，懸其頭於馬鞍，賊皆懾伏，仁貴遂知名。及大軍攻安地城，高麗莫離支遣將高延壽、高惠眞率兵二十五萬來拒戰，依山結營，太宗分命諸將四面擊之。仁貴自恃驍勇，欲立奇功，乃異其服色，著白衣，握戟，腰鞬張弓，大呼先入，所向無前，賊盡披靡卻走。大軍乘之，賊乃大潰。太宗遙望見之，遣馳問先鋒白衣者爲誰，特引見，賜馬兩匹、絹四十匹，擢授游擊將軍、雲泉府果毅，仍令北門長上，并賜生口十人。及軍還，太宗謂曰：「朕舊將並老，不堪受閫外之寄，每欲抽擢驍雄，莫如卿者。朕不喜得遼東，喜得卿也。」尋遷右領軍郎將，依舊北門長上。

永徽五年，高宗幸萬年宮，甲夜，山水猥至，衝突玄武門，宿衞者散走。仁貴曰：「安有天子有急，輒敢懼死？」遂登門桄叫呼以驚宮內。高宗遽出乘高，俄而水入寢殿，上使謂仁貴曰：「賴得卿呼，方免淪溺，始知有忠臣也。」於是賜御馬一匹。

蘇定方之討賀魯也，於是仁貴上疏曰：「臣聞兵出無名，事故不成，明其爲賊，敵乃可伏。今泥熟仗素幹，不伏賀魯，爲賊所破，虜其妻子。漢兵有於賀魯諸部落得泥熟等家口，將充賤者，宜括取送還，仍加賜賚。卽是矜其枉破，使百姓知賀魯是賊，知陛下德澤廣及也。」高宗然其言，使括泥熟家口送還之，於是泥熟等請隨軍効其死節。

顯慶二年，詔仁貴副程名振於遼東經略，破高麗於貴端城，斬首三千級。明年，又與梁建方、契苾何力於遼東共高麗大將温沙門戰於横山，仁貴匹馬先入，莫不應弦而倒。高麗有善射者，於石城下射殺十餘人，仁貴單騎直往衝之，其賊弓矢俱失，手不能舉，便生擒之。俄又與辛文陵破契丹於黑山，擒契丹王阿卜固及諸首領赴東都，以功封河東縣男。

尋又領兵擊九姓突厥於天山，將行，高宗內出甲，令仁貴試之。上曰：「古之善射有穿七札者，卿且射五重。」仁貴射而洞之，高宗大驚，更取堅甲以賜之。時九姓有衆十餘萬，令驍健數十人逆來挑戰，仁貴發三矢，射殺三人，自餘一時下馬請降。仁貴恐爲後患，並坑殺之。更就磧北安撫餘衆，擒其僞葉護兄弟三人而還。軍中歌曰：「將軍三箭定天山，戰士長歌入漢關。」九姓自此衰弱，不復更爲邊患。

乾封初，高麗大將泉男生率衆內附，高宗遣將軍龐同善、高侃等迎接之〔四〕。男生弟男建率國人逆擊同善等，詔仁貴統兵爲後援。同善等至新城，夜爲賊所襲。仁貴領驍勇赴救，斬首數百級。同善等又進至金山，爲賊所敗，高麗乘勝而進。仁貴橫擊之，賊衆大敗，斬首五萬餘級，遂拔其南蘇、木底、蒼巖等三城，始與男生相會。高宗手敕勞之曰：「金山大陣，凶黨實繁。卿身先士卒，奮不顧命，左衝右擊，所向無前，諸軍賈勇，致斯克捷。宜善建功業，全此令名也。」仁貴乘勝領二千人進攻扶餘城，諸將咸言兵少，仁貴曰：「在主將善用耳，不在多也。」遂先鋒而行，賊衆來拒，逆擊大破之，殺獲萬餘人，遂拔扶餘城。扶餘川四十餘城，乘風震慴，一時送款。仁貴便並海略地，與李勣大會軍于平壤城。高麗既降，詔仁貴率兵二萬人與劉仁軌於平壤留守，仍授右威衛大將軍，封平陽郡公，兼檢校安東都護。移理新城，撫恤孤老，有幹能者，隨才任使，忠孝節義，咸加旌表，高麗士衆莫不欣然慕化。

咸亨元年，吐蕃入寇，又以仁貴爲邏娑道行軍大總管，率將軍阿史那道眞、郭待封等以擊之。待封嘗爲鄯城鎮守，恥在仁貴之下，多違節度。軍至大非川，將發赴烏海，仁貴謂待封曰：「烏海險遠，車行艱澀，若引輜重，將失事機，破賊卽迴，又煩轉運。彼多瘴氣，無宜久留。大非嶺上足堪置柵，可留二萬人作兩柵，輜重等並留柵內。吾等輕銳倍道，掩其未整，卽撲滅之矣。」仁貴遂率先行至河口，遇賊擊破之，斬獲略盡，收其牛羊萬餘頭，迴至烏海城，以待後援。待封遂不從仁貴之命，領輜重繼進。比至烏海，吐蕃二十餘萬悉衆來救，邀擊，待封敗走趨山，軍糧及輜重並爲賊所掠。仁貴遂退軍屯於大非川。吐蕃又益衆四十餘萬來拒戰，官軍大敗，仁貴遂與吐蕃大將論欽陵約和。仁貴歎曰〔五〕：「今年歲在庚午，軍行逆歲，鄧艾所以死於蜀，吾知所以敗也。」仁貴坐除名。

尋而高麗衆相率復叛，詔起仁貴爲雞林道總管以經略之。上元中，坐事徙象州，會赦歸。高宗思其功，開耀元年，復召見，謂曰：「往九成宮遭水，無卿已爲魚矣。卿又北伐九姓，東擊高麗，漠北〔六〕、遼東咸遵聲教者，並卿之力也。卿雖有過，豈可相忘？有人云卿烏海城下自不擊賊，致使失利，朕所恨者，唯此事耳。今西邊不靜，瓜、沙路絕，卿豈可高枕鄉邑，不爲朕指揮耶？」於是起授瓜州長史，尋拜右領軍衞將軍，檢校代州都督。又率兵擊突厥元珍等於雲州，斬首萬餘級，獲生口二萬餘人、駝馬牛羊三萬餘頭。賊聞仁貴復起爲將，素憚其名，皆奔散，不敢當之。其年，仁貴病卒，年七十，贈左驍衞將軍，官造靈輿，幷家口給傳還鄉。子訥，別有傳。

程務挺，洛州平恩人也。父名振，大業末，仕竇建德爲普樂令，甚有能名，諸賊不敢犯其境。尋棄建德歸國，高祖遙授永年令，仍令率兵經略河北。名振夜襲鄴縣，俘其男女千餘人以歸。去鄴八十里，閱婦人有乳汁者九十餘人，悉放遣之。鄴人感其仁恕，爲之設齋，以報其恩。及建德敗，始之任。俄而劉黑闥陷洺州，名振復與刺史陳君賓自拔歸朝。母潘、妻李，在路爲賊所掠，沒於黑闥。名振又從太宗討黑闥，時黑闥於冀、貝、滄、瀛等州水陸運糧，以拒官軍，名振率千餘人邀擊之，盡毀其舟車。黑闥聞之大怒，遂殺名振母、妻。及黑闥平，名振請手斬黑闥，以其首祭母。名振以功拜營州都督府長史，封東平郡公〔七〕，賜物二千段、黃金三百兩。累轉洺州刺史。

太宗將征遼東，召名振問以經略之事，名振初對失旨，太宗動色詰之，名振酬對逾辯。太宗意解，謂左右曰：「房玄齡常在我前，每見別嗔餘人，猶顏色無主。名振生平不見我，向來責讓，而詞理縱橫，亦奇士也。」即日拜右驍衞將軍，授平壤道行軍總管。前後攻沙卑城，破獨山陣，皆以少擊衆，稱爲名將。永徽六年，累除營州都督，兼東夷都護。又率兵破高麗於貴端水，焚其新城，殺獲甚衆。後歷晉、蒲二州刺史。龍朔二年卒，贈右衞大將軍，諡曰烈。

務挺少隨父征討，以勇力聞，遷右領軍衞中郎將。永隆中，突厥史伏念反叛，定襄道行軍總管李文暕、曹懷舜、竇義昭等相次戰敗。又詔禮部尙書裴行儉率兵討之，務挺爲副將，仍檢校豐州都督。時伏念屯於金牙山，務挺與副總管唐玄表引兵先逼之。伏念懼不能支，遂間道降於行儉，許伏念以不死。中書令裴炎以伏念懼務挺等兵勢而降，非行儉之功，伏念遂伏誅。務挺以功遷右衞將軍，封平原郡公。

永淳二年，綏州城平縣人白鐵余率部落稽之黨據縣城反，僞稱尊號，署百官，又進寇綏德〔九〕，殺掠人吏，焚燒村落，詔務挺與夏州都督王方翼討之。務挺進攻其城，拔之，生擒白鐵余，盡平其餘黨。又以功拜左驍衞大將軍、檢校左羽林軍。

嗣聖初，與右領軍大將軍、檢校右羽林軍張虔勗同受則天密旨，帥兵入殿庭，廢中宗爲廬陵王，立豫王爲皇帝。則天臨朝，累受賞賜，特拜其子齊之爲尙乘奉御。務挺泣請迴授其弟，則天嘉之，下制褒美，乃拜其弟原州司馬務忠爲太子洗馬。

文明年，以務挺爲左武衞大將軍、單于道安撫大使，督軍以禦突厥。務挺善於綏禦，威信大行，偏裨已下，無不盡力，突厥甚憚之，相率遁走，不敢近邊。及裴炎下獄，務挺密表申理之，由是忤旨。務挺素與唐之奇、杜求仁友善，或構言務挺與裴炎、徐敬業皆潛相應接。則天遣左鷹揚將軍裴紹業就軍斬之，籍沒其家。突厥聞務挺死，所在宴樂相慶，仍爲務挺立祠，每出師攻戰，卽祈禱焉。

貞觀、永徽間軍將，又有張士貴、趙道興，狀跡可錄。

張士貴者，虢州盧氏人也。本名忽峍，善騎射，膂力過人。大業末，聚衆爲盜，攻剽城邑，遠近患之，號爲「忽峍賊」。高祖降書招懷之，士貴以所統送款，拜右光祿大夫。累有戰功，賜爵新野縣公。從平東都，授虢州刺史。高祖謂之曰：「欲卿衣錦晝遊耳。」尋入爲右武候將軍。貞觀七年，破反獠而還，太宗勞之曰：「聞公親當矢石，爲士卒先，雖古名將，何以加也。朕嘗聞以身報國者，不顧性命，但聞其語，未聞其實，於公見之矣。」後累遷左領軍大將軍，改封虢國公。顯慶初卒，贈荆州都督，陪葬昭陵。

趙道興者，甘州酒泉人，隋右武候大將軍才之子也。道興，貞觀初歷遷左武候中郎將，明閑宿衞，號爲稱職。太宗嘗謂之曰：「卿父爲隋武候將軍，甚有當官之譽。卿今克傳弓冶，可謂不墜家聲。」因授右武候將軍，賜爵天水縣子。其父時廨宇，仍舊不改，時人以爲榮。道興嘗自指其廳事曰：「此是趙才將軍廳，還使趙才將軍兒坐。」爲朝野所笑，傳爲口實。儀鳳中，累遷左金吾衞大將軍。文明年，以老病致仕於家。

子晈，亦爲金吾將軍，凡三代執金吾，爲時所稱。

史臣曰：孝恪機鈐果毅，協草昧之際；樹勳建策，有傑世之風。然而務奢爲恆，既未盡善，舉衆失律，不其惑與！張公經略，有天然才度，務穡勸分，董和成績，惜哉中壽，其才未盡。邢國公神略翕張，雄謀戡定，輔平屯難，始終成業。疏封陟位，未暢茂典，蓋闕如也。仁貴驍悍壯勇，爲一時之傑，至忠大略，勃然有立。噫，待封不協，以敗全略。孔子曰：「可與立，未可與權。」上加明命，竟致立功，知臣者君，信哉。務挺勇力驍果，固有父風，英概輔時，克繼洪烈。然而苟預廢立，竟陷讒構。古之言曰：「惡之來也，如火之燎于原，不可嚮邇。」其是之謂乎！士貴、道興，逢時立効，得盡義勇，以觀厥成；而繼父風概，三代執金，不亦美乎！

贊曰：五將雄雄，俱立邊功。張、蘇二族，功名始終。郭、薛、務挺，徼功奮命。垂則窮邊，兵無常勝。

校勘記

〔一〕安西道　「安」字各本原無，據冊府卷九八五補。新書卷一一一郭孝恪傳、通鑑卷一九七作「西州道」。

〔二〕蓋決成敗法耳　冊府卷四五六「決」上有「未」字。

〔三〕恆篤城　本書卷六八程知節傳、冊府卷四五六、新書卷三高宗紀等均作「怛篤城」。

〔四〕高侃　「侃」字各本原無，據新書卷一一一薛仁貴傳、通鑑卷二〇一補。

〔五〕仁貴歎曰　「歎」字各本原作「欸」，據新書卷一一一薛仁貴傳、合鈔卷一三四薛仁貴傳改。

〔六〕漠北　各本原作「漢北」，冊府卷七八作「漠北」，舊唐書補校云：「『漢』當作『漠』。」據改。

〔七〕東平郡公　「平」字各本原無，據新書卷一一一程務挺傳、合鈔卷一三四程務挺傳補。

〔八〕綏德　各本原作「綏息」，據冊府卷三五八、通鑑卷二〇三改。

舊唐書卷八十四

列傳第三十四

劉仁軌　郝處俊　裴行儉 子光庭

劉仁軌，汴州尉氏人也。少恭謹好學，遇隋末喪亂，不遑專習，每行坐所在，輒書空畫地〔一〕，由是博涉文史。武德初，河南道大使、管國公任瓌將上表論事，仁軌見其起草，因爲改定數字，瓌甚異之，遂赤牒補息州參軍，稍除陳倉尉。部人有折衝都尉魯寧者，恃其高班，豪縱無禮，歷政莫能禁止。仁軌特加誡喻，期不可再犯，寧又暴橫尤甚，竟杖殺之。州司以聞，太宗怒曰：「是何縣尉，輒殺吾折衝！」遽追入，與語，奇其剛正，擢授櫟陽丞。

貞觀十四年，太宗將幸同州校獵，屬收穫未畢，仁軌上表諫曰：「臣聞屋漏在上，知之者在下；愚夫之計，擇之者聖人。是以周王詢于芻蕘，殷后謀于板築，故得享國彌久，傳祚無疆，功宣淸廟，慶流後葉。伏惟陛下天性仁愛，躬親節儉，朝夕克念，百姓爲心，一物失所，納隍軫慮。臣伏聞大駕欲幸同州教習。臣伏知四時蒐狩，前王恆典，事有沿革，未必因循。今年甘雨應時，秋稼極盛，玄黃亙野，十分纔收一二，盡力刈穫，月半猶未訖功，貧家無力，禾下始擬種麥。直據尋常科喚，田家已有所妨。今既供承獵事，兼之修理橋道，縱大簡略，動費一二萬工，百姓收斂，實爲狼狽。臣願陛下少留萬乘之尊（二），垂聽一介之言，退近旬日，收刈總了，則人盡暇豫，家得康寧。輿輪徐動，公私交泰。」太宗特降璽書勞曰：「卿職任雖卑，竭誠奉國，所陳之事，朕甚嘉之。」尋拜新安令，累遷給事中。

顯慶四年，出爲青州刺史。五年，高宗征遼，令仁軌監統水軍，以後期坐免，特令以白衣隨軍自効。時蘇定方既平百濟，留郎將劉仁願於百濟府城鎮守，又以左衞中郎將王文度爲熊津都督，安撫其餘衆。文度濟海病卒。百濟爲僧道琛、舊將福信率衆復叛，立故王子扶餘豐爲王，引兵圍仁願於府城。詔仁軌檢校帶方州刺史，代文度統衆，便道發新羅兵合勢以救仁願。轉鬭而前，仁軌軍容整肅，所向皆下。道琛等乃釋仁願之圍，退保任存城。

尋而福信殺道琛，併其兵馬，招誘亡叛，其勢益張。仁軌乃與仁願合軍休息。時蘇定方奉詔伐高麗，進圍平壤，不克而還。高宗敕書與仁軌曰：「平壤軍迴，一城不可獨固，宜拔就新羅，共其屯守。若金法敏藉卿等留鎮，宜且停彼；若其不須，即宜泛海還也。」將士咸欲西歸，仁軌曰：「春秋之義，大夫出疆，有可以安社稷、便國家，專之可也。況在滄海之外，密邏豺狠者哉！且人臣進思盡忠，有死無貳，公家之利，知無不爲。主上欲吞滅高麗，先誅百濟，留兵鎭守，制其心腹。雖妖孽充斥，而備預甚嚴，宜礪戈秣馬，擊其不意，彼旣無備，何攻不克？戰而有勝，士卒自安。然後分兵據險，開張形勢，飛表聞上，更請兵船。朝廷知其有成，必當出師命將，聲援纔接，凶逆自殲。非直不弃成功，實亦永清海外。今平壤之軍旣迴，熊津又拔，則百濟餘燼，不日更興，高麗逋藪，何時可滅？且今以一城之地，居賊中心，如其失脚，卽爲亡虜。拔入新羅，又是坐客，脫不如意，悔不可追。況福信兇暴，殘虐過甚，餘豐猜惑，外合內離，鴟張共處，勢必相害。唯宜堅守觀變，乘便取之，不可動也。」衆從之。時扶餘豐及福信等以眞峴城臨江高險，又當衝要，加兵守之。仁軌引新羅之兵，乘夜薄城，四面攀草而上，比明而入據其城，遂通新羅運糧之路。

俄而餘豐襲殺福信，又遣使往高麗及倭國請兵，以拒官軍。詔右威衞將軍孫仁師率兵浮海以爲之援。仁師旣與仁軌等相合，兵士大振。於是諸將會議，或曰：「加林城水陸之衝，請先擊之。」仁軌曰：「加林險固，急攻則傷損戰士，固守則用日持久，不如先攻周留城。周留，賊之巢穴，羣兇所聚，除惡務本，須拔其源。若克周留，則諸城自下。」於是仁師、仁願及新羅王金法敏帥陸軍以進。仁軌乃別率杜爽、扶餘隆率水軍及糧船，自熊津江往白江，會陸軍同趣周留城。仁軌遇倭兵於白江之口，四戰捷，焚其舟四百艘，煙焰漲天，海水皆赤，賊衆大潰。餘豐脫身而走，獲其寶劍。僞王子扶餘忠勝、忠志等率士女及倭衆并耽羅國使，一時並降。百濟諸城，皆復歸順。賊帥遲受信據任存城不降。

先是，百濟首領沙吒相如、黑齒常之自蘇定方軍迴後，鳩集亡散，各據險以應福信，至是率其衆降。仁軌諭以恩信，令自領子弟以取任存城，又欲分兵助之。孫仁師曰：「相如等獸心難信，若授以甲仗，是資寇兵也。」仁軌曰：「吾觀相如、常之皆忠勇有謀，感恩之士。從我則成，背我必滅，因機立効，在於茲日，不須疑也。」於是給其糧仗，分兵隨之，遂拔任存城，遲受信棄其妻子走投高麗。於是百濟之餘燼悉平，孫仁師與劉仁願振旅而還，詔留仁軌勒兵鎮守。

初，百濟經福信之亂，合境凋殘，殭屍相屬。仁軌始令收斂骸骨，瘞埋弔祭之。修錄戶口，署置官長，開通塗路，整理村落，建立橋梁，補葺堤堰，修復陂塘，勸課耕種，賑貸貧乏，存問孤老。頒宗廟忌諱，立皇家社稷。百濟餘衆，各安其業。於是漸營屯田，積糧撫士，以經略高麗。仁願既至京師，上謂曰：「卿在海東，前後奏請，皆合事宜，而雅有文理。卿本武將，何得然也？」對曰：「劉仁軌之詞，非臣所及也。」上深歎賞之，因超加仁軌六階，正授帶方州刺史，并賜京城宅一區，厚賚其妻子，遣使降璽書勞勉之。仁軌又上表曰：

臣蒙陛下曲垂天獎，棄瑕錄用，授之刺舉，又加連率。材輕職重，憂責更深，常思報效冀酬萬一，智力淺短，淹滯無成。久在海外，每從征役，軍旅之事，實有所聞。具狀封奏，伏願詳察。

臣看見在兵募，手脚沉重者多，勇健奮發者少，兼有老弱，衣服單寒，唯望西歸，無心展效。臣問：「往在海西，見百姓人人投募，爭欲征行，乃有不用官物，請自辦衣糧，投名義征。何因今日募兵，如此儜弱？」皆報臣云：「今日官府，與往日不同，人心又別。貞觀、永徽年中，東西征役，身死王事者，並蒙敕使弔祭，追贈官職，亦有迴亡者官爵與其子弟。從顯慶五年以後，征役身死，更不借問。往前渡遼海者，即得一轉勳官；從顯慶五年以後，頻經渡海，不被記錄。州縣發遣兵募，人身少壯，家有錢財，參逐官府者，東西藏避，並即得脫。無錢參逐者，雖是老弱，推背即來。顯慶五年，破百濟勳，及向平壤苦戰勳，當時軍將號令，並言與高官重賞，百方購募，無種不道。洎到西岸，唯聞枷鎖推禁，奪賜破勳，州縣追呼，求住不得，公私困弊，不可言盡。發海西之日，已有自害逃走，非獨海外始逃。又爲征役，蒙授勳級，將爲榮寵；頻年征役，唯取勳官，牽挽辛苦，與白丁無別。百姓不願征行，特由於此。」陛下再興兵馬，平定百濟，留兵鎮守，經略高麗。百姓有如此議論，若爲成就功業？臣聞琴瑟不調，改而更張，布政施化，隨時取適。自非重賞明罰，何以成功？

臣又問：「見在兵募，舊留鎭五年，尙得支濟；爾等始經一年，何因如此單露？」並報臣道：「發家來日，唯遣作一年裝束，自從離家，已經二年。在朝陽甕津，又遣來去運糧，涉海遭風，多有漂失。」臣勘責見在兵募，衣裳單露，不堪度冬者，給大軍還日所留衣裳，且得一冬充事。來年秋後，更無準擬。陛下若欲殄滅高麗，不可棄百濟土地。餘豐在北，餘勇在南，百濟、高麗，舊相黨援，倭人雖遠，亦相影響，若無兵馬，還成一國。既須鎭壓，又置屯田，事藉兵士，同心同德。兵士既有此議，不可膠柱因循，須還其渡海官勳及平百濟向平壤功効。除此之外，更相褒賞，明敕慰勞，以起兵募之心。若依今日以前布置，臣恐師老且疲，無所成就。

臣又見晉代平吳，史籍具載。內有武帝、張華，外有羊祜、杜預，籌謀策畫，經緯諮詢，王濬之徒，折衝萬里。樓船戰艦，已到石頭，賈充、王渾之輩，猶欲斬張華以謝天下。武帝報云：「平吳之計，出自朕意，張華同朕見耳，非其本心。」是非不同，乖亂如此。平吳之後，猶欲苦繩王濬，賴武帝擁護，始得保全。不逢武帝聖明，王濬不存首領。臣每讀其書，未嘗不撫心長歎。伏惟陛下既得百濟，欲取高麗，須外內同心，上下齊奮，舉無遺策，始可成功。百姓既有此議，更宜改調。臣恐是逆耳之事，無人爲陛下盡言。自顧老病日侵，殘生詎幾？奄忽長逝，銜恨九泉，所以披露肝膽，昧死聞奏。

上深納其言。又遣劉仁願率兵渡海，與舊鎭兵交代，仍授扶餘隆熊津都督，遣以招輯其餘衆。扶餘勇者，扶餘隆之弟也，是時走在倭國，以爲扶餘豐之應，故仁軌表言之。於是仁軌浮海西還。

初，仁軌將發帶方州，謂人曰：「天將富貴此翁耳！」於州司請曆日一卷，并七廟諱，人怪其故，答曰：「擬削平遼海，頒示國家正朔，使夷俗遵奉焉。」至是皆如其言。

麟德二年，封泰山，仁軌領新羅及百濟、耽羅、倭四國酋長赴會，高宗甚悅，擢拜大司憲。乾封元年，遷右相，兼檢校太子左中護，累前後戰功，封樂城縣男。三年，爲熊津道安撫大使，兼浿江道總管，副司空李勣討平高麗。總章二年，軍迴，以疾辭職，加金紫光祿大夫，聽致仕。咸亨元年，復授隴州刺史。三年，徵拜太子左庶子、同中書門下三品，監修國史。五年，爲雞林道大總管，東伐新羅。仁軌率兵徑度瓠盧河，破其北方大鎭七重城。以功進爵爲公，并子姪三人並授上柱國，州黨榮之，號其所居爲樂城鄉三柱里。上元二年，拜尙書左僕射、同中書門下三品，兼太子賓客，依舊監修國史。

儀鳳二年，以吐蕃入寇，命仁軌爲洮河道行軍鎭守大使。仁軌每有奏請，多被中書令李敬玄抑之，由是與敬玄不協。仁軌知敬玄素非邊將才，冀欲中傷之，上言西蕃鎭守事非敬玄莫可。高宗遽命敬玄代之。敬玄至洮河軍，尋爲吐蕃所敗。永隆二年，兼太子太傅。

未幾，以老乞骸骨，聽解尚書左僕射，以太子太傅依舊知政事。永淳元年，高宗幸東都，皇太子京師監國，遣仁軌與侍中裴炎、中書令薛元超留輔太子。二年，太子赴東都，又令太孫重照京師留守，仍令仁軌爲副。

則天臨朝，加授特進，復拜尚書左僕射、同中書門下三品，專知留守事。仁軌復上疏辭以衰老，請罷居守之任，因陳呂后禍敗之事，以申規諫。則天使武承嗣齎璽書往京慰喻之曰：「今日以皇帝諒闇不言，眇身且代親政。遠勞勸誡，復表辭衰疾，怪望既多，徊徨失據。又云『呂后見嗤於後代，祿、產貽禍於漢朝』，引喻良深，愧慰交集。公忠貞之操，終始不渝；勁直之風，古今罕比。初聞此語，能不罔然；靜而思之，是爲龜鏡。且端揆之任，儀刑百辟，況公先朝舊德，遐邇具瞻。願以匡救爲懷，無以暮年致請。」尋進封郡公。垂拱元年，從新令改爲文昌左相、同鳳閣鸞臺三品。尋薨，年八十四，則天廢朝三日，令在京百官以次赴弔，册贈開府儀同三司、并州大都督，陪葬乾陵，賜其家實封三百戶。

仁軌雖位居端揆，不自矜倨，每見貧賤時故人，不改布衣之舊。初爲陳倉尉，相工袁天綱謂曰：「君終當位鄰台輔，年將九十。」後果如其言。仁軌身經隋末之亂，輯其見聞，著行年記行於代。

子濬，官至太子中舍人。垂拱二年，爲酷吏所陷，被殺，妻子籍沒。中宗卽位，以仁軌春宮舊僚，追贈太尉。

濬子晃，開元中，爲祕書省少監，表請爲仁軌立碑，謚曰文獻。

史臣韋述曰：世稱劉樂城與戴至德同爲端揆，劉則甘言接人，以收物譽；戴則正色拒下，推美於君。故樂城之善於今未弭，而戴氏之勣無所聞焉。嗚呼！高名美稱，或因邀飾而致遠；深仁至行，或以韜晦而莫傳。豈唯劉、戴而然，蓋自古有之矣。故孔子曰：「衆好之，必察焉；衆惡之，必察焉。」非夫聖智，鮮不惑也。且劉公逞其私忿，陷人之所不能，覆徒貽國之恥，忠恕之道，豈其然乎？

郝處俊，安州安陸人也。父相貴，隋末，與妻父許紹據硤州，歸國，以功授滁州刺史，封甑山縣公。處俊年十歲餘，其父卒於滁州，父之故吏賻送甚厚，僅滿千餘匹，悉辭不受。及長，好讀漢書，略能暗誦。貞觀中，本州進士舉，吏部尚書高士廉甚奇之，解褐授著作佐郎，襲爵甑山縣公。兄弟篤睦，事諸舅甚謹。再轉滕王友，恥爲王官，遂棄官歸耕。

久之，召拜太子司議郎，五遷吏部侍郎。乾封二年，改爲司列少常伯。屬高麗反叛，詔司空李勣爲浿江道大總管，以處俊爲副。嘗次賊城，未遑置陣，賊徒奄至，軍中大駭。處俊獨據胡床，方餐乾糒，乃潛簡精銳擊敗之，將士多服其膽略。總章二年，拜東臺侍郎，尋同東西臺三品。

咸亨初，高宗幸東都，皇太子於京師監國，盡留侍臣戴至德、張文瓘等以輔太子，獨以處俊從。時東州道總管高偘破高麗餘衆於安市城，奏稱有高麗僧言中國災異，請誅之。上謂處俊曰：「朕聞爲君上者，以天下之目而視，以天下之耳而聽，蓋欲廣聞見也。且天降災異，所以警悟人君。其變苟實，言之者何罪？其事必虛，聞之者足以自戒。舜立謗木，良有以也。欲箝天下之口，其可得乎？此不足以加罪。」特令赦之。因謂處俊曰：「王者無外，何藉於守禦。雖然，重門擊柝，蓋備不虞，方知禁衞在於謹肅。朕嘗以秦法猶爲太寬，荊軻西夫耳，而匕首竊發，始皇駭懼，莫有拒者，豈不由積習寬慢使其然乎？」處俊對曰：「此由法急所致，非寬慢也。」上曰：「何以知之？」對曰：「秦法：輒升殿者，夷三族。人皆懼族，安有敢拒者？逮乎魏武，法尙峻。臣見魏令云：『京城有變，九卿各居其府。』其後嚴才作亂，與其徒屬數十人攻左掖門，魏武登銅雀臺遠望，無敢救者。時王脩爲奉常，聞變召車馬，未至，便將官屬步至宮門。魏武望見之，曰：『彼來者必王脩乎！』此由王脩察變知機，違法赴難。向各守法，遂成其禍。故王者設法敷化，不可以太急。夫政寬則人慢，政急則人無所措手足。聖王之道，寬猛相濟。詩曰『不懈于位，人之攸塈』，謂仁政也。又曰『式遏寇虐，無俾作噁』，謂威刑也。洪範曰：『高明柔克，沉潛剛克』，謂中道也。」上曰：「善。」

又有胡僧盧伽阿逸多受詔合長年藥，高宗將餌之。處俊諫曰：「修短有命，未聞萬乘之主，輕服蕃夷之藥。昔貞觀末年，先帝令婆羅門僧那羅邇娑寐依其本國舊方合長生藥。胡人有異術，徵求靈草祕石，歷年而成。先帝服之，竟無異效，大漸之際，名醫莫知所爲。時議者歸罪於胡人，將申顯戮，又恐取笑夷狄，法遂不行。龜鏡若是，惟陛下深察。」高宗納之，但加盧伽爲懷化大將軍，不服其藥。

尋而官名復舊，處俊授黃門侍郎。三年，加銀青光祿大夫，轉中書侍郎。四年，監修國史。上元元年，高宗御含元殿東翔鸞閣觀大酺。時京城四縣及太常音樂分爲東西兩朋，帝令雍王賢爲東朋，周王諱爲西朋，務以角勝爲樂。處俊諫曰：「臣聞禮所以示童子無誑者，恐其欺詐之心生也。伏以二王春秋尚少，意趣未定，當須推多讓美，相敬如一。今忽分爲二朋，遞相誇競。且俳優小人，言辭無度，酣樂之後，難爲禁止，恐其交爭勝負，譏誚失禮。非所以導仁義，示和睦也。」高宗矍然曰：「卿之遠識，非衆人所及也。」遽令止之。尋代閻立本爲中書令。歲餘，兼太子賓客、檢校兵部尙書。

三年，高宗以風疹欲遜位，令天后攝知國事，與宰相議之。處俊對曰：「嘗聞禮經云：『天子理陽道，后理陰德。』則帝之與后，猶日之與月，陽之與陰，各有所主守也。陛下今欲違反此道，臣恐上則謫見于天，下則取怪于人。昔魏文帝著令，身崩後尚不許皇后臨朝，今陛下奈何遂欲躬自傳位於天后。況天下者，高祖、太宗二聖之天下，非陛下之天下也。陛下正合謹守宗廟，傳之子孫，誠不可持國與人，有私於后族。伏乞特垂詳納。」中書侍郎李義琰進曰：「處俊所引經旨，足可依憑，惟聖慮無疑，則蒼生幸甚。」帝曰：「是。」遂止。儀鳳二年，加金紫光祿大夫，行太子左庶子，並依舊知政事，監修國史。四年，代張文瓘爲侍中。

處俊性儉素，土木形骸，自參綜朝政，每與上言議，必引經籍以應對，多有匡益，甚得大臣之體。侍中、平恩公許圉師，即處俊之舅，早同州里，俱宦達於時。又其鄉人田氏、彭氏，以殖貨見稱。有彭志筠，顯慶中，上表請以家絹布二萬段助軍，詔受其絹萬匹，特授奉議郎〔三〕，仍布告天下。故江、淮間語曰：「貴如許、郝，富若田、彭。」

處俊遷太子少保。開耀元年薨，年七十五，贈開府儀同三司、荊州大都督。高宗甚傷悼之，顧謂侍臣曰：「處俊志存忠正，兼有學識。至於雕飾服玩，雖極知無益，然常人不能抑情棄捨，皆好尚奢侈，處俊嘗保其質素，終始不渝。雖非元勳佐命，固亦多時驅使。又見遺表，憂國忘家，今既云亡，深可傷惜。」即於光順門舉哀一日，不視事，終祭以少牢，贈絹布八百段、米粟八百石。令百官赴哭，給靈輿，并家口遞還鄉，官供葬事。其子祕書郎北叟上表辭所贈賜及葬遞之事，高宗不許。侍中裴炎曰：「處俊臨亡，臣往見之，屬臣曰：『生既無益明時，死後何宜煩費。瞑目之後，儻有恩賜贈物，及歸鄉遞送，葬日營造，不欲勞官司供給。』」高宗深嘉歎之，從其遺意，唯加贈物而已。

處俊孫象賢，垂拱中爲太子通事舍人，坐事伏誅，臨刑言多不順。則天大怒，令斬訖仍支解其體，發其父母墳墓，焚爇屍體，處俊亦坐斲棺毀柩。自此法司每將殺人，必先以木丸塞其口，然後加刑，訖於則天之代。

裴行儉，絳州聞喜人。曾祖伯鳳，周驃騎大將軍、汾州刺史、琅邪郡公。祖定〔四〕，馮翊郡守，襲封琅邪公。父仁基，隋左光祿大夫，陷於王世充，後謀歸國，事洩遇害，武德中，贈原州都督，謚曰忠。

行儉幼以門蔭補弘文生。貞觀中，舉明經，拜左屯衞倉曹參軍。時蘇定方爲大將軍，甚奇之，盡以用兵奇術授行儉。顯慶二年，六遷長安令。時高宗將廢皇后王氏而立武昭儀，行儉以爲國家憂患必從此始，與太尉長孫無忌、尚書左僕射褚遂良私議其事，大理袁公瑜於昭儀母榮國夫人譖之，由是左授西州都督府長史。

麟德二年，累拜安西大都護，西域諸國多慕義歸降，徵拜司文少卿。總章中，遷司列少常伯。咸亨初，官名復舊，改爲吏部侍郎，與李敬玄爲貳，同時典選十餘年，甚有能名，時人稱爲裴、李。行儉始設長名姓歷牓，引銓注等法，又定州縣升降、官資高下，以爲故事。上元二年，加銀青光祿大夫。高宗以行儉工於草書，嘗以絹素百卷，令行儉草書文選一部，帝覽之稱善，賜帛五百段。行儉嘗謂人曰：「褚遂良非精筆佳墨，未嘗輒書，不擇筆墨而妍捷者，唯余及虞世南耳。」

三年，吐蕃背叛，詔行儉爲洮州道左二軍總管，尋又爲秦州鎮撫右軍總管，並受元帥周王節度。儀鳳四年〔五〕，十姓可汗阿史那匐延都支及李遮匐扇動蕃落，侵逼安西，連和吐蕃，議者欲發兵討之。行儉建議曰：「吐蕃叛換，干戈未息，敬玄、審禮，失律喪元，安可更爲西方生事？今波斯王身沒，其子泥涅師師充質在京，望差使往波斯册立，卽路由二蕃部落，便宜從事，必可有功。」高宗從之，因命行儉册送波斯王，仍爲安撫大食使。途經莫賀延磧，屬風沙晦暝，導者益迷。行儉命下營，虔誠致祭，令告將吏，泉井非遙。俄而雲收風靜，行數百步，水草甚豐，後來之人，莫知其處。衆皆悅服，比之貳師將軍。

至西州，人吏郊迎，行儉召其豪傑子弟千餘人隨己而西。乃揚言給其下曰：「今正炎蒸，熱坂難冒；涼秋之後，方可漸行。」都支覘知之，遂不設備。行儉仍召四鎮諸蕃酋長豪傑謂曰：「憶昔此遊，未嘗厭倦，雖還京輦，無時暫忘。今因是行，欲尋舊賞，誰能從吾獵也？」是時蕃酋子弟投募者僅萬人。行儉假爲畋遊，教試部伍，數日，遂倍道而進。去都支部落十餘里，先遣都支所親問其安否，外示閑暇，似非討襲，續又使人趣召相見。都支先與遮匐通謀，秋中擬拒漢使，卒聞軍到，計無所出，自率兒姪首領等五百餘騎就營來謁，遂擒之。是日，傳其契箭，諸部酋長悉來請命，並執送碎葉城。簡其精騎，輕齎曉夜前進，將虜遮匐。途中果獲都支還使，與遮匐使同來。行儉釋遮匐行人，令先往曉喻其主，兼述都支已擒，遮匐尋復來降。於是將吏已下立碑於碎葉城以紀其功，擒都支、遮匐而還。高宗廷勞之曰：「比以西服未寧，遣卿總兵討逐，孤軍深入，經途萬里。卿權略有聞，誠節夙著，兵不血刃，而兇黨殄滅。伐叛柔服，深副朕委。」尋又賜宴，謂行儉曰：「卿文武兼資，今故授卿二職。」即日拜禮部尚書，兼檢校右衞大將軍。

調露元年，突厥阿史德温傅反，單于管內二十四州並叛應之，衆數十萬。單于都護蕭嗣業率兵討之，反爲所敗。於是以行儉爲定襄道行軍大總管，率太僕少卿李思文、營州都督周道務等部兵十八萬，并西軍程務挺、東軍李文暕等總三十餘萬，連亙數千里，並受行儉節度。唐世出師之盛，未之有也。

行儉行至朔州，知蕭嗣業以運糧被掠，兵多餒死，遂詐爲糧車三百乘，每車伏壯士五人，各齎陌刀、勁弩，以羸兵數百人援車，兼伏精兵，令居險以待之。賊果大下，羸兵棄車散走。賊驅車就泉水，解鞍牧馬，方擬取糧，車中壯士齊發，伏兵亦至，殺獲殆盡，餘衆奔潰。自是續遣糧車，無敢近之者。及軍至單于之北，際晚下營，壕塹方周，遽令移就崇岡。將士皆以士衆方就安堵，不可勞擾，行儉不從，更令促之。比夜，風雨暴至，前設營所水深丈餘，將士莫不歎伏。賊衆於黑山拒戰，行儉頻戰皆捷，前後殺虜不可勝數。僞可汗泥熟匐爲其下所殺，以其首來降；又擒其大首領奉職而還。餘黨走依狼山。

行儉既迴，阿史那伏念又僞稱可汗，與温傳合勢鳩集餘衆。明年，行儉復總諸軍討之，頓軍於代州之陘口，縱反間說伏念與温傳，令相猜貳。伏念恐懼，密送降款，仍請自效。行儉不泄其事，而密表以聞。數日，有煙塵漲天而至，斥候惶惑來白，行儉召三軍謂曰：「此是伏念執温傳來降，非他。然受降如受敵，但須嚴備。」更遣單使迎前勞之。少間，伏念果率其屬縛温傳詣軍門請罪，盡平突厥餘黨。高宗大悅，遣戶部尚書崔知悌赴軍勞之。侍中裴炎害行儉之功，上言：「伏念爲總管程務挺、張虔勗子營逼逐〔六〕，又磧北迴紇等同向南逼之，窘急而降。」由是行儉之功不錄，斬伏念及温傳於都市。行儉歎曰：「渾、濬前事，古今恥之。但恐殺降之後，無復來者。」因稱疾不出，以勳封聞喜縣公。

永淳元年，十姓僞可汗車薄反叛，詔復以行儉爲金牙道大總管，率十將軍以討之。師未行。其年四月，行儉病卒，年六十四，贈幽州都督，謚曰獻。特詔令皇太子差六品京官一人檢校家事，五六年間，待兒孫稍成長日停。中宗卽位，追贈揚州大都督。有集二十卷，撰草字雜體數萬言，並傳於代。又撰選譜十卷，安置軍營、行陣部統、克料勝負、甄別器能等四十六訣，則天令祕書監武承嗣詣宅，並密收入內。

行儉尤曉陰陽、算術，兼有人倫之鑒，自掌選及爲大總管，凡遇賢俊，無不甄採，每制敵摧兇，必先期捷日。時有後進楊炯、王勃、盧照鄰、駱賓王並以文章見稱，吏部侍郎李敬玄盛爲延譽，引以示行儉，行儉曰：「才名有之，爵祿蓋寡。楊應至令長，餘並鮮能令終。」是時，蘇味道、王勮未知名，因調選，行儉一見，深禮異之，仍謂曰：「有晚年子息，恨不見其成長。二公十數年當居衡石，願記識此輩。」其後相繼爲吏部，皆如其言。行儉嘗所引偏裨，有程務挺、張虔勗、崔智辯、王方翼、党金毗、劉敬同、郭待封、李多祚、黑齒常之，盡爲名將，至刺史、將軍者數十人。其所知賞，多此類也。

行儉嘗令醫人合藥，請犀角、麝香，送者誤遺失，已而惶懼潛竄。又有敕賜馬及新鞍，令史輒馳騾，馬倒鞍破，令史亦逃。行儉並委所親招到，謂曰：「爾曹豈相輕耶？皆錯誤耳。」待之如故。初，平都支、遮匐，大獲瓌寶，蕃酋將士願觀之，行儉因宴設，遍出歷示。有馬腦盤，廣二尺餘，文彩殊絕。軍吏王休烈捧盤，歷階趨進，誤躡衣，足跌便倒，盤亦隨碎。

休烈驚惶，叩頭流血，行儉笑而謂曰：「爾非故也，何至於是。」更不形顏色。詔賜都支等資產金器皿三千餘事，駝馬稱是，並分給親故并副使已下，數日便盡。少子光庭，開元中爲侍中，以恩例贈行儉爲太尉。

光庭早孤。母庫狄氏，則天時召入宮，甚見親待，光庭由是累遷太常丞。後以武三思之壻緣坐，左遷郢州司馬。開元初，六遷右率府中郎將，擢授司門郎中。歲餘，轉兵部郎中。光庭沉靜少言，寡於交遊，既歷清要，時人初未許之。及在職，公務修整，衆方歎伏焉。

十三年，將有事于岱岳，中書令張說以大駕東巡，京師空虛，恐夷狄乘間竊發，議欲加兵守邊，以備不虞，召光庭謀兵事。光庭曰：「封禪者，所以告成功也。夫成功者，恩德無不及，百姓無不安，萬國無不懷。今將告成而懼夷狄，何以昭德也？大興力役，用備不虞，且非安人也。方謀會同而阻戎心，又非懷遠也。有此三者，則名實乖矣。且諸蕃之國，突厥爲大，贄幣往來，願修恩好有年矣。今茲遣一使徵其大臣赴會，必欣然應命。突厥受詔，則諸蕃君長必相率而來。雖偃旗息鼓，高枕有餘矣。」說曰：「善。吾所不及矣。」因奏而行之，尋轉鴻臚少卿。東封還，遷兵部侍郎。

十七年，拜中書侍郎、同中書門下平章事，尋兼御史大夫。無幾，遷黃門侍郎，依舊知政事。從巡五陵迴，拜侍中，兼吏部尙書，又加弘文館學士。光庭乃撰瑤山往則及維城前軌各壹卷，上表獻之，手制褒美，賜絹五百匹，上令皇太子已下於光順門與光庭相見，以重其諷誡之意。光庭又引壽安丞李融、拾遺張琪、著作佐郎司馬利賓等〔七〕，令直弘文館，撰續春秋傳。上表請以經爲御撰，而光庭等依左氏之體爲之作傳，上又手制褒賞之。光庭委筆削於李融，書竟不就。時有上書請以皇室爲金德者，中書令蕭嵩奏請集百僚詳議。光庭以國家符命久著史策，若有改易，恐貽後學之誚，密奏請依舊爲定，乃下詔停百僚集議之事。二十年，扈從祠后土，加光祿大夫，封正平男。尋卒，年五十八，優制贈太師，輟朝三日。

初，光庭與蕭嵩爭權不協。及爲吏部，奏用循資格，幷促選限至正月三十日令畢，其流外行署，亦令門下省之。光庭卒後，嵩又奏請一切罷之，光庭所引進者盡出爲外職。時有門下主事閻麟之，爲光庭腹心，專知吏部選官，每麟之裁定，光庭隨而下筆，時人語曰：「麟之口，光庭手。」

太常博士孫琬將議光庭謚，以其用循資格，非獎勸之道，建議謚爲「克」，時人以爲希嵩意旨。上聞而特下詔，賜謚曰忠獻，仍令中書令張九齡爲其碑文。史官韋述以改謚爲非，論之曰：春秋之義，諸侯死王事者，葬之加一等，嘉其有功而不及其賞也。爰至漢、魏，則襚之印綬，寵被窀穸，唯德是褒，豈虛授也！近代已來，寵贈無紀，或以職位崇顯，一切優錫，或以子孫榮貴，恩例所加，賢愚虛實，爲一貫矣。裴光庭以守法之吏，驟登相位，踐歷機衡，豈不多愧，贈以師範，何其濫歟！張燕公有扶翊之勳，居講諷之舊，秩躋九命，官歷二端，議者猶謂贈之過當；況光庭去斯猶遠，何妄竊之甚哉！蓋名器假人，昔賢之所惋也。

史臣曰：昔晉侯選任將帥，取其說禮樂而敦詩書，良有以也。夫權謀方略，兵家之大經，邦國繫之以存亡，政令因之而強弱，則馮衆怙力，豨勇虎暴者，安可輕言推轂授任哉！故王猛、諸葛亮振起窮巷，驅駕豪傑，左指右顧，廓定霸圖，非他道也，蓋智力權變，適當其用耳。劉樂城、裴聞喜，文雅方略，無謝昔賢，治戎安邊，綽有心術，儒將之雄者也。天后預政之時，刑峻如壑，多以諛佞希恩；而樂城、甑山，昌言規正，若時無君子，安及此言？正平銓藻吏能，文學政事，頗有深識。而前史譏其謬謚，有涉陳壽短武侯應變之論乎！非通論也。

贊曰：殷禮阿衡，周師呂尙。王者之兵，儒者之將。樂城、聞喜，當仁不讓。管、葛之譚，是吾心匠。

校勘記

〔一〕書空畫地　「畫」字各本原無，據册府卷三八八、新書卷一〇八劉仁軌傳補。

〔二〕萬乘之尊　「尊」字各本原作「恩」，據御覽卷八三一、册府卷五四二改。

〔三〕奉議郎　「議」字各本原作「義」，據本書卷四二職官志、御覽卷四七一改。

〔四〕祖定　各本原作「祖定高」，「高」字衍，據隋書卷七〇裴仁基傳、張九齡裴光庭神道碑刪。

〔五〕儀鳳四年　「四」字各本原作「二」，據本書卷五高宗紀、通鑑卷二〇二改。

〔六〕上言伏念爲　以上五字各本原在「總管程務挺、張虔勗」之後，據本書卷八三程務挺傳、卷八七裴炎傳、通鑑卷二〇二改。

〔七〕著作佐郎　「佐」字各本原作「左」，據新書卷一〇八裴光庭傳、合鈔卷一三五裴光庭傳改。